21 世纪全国高职高专财经管理类（英汉双语）规划教材

商务管理概论

Introduction to Business Management

李 治　William Goh　编 著

北京大学 出版社
PEKING UNIVERSITY PRESS

内 容 简 介

本书由我国和新加坡管理学专家共同编著，采用中英文双语表达，旨在为商务英语类、管理类、财经类等教学的各个专业提供一个学习商务管理方面的英语表达方式。本书分别介绍了商业组织、商业组织与管理、组织结构、人力资源管理、生产管理、采购与库存管理、市场营销、财务管理、行政管理、信息管理、安全管理、激励理论、变革管理和创办企业的相关内容和知识。本书适合作为各类管理、贸易、金融、商务英语等专业的双语教程；各类成人继续教育相关课程的教学或学习参考用书和公司、企事业单位进行管理、英语方面在职培训的培训教材或自学用书。

图书在版编目（CIP）数据

商务管理概论/李治，高（Goh，William）编著．—北京：北京大学出版社，2009.9
（21 世纪全国高职高专财经管理类（英汉双语）规划教材）
ISBN 978-7-301-15302-4

I．商⋯ II．①李⋯②高⋯ III．商业管理—高等学校—教材 IV．F712

中国版本图书馆 CIP 数据核字（2009）第 091366 号

书　　　名：**商务管理概论**
著作责任者：李　治　William Goh 编著
责 任 编 辑：成　淼
标 准 书 号：ISBN 978-7-301-15302-4/F・2213
出 版 者：北京大学出版社
地　　　址：北京市海淀区成府路 205 号 100871
电　　　话：邮购部 62752015　发行部 62750672　编辑部 62765126　出版部 62754962
网　　　址：http://www.pup.cn
电 子 信 箱：xxjs@pup.pku.edu.cn
印 刷 者：三河市北燕印装有限公司
发 行 者：北京大学出版社
经 销 者：新华书店
　　　　　　787 毫米×1092 毫米　16 开本　23 印张　497 千字
　　　　　　2009 年 9 月第 1 版　2017 年 8 月第 3 次印刷
定　　　价：39.00 元

——本书是"河南省高等院校青年骨干教师资助计划"项目"中外合作办学项目中英语教学创新研究与实践探索"的阶段性成果。

前　　言

　　全球化浪潮使世界经济演变成为一个统一的整体，各国经济相互依存、相互影响日益加深，国际经济合作与交往日益密切。已经成为世界贸易组织正式成员的中国以全新的姿态更加广泛、全面地参与国际经济合作与竞争，中国企业发展的必由之路必然是走向世界，从事国际化经营，在世界范围内进行资源的优化配置，实现国际市场同国内市场的有效对接。处在经济转型期的中国，比以往更加需要既通晓商务英语，又熟悉国际商务管理理念以及国内管理实践的国际化人才。《商务管理概论》是在多年教学实践与研究的基础上，引进国外先进的管理理念，积极实施管理与英语的一体化策略，由长期从事商务管理和英语教学实践的中国和新加坡教授共同编著的实用型教材，是英、汉双语融合表达的有益探索。

　　本书在强调基本理论的基础上，突出商务管理活动的实践性与应用性，力求使读者在掌握基本理念的前提下，提高商务管理的运用能力。全书共分14章，涵盖商务管理中的商业组织、组织形式、组织结构、人力资源管理、生产管理、采购与库存管理、市场营销、财务管理、企业行政管理、信息管理、安全管理、激励理论、变革管理、创办企业等方面的基础理论和基本技能，具有系统性，整体性，实践性，新颖性等特点。有助于各类读者系统理解商务管理的不同侧面，提高与国外管理人士进行交流与沟通的商务管理专业知识素养和语言表达能力。

　　本书在每一章的开篇均使用英语进行整体介绍，然后用汉语进行讲解和内容扩充，目的是让读者真正理解和掌握本书的内容。通过基本概念、理论架构、实践应用、相关案例和复习思考题，帮助读者提高商务管理的综合能力。

　　本书由李治（开封大学）和 William Goh（新加坡）编著。在本书的编著过程中，许多同志积极参与并提供了翔实的素材，如杨芸参加了1—5章、薄丽娜参加了6—10章，袁长征参加了11—14章的编写工作；还有一些专家和学者提供了许多具有参考价值的建议，本书也是"河南省高等学校青年骨干教师资助计划"项目的阶段性成果。在此，编著者对他们的支持表示衷心的感谢！

　　特别感谢北京大学出版社的黄庆生主任以及本书的责任编辑成淼，感谢他们为本书的质量和出版所作的辛勤工作。

李　治

2009 年 3 月 16 日于北京师范大学

目　　录

Chapter 1   INTRODUCTION TO BUSINESS ORGANIZATION

1.1   DEFINITION

Most of us either are, or eventually will be, employed by an organization. The organization may be a commercial enterprise, that is one which is operated for profit, or it may be government department or charitable concern, both of which exist only to provide service and to give help.

Organization is a group of people working together over a period of time to achieve a common goal or objective.

One of the first decisions that you will have to make as a business owner is how the company should be structured. This decision will have long-term implications, so consult with an accountant and attorney to help you select the form of ownership that is right for you. In making a choice, you will want to take into account the following:

- Your vision regarding the size and nature of your business.
- The level of control you wish to have.
- The level of "structure" you are willing to deal with.
- The business's vulnerability to lawsuits.
- Tax implications of the different ownership structures.
- Expected profit (or loss) of the business.
- Whether or not you need to re-invest earnings into the business.
- Your need for access to cash out of the business for yourself.

In this chapter, we will provide an overview of the four basic legal forms of business organization, namely: Sole Proprietorship, Partnership, Corporations and Co-operatives.

1.2   SOLE PROPRIETORSHIP

This is the simplest way to set up a business. A sole proprietor is fully responsible for all debts and obligations related to his or her business. A creditor with a claim against a sole proprietor would normally have a right against all of his or her assets, whether business or personal. This is known as *unlimited liability.*

The sole proprietor has full control of the organization and will make all business decisions alone. He or she carries unlimited liability, so if the business fail, the assets of the business – land, buildings, equipment. Machinery, and raw materials – are sold to settle any outstanding debts. The sole proprietor also risks losing personal possessions if insufficient money has been raised to pay the debts by selling the possessions of the business.

Below are the advantages and disadvantages of Sole Proprietorship:

Advantages	Disadvantages
- Low start-up costs	- Unlimited Liability
- Greatest freedom from regulation	- Limited source of funds
- Owner in direct control of decision making	- Lack of continuity
- Minimal working capital required	- Difficulty raising capital
- Tax advantages to owner	- Lack of specialized skills
- All profits to owner	

1.3   PARTNERSHIP

In a partnership, two or more people share ownership of a single business. Like proprietorships, the law does not distinguish between the business and its owners. The partners should have a legal agreement between that sets forth how decisions will be made, profits will be shared, disputes will be resolved, how future partners will be admitted to the partnership, how partners can be bought out, or what steps will be taken to dissolve the partnership when needed.

Types of Partnership:

（a）General Partnership

In General Partnership, all members share the management of the business and each is personally liable for all the debts and obligations of the business. This means that each partner is responsible for and must assume the consequences of the actions of the other partner (s).

（b）Limited Partnership

In Limited Partnership, some members are general partners who control and manage the business and may be entitled to a greater share of the profits, while other partners are limited and contribute only capital, take no part in control or management and are liable for debts to a specified extent only. A legal document, setting out specific requirements, must be drawn up for a limited partnership.

Below are the advantages and disadvantages of a Partnership:

Advantages	Disadvantages
- Ease of formation	- Unlimited Liability
- Low start-up costs	- Lack of continuity
- Additional sources of investment capital	- Dividend authority
- Possible tax advantage	- Difficulty raising additional capital
- Limited regulation	- Hard to find suitable partners
	- Broader management base
	- Possible developments of conflict between partners

Many partnerships form for the wrong reasons resulting to business that is not doing well. So if you're thinking of forming a partnership, heeding the following tips fromentrepreneur and business experts may help you avoid making common mistakes:

（1）*Do some research about your partners.*

Unhappy partners usually say their biggest mistake is not knowing enough about the other person before going into business with them. Check out your prospective partner's background thoroughly. Call his or her former employers or business partners and ask about their experiences with your potential partner. If you're linking up two businesses, ask to see the financial statements for the other company.

（2）*Take emotions out of the selection process.*

For example, many partnerships are being formed in the fast-growing adventure travel and eco-tourism industry. But the partners often choose each other because of mutual passion for their sport or the outdoors. Later, they realize that neither has the skills necessary to make a company succeed.

（3）*Seek ability, not knowledge.*

Look for people who have the skills and abilities you need to shore up the business.

（4）*Don't expect a friendship to survive a partnership.*

Issues come up in business that can drive even the closest friends apart.

（5）*Create an exit strategy up front.*

Prepare a buy-sell agreement that specifies how the business would be split up if the relationship doesn't work out. This document spells out how the worth of the business would be determined and the conditions by which a partner who wants out would sell his interest.

（6）*Take small steps first.*

One way to see if a partnership will work is to develop partnership gradually.

（7）*Make sure there's a cultural fit.*

Differences in the partners' backgrounds may cause problems.

（8）*Hire professional advisers.*

Involve a lawyer and an accountant from the outset. These professionals can help you decide what type of business entity to form and draw up legal agreements between you and your partner.

1.4　CORPORATION

A corporation is considered by law to be a unique entity, separate and apart from those who own it. A corporation can be taxed; it can be sued; it can enter into contractual agreements. The owners of a corporation are its shareholders. The shareholders elect a "board of directors" to oversee the major policies and decisions. The corporation has a life of its own and does not dissolve when ownership changes.

A corporation is identified by the terms "Limited", "Ltd.", "Incorporated", "Inc.", "Corporation", or "Corp.".

Advantages	**Disadvantages**
- Limited Liability	- Closely regulated
- Specialized management	- Most expensive form to organize
- Ownership is transferable	- Charter restrictions
- Continuous existence	- Extensive record keeping necessary
- Separate legal entity	- Double taxation of dividends
- Possible tax advantages	
- Easier to raise capital	

1.5   CO-OPERATIVES

A co-operative is a corporation organized by people with similar needs to provide themselves with goods or services; or to make joint use of their available resource to improve their income. Their business structure ensures that:

(a) All members have an equal say (one vote per member, regardless of the number of sharesheld).

(b) Limited interest on share capital.

(c) Surplus is returned to members according to amount of patronage.

Co-operatives are placed in five separate categories when they are classified by function:

(a) *Producer co-operatives:*

They combine members' skills and resources for mutual benefit. An example is an employment co-operative, which pools and markets the skills of the employee-members and provides them with an income.

(b) *Consumer co-operatives:*

They buy commodities in bulk and sell them to the member-owners. Examples are retail co-operatives and direct-charge co-operatives.

(c) *Marketing co-operatives:*

They sell their members' products. Typical products are dairy products, poultry, fish and handicrafts.

(d) *Financial co-operatives:*

They provide a variety of financial services for their members including savings, inves2tments and loans. Examples are credit unions, co-operative trust and insurance companies.

(e) *Service co-operatives:*

They enable members to improve the quality, price and availability of needed services, such as health care, childcare and transportation.

Below are the advantages and disadvantages of a co-operative:

Advantages	Disadvantages
- owned and controlled by members	- possibility of development of
- democratic control by one member, one vote	conflict between members
- limited liability	- longer decision making process
- profit distribution to members in proportion to	- requires members to participate for

use of service (may be in shares or cash)   success

                                           -extensive record keeping necessary

                                         - less incentive to invest additional capital

Exercises:

Question 1

What are the factors to be taken into account when selecting the form of ownership of your business?

Question 2

List down the advantages and disadvantages of the following:

        Sole Proprietorship

        Partnership

        Corporation

        Co-operatives

Question 3

Many partnerships form for the wrong reasons resulting to business not doing well. Identify some tips to follow to avoid such mistakes.

Question 4

Explain the following categories of co-operatives:

        Producer co-operative

        Consumer co-operative

        Marketing co-operatives

        Financial co-operatives

        Service co-operatives

Question 5

What are the two types of Partnership? Explain each.

Question 6

Define the following:

        Sole Proprietorship

        Partnership

        Corporation

        Co-operatives

第1章 商业组织概述

在经济快速发展的 21 世纪，商业组织作为经济活动的承载者，处于一种不可取代的显著地位，因此，人们越来越关注对商业组织的研究。

1.1 基 本 概 念

1.1.1 含义

商业（commerce/trade/business），是以货币为媒介进行交换从而实现商品的流通的经济活动，是一种有组织的提供顾客所需的物品与服务的一种行为。大多数的商业行为是通过以成本以上的价格卖出商品或服务来赢利，如微软、索尼、IBM、联想、通用都是盈利性的商业组织典型的代表。然而某些商业行为只是为了提供运营商业所需的基本资金，一般称这种商业行为为非赢利性的，如各种基金会，红十字会等。一般认为，商业源于原始社会以物易物的交换行为，它的本质是交换，而且是基于人们对价值的认识的等价交换。

组织是由一些功能相似或相关的群体组成的，为实现共同的目标而形成的集合体。本书中的商业组织，是指通过生产、流通商品或提供服务，以此来获取利润为主要目标的组织形式；在一个组织中，相对静态的组织结构和动态的为完成组织目标的一系列活动是紧密结合的。因此，商业组织就是以获取经济利益为目的，为顾客提供物品与服务的经济组织形式。

1.1.2 商业组织形式

商业组织形式[①]，是指商业企业内部经营机构与相应的管理方式在构成内容、组合方式、运行特征方面的总和。

从法律角度来看，我国有四种基本的商业组织形式：独资企业；合伙企业；股份有限公司；有限责任公司。

1. 独资企业

独资企业，是个人出资经营、归个人所有和控制、由个人承担经营风险和享有全部经

---

① 叶琳. 商业组织形式和经营方式的演变探析[J]. 现代企业，1999（6），第 33 页。

营收益的企业。它是最古老、最简单的一种企业组织形式。主要盛行于零售业、手工业、农业、林业、渔业、服务业和家庭作坊等。

独资企业的特点有以下几方面。

（1）企业的建立与解散程序简单。

（2）经营管理灵活自由。企业主可以完全根据个人的意志确定经营策略，进行管理决策。

（3）业主对企业的债务负无限责任。当企业的资产不足以清偿其债务时，业主以其个人财产偿付企业债务。有利于保护债权人利益，独资企业不适宜风险大的行业。

（4）企业的规模有限。独资企业有限的经营所得、企业主有限的个人财产、企业主一人有限的工作精力和管理水平等都制约着企业经营规模的扩大。

（5）企业的存在缺乏可靠性。独资企业的存续完全取决于企业主个人，企业的寿命有限。

2. 合伙企业

由两个或两个以上的自然人通过订立合伙协议，共同出资经营、共负盈亏、共担风险的企业组织形式称为合伙企业。我国合伙组织形式仅限于私营企业。合伙企业一般不具有法人资格。

一般合伙关系，即所有成员共同管理公司，并且每个成员都直接对公司的所有债务和义务负责。这意味着每一个合伙人都对其他合伙人的行为负责，并且必须承担其后果。

有限合伙关系，即有些成员是一般合伙人，控制并管理公司，并且可能有权获得更多的利润份额，而另一些合伙人则为有限责任合伙人，只投入资本。有限责任合伙人不参与管理或经营，且仅在特定限度内对债务负责。必须针对有限合伙关系制定一份略述具体要求的法律文件。

3. 股份有限公司

"Limited Company"，指将全部资本分成等额股份，股东以其认购的股份金额为限，而不以其私人的全部财产负责的公司[①]。

4. 有限责任公司

也称有限公司（有限公司的识别标志是"有限"——"Limited"或"Ltd."、"股份有限"——"Incorporated"或"Inc."及"有限公司"——"Corporation"或"Corp."），指符合法律规定的股东出资组建，股东以其出资额为限对公司承担责任，公司以其全部资产对公司的债务承担责任的企业法人。有限公司是一个独立于其股东的法律实体，有限公司

---

① 详见本章第四节内容。

的任何股东都不直接对公司的债务、义务或行为负责。它是一种混合形的商业组织形式。

1.2　单　一　业　主

1.2.1　概念

单一业主式的商业组织形式也就是单一业主制企业（The Single Proprietorship），是由个体独资经营的企业，它可由投资者一个人经营，也可由投资者家庭经营，其财产归一人或一个家庭所有。同时，单一业主制企业的投资者对企业债务负有无限责任，即投资者应以企业的全部财产和投资者的其他私人财产来承担清偿债务的责任。这种商业组织形式在法律上为自然人企业，不具备法人资格，它是一种最早产生，也是最简单的企业形式，流行于小规模生产时期。即使在现代经济社会中，这种企业在数量上也占多数，如美国企业总数的 75% 是属于单一业主制的这种商业组织形式。

单一业主的主要组织形式的家族企业，在中国最典型的例子是温州的企业。家族企业是企业的所有权或所有权的控制权归属一个或数个家庭或家族所有，而且具有能将所有权或所有权的控制权合法传于后代的企业组织。首先，家庭或家族拥有企业的所有权或所有权的控制权，同时强调家族或家族将企业的所有权或所有权的控制权，合法地传递给下一代的权利。

1.2.2　单一业主制的优点

单一业主制企业是企业制度序列中最初始和最古典的形态，也是民营企业主要的企业组织形式。

其主要优点有以下几个方面。

（1）开设、转让与关闭的程序简单。

单一业主商业组织形式的外部法律法规等对组织的经营管理、决策、进入与退出、设立与破产的制约较小，一般只需向政府工商管理部门登记即可。

（2）组织决策和运作效率高。

该种商业组织形式资产的所有权、控制权、经营权、收益权高度统一，在经营上的制约因素较少。业主个人决策，独立经营，经营方式灵活多样，因其规模往往较小，处理问题机动、灵活而迅捷，运作效率较高。

（3）易于保守商业机密。

在日益激烈的市场经济竞争中，能否保守组织中的诸如销售数量、利润、生产工艺、财务状况等商业机密，是该组织获得竞争优势的基础。对于单一业主制商业组织来说，除了所得税表格中需要填充的项目以外，其他的商业信息均可保密，这有利于保守与企业经营和发展有关的秘密。

（4）有利于业主个人创业精神的发扬。

由于单一业主自负盈亏，对企业的债务负无限责任成为强硬的预算约束。企业经营的好坏同业主个人的经济利益乃至身家性命紧密相连，因而，业主会尽心竭力地把企业经营好。

1.2.3　单一业主制的缺点

虽然单一业主制有如上的优点，但它也有比较明显的缺点。

（1）规模有限。

单一业主制企业在发展规模上受到资金和管理两方面限制。一方面难以筹集大量资金。因为一个人的资金有限、信用有限，以个人名义借贷款难度也较大，因此组织的发展壮大主要依靠自我积累，难以扩大其规模；另一方面，业主个人要负担经营管理的全部职能。由于个人的管理能力有限，或受到传统家族式管理理念的制约，如果超过一定限度，组织的经营将变得难以控制。

（2）投资者风险巨大。

企业业主对企业负无限责任，在硬化了企业预算约束的同时，也带来了业主承担风险过大的问题，从而限制了业主向风险较大的部门或领域进行投资的活动。这对新兴产业的形成和发展极为不利。

（3）企业连续性差。

企业所有权和经营权高度统一的产权结构，虽然使企业拥有充分的自主权，但这也意味着企业是自然人的企业，业主的病、死，他个人及家属知识和能力的缺乏，都可能导致企业破产。

（4）企业内部的基本关系是雇佣劳动关系，劳资双方利益目标的差异，构成企业内部组织效率的潜在危险。

单一业主商业组织一般只适宜于组织规模较小、投资资金较少、技术工艺较简单、经营管理不复杂的小型工商企业及服务业。

1.3　合　　营

1.3.1　概念

合营是指由两个或多个企业共同出资、共同经营、共担风险、共负盈亏，并归若干企业共同所有的一种商业组织形式。合营商业组织也称为合伙制组织形式（the partnership）。

合营人出资可以以资金的形式，或以其他财物，也可以是专利、信用和劳务等。合伙制企业的投资者对企业债务负连带无限清偿责任，债权人有权对合伙人中的一名或数名直至全体同时或先后行使债权，要求其偿还全部的债务。合营式商业组织在法律上亦是自然人企业，不具有法人资格。

合营企业不同于联营企业。联营企业是指投资者对其有重大影响，但不是投资者的子公司或合营企业的企业。当某一企业或个人拥有另一企业 20%或 20%以上至 50%表决权资本时，通常被认为投资者对被投资企业具有重大影响，则该被投资企业可视为投资者的联营企业。投资者对联营企业只具有重大影响，即对被投资企业的经营决策和财务决策只具有参与决策的权利，而不具有控制权；而合营者对投资企业的经营决策和财务决策具有控制权，虽然这种控制权是共同控制。

合伙制是一种较为古老的企业形态，由于它与单一业主制企业的区别，使其成为继其后发展起来的股份制企业的原始形式，但合伙制企业并不是在单一业主制企业失去其在经济生活中的主导地位后才出现的，它作为一种较为古典的企业形态而与单一业主制企业并存。

1.3.2　合营制商业组织的优点

合伙企业是有两个或两个以上的投资者共同出资兴办的企业，这种企业一般通过合同来规定投资者的收益分配方式和亏损责任，它具有以下优点：

（1）有利于扩大资金来源和信用能力

不同于单一业主制商业组织形式的资金来源单一，合营企业能够从多方面多渠道地为企业提供资金；由于改变了由单个一人承担企业债务，合营企业的信用能力有所扩大，较为容易地对外筹集资金，通常指金融机构。

（2）提高了管理能力和经营水平

经营者即出资者人数的增加，突破了单个人在知识、阅历、经验等方面的限制。众多的经营者在共同利益驱动下，集思广益，各显其长，从不同的方面进行企业的经营管理，必然会有助于企业经营管理水平的提高。

（3）增加了发展和扩大规模的可能性

随着合营制商业组织资金渠道的增多，经营决策能力的提高，组织就有管理更多员工，使用较先进的设备，能够生产和提供更多更好的产品和服务，因此就有了发展和扩大规模的可能性。

（4）能够分散经营风险

由于风险分散在众多的所有者身上，使合伙制企业的抗风险能力较之单一业主制企业大大提高。企业可以向风险较大的事业领域拓展，拓宽了企业的发展空间。

1.3.3　合营制商业组织的缺点

合伙制企业也存在与单一业主制企业类似的缺陷：

（1）承担无限责任，风险较大

强调合伙人的无限连带责任，使得任何一个合伙人在经营中犯下的错误都由所有合伙人以其全部资产承担责任，合伙人越多，企业规模越大，每个合伙人承担的风险也越大，合人伙也就不愿意进行风险投资，进而妨碍企业规模的进一步扩大。

（2）出现管理协调上的问题

由于经营者数量的增加，在显示出一定优势的同时，也使企业的经营管理变得较为复杂。合伙人相互间较容易出现分歧和矛盾，使得企业内部管理效率下降，不利于企业的有效经营。

（3）企业的寿命有限

任何一个合伙人死亡或退出，都可能威胁到企业的生存。

1.4　公　　　司

1.4.1　概念

公司是指以赢利为目的，按照一定组织形式形成的，从事商业经营活动或某些目的而成立的组织，它是以实现投资人利益最大化为使命，通过提供产品或服务换取收入。公司是社会发展的产物，随着社会分工的发展而发展。成立公司需要具备以下几个要素。

（1）依法设立。公司是从事经营活动的法人，法人资格与经营资格的取得都需要得到国家的承认，符合法律规定的条件，履行法律规定的程序，取得国家有关主管部门核发的营业执照等证件。

（2）以营利为目的。股东出资组建公司的目的在于通过公司的经营活动获取利润，营利性则成为公司的重要因素，并以此区别于不以营利为目的的公益法人、以行政管理为目的的国家机关以及非商事性公司。

（3）以股东投资行为为基础设立。由股东的投资行为设立，股东投资行为的权力是股权。股权是一种独立的特殊权利，不同于经营权等物权、不同于债权。

（4）独立的法人。公司须有独立的财产作为其从事经营活动的基础和承担民事责任的前提。"公司是企业法人有独立的法人财产，享有法人财产权。"[①]

公司的主要形式为有限责任公司和股份有限公司。

---

① 引自《中华人民共和国公司法》，2005 年 10 月 27 日第十届全国人民代表大会常务委员会第十八次会议修订，2006 年 1 月 1 日执行。

1.4.2　有限责任公司

1. 概念及特征

有限责任公司又称有限公司，是指符合法律规定的股东出资组建，股东以其出资额为限对公司承担责任，按股份比例享受收益，公司以其全部资产对公司的债务承担责任的企业法人。

有限责任公司的主要特征有以下几个方面。

（1）股东以其出资额承担有限责任。

（2）公司以资产为限承担债务责任。公司资产包括多个方面：一是股东的出资；二是公司设立后经过生产经营活动形成的各种财产、债权和其他权利，包括有形资产和无形资产。公司清算时，仅以其全部资产为限对债务承担责任，债权人不能在公司资产之外主张债权。

（3）公司股东人数应符合法定要求。有限责任公司由五十个以下股东出资设立。

（4）股权转让应符合法定程序及公司章程规定。"当股东向股东以外的人转让其出资时，必须经全体股东过半数同意"，经股东同意转让其出资，在同等条件下，其他股东对该出资有优先购买权。

（5）公司不能公开募集股份，不能发行股票。公司生产经营过程中所需资金只能由其他合法方法方式融资取得。有限责任公司相对股份有限公司而言，设立条件和程序较为简单、灵活。

2. 组织结构

（1）股东会

有限责任公司股东会由全体股东组成，是公司的权力机构，依法行使以下职权：决定公司的经营方针和投资计划；选举和更换非由职工代表担任的董事、监事，决定有关董事、监事的报酬事项；审议批准董事会的报告；审议批准监事会或者监事的报告；审议批准公司的年度财务预算方案、决算方案；审议批准公司的利润分配方案和弥补亏损方案；对公司增加或者减少注册资本做出决议；对发行公司债券做出决议；对公司合并、分立、解散、清算或者变更公司形式做出决议；修改公司章程；公司章程规定的其他职权。

（2）董事会

有限责任公司设董事会，其成员为 3 人至 13 人。董事会成员中应有公司职工代表，职工代表由公司职工通过职工代表大会、职工大会或者其他形式民主选举产生。董事会对股东会负责，行使下列职权：召集股东会会议，并向股东会报告工作；执行股东会的决议；决定公司的经营计划和投资方案；制订公司的年度财务预算方案、决算方案；制订公司的利润分配方案和弥补亏损方案；制订公司增加或者减少注册资本以及发行公司债券的方案；制订公司合并、分立、解散或者变更公司形式的方案；决定公司内部管理机构的设置；决定聘任或者解聘公司经理及其报酬事项，并根据经理的提名决定聘任或者解聘公司副经理、财务负责人及其报酬事项；制定公司的基本管理制度；公司章程规定的其他职权。

（3）经理

有限责任公司可以设经理，由董事会决定聘任或者解聘。经理对董事会负责，行使下列职权：主持公司的生产经营管理工作，组织实施董事会决议；组织实施公司年度经营计划和投资方案；拟订公司内部管理机构设置方案；拟定公司的基本管理制度；制定公司的具体规章；提请聘任或者解聘公司副经理、财务负责人；决定聘任或者解聘除应由董事会决定聘任或者解聘以外的负责管理人员；董事会授予的其他职权。

1.4.3　股份有限公司

1. 概念及特征

股份有限公司①也称股份公司（limited company），是指由数量较多的股东所组成，其全部资本以股票为表现形式分为等额股份，股东以其所持股份为限对公司承担有限责任，公司以其全部财产对公司债务承担责任的企业法人，其信用基础是公司的资本而非股东个人，是一种典型的资合公司。

股份有限公司有以下特征：

（1）股份有限公司是独立的经济法人；

（2）股份有限公司的股东人数不得少于法律规定的数目，如法国规定，股东人数最少为 7 人；

（3）股份有限公司的股东对公司债务负有限责任，其限度是股东应交付的股金额；

（4）股份有限公司的全部资本划分为等额的股份，通过向社会公开发行的办法筹集资金，任何人在缴纳了股款之后，都可以成为公司股东，没有资格限制；

（5）公司股份可以自由转让，但不能退股；

（6）公司账目须向社会公开，以便于投资人了解公司情况，进行选择；

（7）公司设立和解散有严格的法律程序，手续复杂。

2. 组织结构

（1）股东大会。即全体股东所组成的机构。它是公司的最高权力机构和议事机构。公司的一切重大事项均由股东大会做出决议。股东大会的职权主要有：听取和审核董事会、监事会以及审计员的报告；负责任免董事、监察人或审计员以及清算人；确定公司盈余的分配和股息红利；缔结变更或解除关于转让或出租公司营业或财产以及受让他人营业或财产的契约；做出增减资本、变更公司章程 、解散或合并公司的决策。

（2）董事会。由两个以上的董事组成的集体机构。它是公司对内执行业务、对外代表

---

① 丁利国等．《现代企业管理学》[M]．北京：北京工业大学出版社，第 205 页。

公司的常设理事机构，向股东大会负责。董事会的职权主要有：代表公司对各种业务事项做出意见表示或决策，以及组织实施和执行这些决策；除股东大会决议的事项外，公司日常业务活动中的具体事项，均由董事会决定。

（3）监事会。监事会是对董事会执行的业务活动实行监督的机构。它是公司的常设机构，由股东大会从股东中选任，不得由董事或经理兼任。监事会的职权主要有：列席董事会会议，监督董事会的活动，定期和随时听取董事会的报告，阻止董事会违反法律和章程的行为；随时调查公司业务和财务情况，查阅账簿和其他文件；审核公司的结算表册和清算时的清算表册；召集股东大会；代表公司与董事交涉或对董事起诉。

1.4.4　两者区别

有限责任公司与股份有限公司的区别在于：

（1）有限责任公司的运作不仅是资本的结合，而且还需在股东之间相互信任的基础上；股份有限公司是一种典型的"资合公司"，是股东的资本结合；

（2）有限责任公司的股东人数有限制，为 2 人以上 50 人以下，而股份有限公司股东人数没有上限，只要不少于 5 人就可以；

（3）有限责任公司的股东向股东以外的人转让出资有限制，需要经过全体股东过半数同意，而股份有限公司的股东向股东以外的人转让出资没有限制，可以自由转让；

（4）有限责任公司不能公开募集股份，不能发行股票；而股份有限公司可以公开发行股票；

（5）有限责任公司不用向社会公开披露财务、生产、经营管理的信息；而股份有限公司的股东人数多，流动频繁，需要向社会公开其财务状况。

1.5　合　　作

1.5.1　概念及特征

合作组织指中国的企业或其他经济组织同外国的企业和其他经济组织或个人，依法在中国境内共同举办的，按合作企业合同的约定投资和合作条件、分配收益或产品、风险和亏损的分担，以及经营管理方式和合作企业终止时财产的归属等问题的组织形式。

合作企业具有以下特征：

（1）由合同规定合作各方的权、责、利。合营经营方式可以是组成法人，也可以不是组成法人。经营方式灵活多样，由合作双方自由选定。

（2）投资条件容易被接受。一般，由东道国提供场地、厂房、设施、土地使用权和劳动力，投资国企业提供外汇、设备和技术。一般以外方提供的资金、设备和技术的价值作为总投资额。

（3）收益分配方式灵活。根据双方商定的比例采取利润分成的分配方式。分成的比例可以是固定的，也可根据盈利状况采取滑动比例。

（4）财产归属灵活。

1.5.2　合作经营企业的类型

合作经营企业可以是"法人式"的企业，也可以是"非法人式"的企业。

（1）法人式合作经营企业

法人式合作经营企业是由两国或两国以上的合营者在东道国境内，根据该国有关法律通过签订合同建立的契约式合营企业。

这种合作经营企业具有独立的财产权，法律上有起诉权和被诉权，订立企业章程，建立独立的公司组织，并成立董事会为该企业的最高权力机构，任命总经理对企业进行经营管理。以该企业的全部财产为限对外承担债务责任，实行有限责任制。

（2）非法人式合作经营企业

非法人式合作经营企业是由两国以上合营者作为独立经济实体，通过契约组成的松散的、不具有法人地位的合作经营联合体。

这种合作经营企业没有独立的财产，而只有财产管理权和使用权。合作各方仍以各自的身份在法律上承担责任，合作经营企业的债权债务，由合作经营各方按照合同规定的比例承担责任。合作经营企业单位的组织管理形式，可以是联合管理制，即由各方派出代表组成联合管理机构进行管理；可以是委托管理制，即委托合作经营中的一方或聘请无关的第三方负责承担管理。合作经营企业对于承担债务，一般是以其全部出资为限，实行有限责任制。因为它不是法人，所以不能采用董事会管理制。

【案例分析】

甲、乙、丙、丁等四人决定共同投资设立"红光"汽车修理有限责任公司，（简称为红光公司）。公司注册资本为 400 万元，甲公司以房屋出资，作价 100 万元，乙公司以土地使用权出资，作价 100 万元，丙公司以现金 100 万元出资，丁以设备出资作价 100 万元。上述股东在公司成立时实际缴纳现金 100 万元。

红光公司于 2006 年 1 月 10 日经过工商局注册登记并领取了营业执照。在公司成立后一周内，丙将自己出资的 100 万元抽回 60 万。并且公司成立后发现，甲用以出资的房屋已经出售给张某并在红光公司成立之前已经办理了产权过户手续。丁作为出资的设备经过重新评估价值仅为 30 万元。

红光公司章程规定，未经公司股东会同意，不得出售公司经营性财产并不得进行非经营性支出。现在公司经营过程中，出现下列情况：（1）经过公司董事会同意，红光公司董事长王某将自己使用多年的一辆轿车按照现在新车的价格出售给红光公司，该笔交易使得红光公司损失 25 万元。（2）红光公司董事会将公司一处办公用房出售给戊公司。（3）向当地工商银行贷款 500 万元。（4）乙公司想退出红光公司，准备将自己的股权转让给陈某，但是遭到其他股东的一致反对。

<问题>

1. 股东在红光公司设立时的出资是否符合公司法的规定？为什么？

2. 红光公司成立后，对丁的出资瑕疵行为，应当如何处理？

3. 现假设红光公司资不抵债，不能清偿银行贷款。银行的债权应当如何实现？红光公司的股东各应承担哪些责任？

4. 乙公司转让股权需要满足哪些条件？

【复习思考题】

1. 商业组织的概念如何理解？

2. 单一业主制的优点是什么？

3. 什么是合营？

4. 合营企业与联营企业的区别是什么？

5. 公司需要具备哪四个要素？

6. 股份有限公司的特征是什么？

CHAPTER 2   BUSINESS ORGANIZATIONS AND MANAGEMENT

2.1   THE COMPONENTS

The essential and fundamental components of all organizations are as follows:

- Objectives (or goals, targets, or aims)
- Functions required in order to achieve these aims
- Skills required in order to perform functions
- People who have the necessary skills
- Leadership in order to plan, organize, motivate and control

Organizations are formed in order to achieve particular goals. This is done by following certain rules and adopting patterns of behavior which accommodate those rules. Behavior is determined by a status structure, which determines how authority is distributed, and how communication should take place.

An organization will be composed of several departments or functional areas. Each one will be responsible for performing a range of duties which will make a contribution to the overall goals.

Different groups and their goals

Different groups within one organization may each pursue different goals. These need not be incompatible, but sometimes are.

Managers want profit maximization, greater productivity, and lower costs. In order to achieve these goals, they introduce new technology, implement redundancy program, and award smaller increases in pay to employees.

Trade unions want security of employment, better working conditions, and higher pay. Unions resist change (for example, to new technology); they oppose reduction in manpower levels and consistently urge substantial wage increases. A compromise has to be reached, so that each side is able to meet some of its goals.

2.2   FORMAL AND INFORMAL ORGANIZATIONS

If we accept that organizations depend upon people, so we must expect that some of these people, given that they have individual differences, may deviate from officially expected forms of behavior. Consequently, rules may be broken and informal rules devised. Informal organizations may arise in response to formal organizations.

It is often the case that such a development may be favorable to the organization, so management may decide to adopt the informal rules, making them part of the formal set-up. The process could develop along these lines:

- Formal organization lays down regulations which may be unacceptable to employees.
- Informal organization develops in response to this, e.g. longer rest breaks, and job sharing.
- Some managers incorporate the informal procedures into formal ones.
- Some managers may become authoritarian and conflict arises.
- Some managers may simply "turn a blind eye", recognizing that the informal way has its advantages, such as increased morale, increased job satisfaction, reduced fatigue, reduction of stress and frustration, easier communication.

2.3   AUTHORITY, REPONSIBILITY AND DELEGATION

Authority can be defined as the right to use power. To have power is to have the ability to change the behavior and attitudes of others. There are five sources of power:

1. *Reward power*

It is based on the ability of one person to confer tangible or intangible benefits to another in return for desired results or behavior. An example of reward power is the ability of the manager to promote competent staff.

2. *Coercive power*

It is based on the ability of one person to remove certain benefits or privileges as punishment for the unsatisfactory behavior of another. For example, a manager has the power to deduct from the wages of a worker who has committed a serious infringement of rules.

3. *Legitimate power*

It means that a person has formal power, by virtue of his position, to enforce certain behavior, e.g. a security guard has the right to check the identification cards of all visitors to the building.

4. *Expert power*

It is based on the perception that a person has some specialized knowledge that others do not have. For example, the computer specialist of the company is recognized as having expert knowledge.

5. *Referent power*

It is held by a person who is able to influence other people by virtue of his personality and behavior. For instance, a popular and honest manager may inspire his subordinates to emulate his work habits.

John Kotter lists the characteristics he found common in managers who use their powers successfully:

（1）Effective managers are careful to keep their actions consistent with people's expectations of their behavior. For instance, they reward socially acceptable behavior in their subordinates.

（2）Effective managers temper power with maturity and self control. In this way, they do not appear unnecessarily harsh to those around them.

（3）Effective managers know that power is necessary to get things done. They feel comfortable in the use of power when achieving goals.

Responsibility is the obligation to use the authority delegated to carry out the tasks assigned. If one person is put in charge of another or others, or is given control of another or others, he or she has the responsibility for those others. Their results are the responsibility of their superior. They are subordinate to their superior.

"Carrying the can" is an expression commonly used for a person with responsibility, or "the buck stops here", meaning that the actions may be those of others, but the person put in charge is responsible for them. This can work two ways: the superior may be given credit for good performance, or be taken to task for poor performance, so the process of delegation must be approached with care.

Delegation means transferring responsibility to someone else. This may be for one special task or for decision-making in a specific area. Delegation is only successful if the delegator gives full authority to carry out his or her responsibilities. The delegator still retains responsibility for the results and has to be sure that the person to whom the authority was delegated can exercise that authority in order to carry out the job. Some managers find it hard to accept the principle of delegation; they lack confidence in others. Other managers may delegate but are inclined to blame the subordinate if something goes wrong.

Points towards successful delegation:
- The authority delegated should be related to the degree of responsibility for it;
- The delegation should be clear and specific;
- The person to whom the work has been delegated must have freedom to get on with the work;
- Expected results should be stated;
- The method of operation should not be interfered with;
- The best person for the delegated job should be selected;
- Managers and supervisors should know their staff and the potential of their staff.

The importances of delegation are:
- Managers are released for more significant tasks;
- Work is fairly distributed;
- Work is achieved in a shorter time;
- Subordinates are developed and encouraged;
- Absences are more readily covered;
- Decisions are more likely to be made "on the spot"。

When to delegate:
- If the business is expanding;
- When subordinates have the ability to take on the work;
- When there are bottlenecks.

When not to delegate:
- If there is no one capable of doing the job;
- If the work is too sensitive to delegate;
- Where the delegated work would be incompatible with subordinates' other duties.

2.4   CENTRALIZED AND DECENTRALIZED DECISION-MAKING

Centralization refers to the amount of authority retained at the top levels of an organization.

Decentralization refers and is closely related to the delegation of authority to the lower levels. The greater the amount of authority delegated the more decentralized the organization is. However, decentralization involves much more than handing authority to subordinates-it involves all areas of management.

The advantages of decentralization are:
- More staff have the opportunity to use their judgment, so more are motivated.
- Managers are allowed to use local knowledge so their part of the organization can readily adapt to local conditions.
- Managers are brought closer to the realities of cost versus profit.
- Senior managers are allowed freedom from operational decisions so that they can turn their attention to policy issues.
- Time taken to obtain decisions from a centralized authority is reduced.

The disadvantages of decentralization are:
- Different standards develop within one organization, so that a cohesive image is not presented to the public.
- The organization relies more heavily upon more junior management and their readiness to take on the extra responsibility.
- Communication techniques must be sophisticated so that senior management will very quickly become aware of any problems or potential problems.

Drucker refers to two types of decentralization:
- Federal decentralization where activities are organized as though they are separate operating units with their own markets and are responsible for their own profit or loss.
- Functional decentralization where managers assume complete responsibility for certain stages in the business e.g. marketing or production.

2.5   THE CONCEPT OF MANAGEMENT

Management is the achievement of organizational objectives through people and other resources. Objectives are guideposts used by management to define standards of what the organization should accomplish in areas such as profitability, customer service, and social responsibility.

The manager's job is to combine human and technical resources in the best way possible to achieve organizational objectives. This is done through *Planning, Organizing, Motivating, Controlling* all aspects of the organization.

Planning

The manager who tackles work by taking each day at a time and simply trying to accomplish as much as possible in each day is merely managing by crisis. This is highly stressful – both to the managers and subordinates. The managers should be anticipating problems and taking remedial action to avoid them. In order for the organization to be successful, the opportunities which are available should be exploited; comparisons should be made with competitors; plans for achieving the aims of the organization should be made five years in advance, in consultation with other managers; plans should include evasive action to threats to the organization. Planning is a matter of being prepared.

Organizing

Organizing is the means by which management blends human and material resources through the design of a formal structure of tasks and authority. Think once more about the resources available to each organization – money, people, land, buildings, equipment, machinery, and time. . These are also available to the manager and should be used in a way which reflects the direction in which the organization tends to go. Each resource should be available at the right time in the right place and in the right quantity, and should have the capacity and capability for completing the job in hand.

Motivating

Every manager should understand something about sociology and psychology. Motivation is the will to do something and a motivated manager has that will. Similarly, if he or she is to motivate others, then this is by encouraging or promoting the will in those others.

Controlling

Managers have their particular goals set for them by their superiors. In order to achieve these goals, they must monitor the progress being made. If there are variances, it is the manager's responsibility to identify these and to rectify them.

Levels of Management

- **Top Management**—the highest level of the management pyramid, it is composed of the director and key company executives who develop long-range plans for the company and interact with the government and community.
- **Middle Management**—the second level of the management pyramid, it includes such executives as plant managers and development heads, responsible for developing details plans and procedures to implement the general plans of top management and involved in specific operations within the organization.
- **Supervisory Management**—the third level of the management pyramid, including people who are directly responsible for the details of assigning workers to specific jobs and evaluating performance.

Skills required for Managerial Success

- **Technical skills**—

They are the abilities of managers to understand and use techniques, knowledge and tools of a specific discipline or department.

- **Human Relations Skills**—

They are the abilities of managers to work with and through people in communicating, leading and motivating workers to accomplish assigned activities.

- **Conceptual Skills**—

They are the abilities of managers to view the organization as a unified whole, while also understanding how each part of the overall organization relates to other parts.

Leadership in Management

Leadership is the act of motivating or causing others to perform activities designed to achieve specific objectives.

Styles of leadership—the way in which a leader uses available power in order to lead others.

- **Autocratic leaders**—leaders who make decisions without consulting others
- **Democratic leaders**—leaders who involve their subordinates in making decision
- **Free-rein leaders**—leaders who believe in minimal supervision and who leave most decision to their subordinates.

Exercises:

Question 1

List down the essential and fundamental components of an organization.

Question 2

Who are the different groups within an organization? What are their goals?

Question 3

Differentiate formal from informal organization.

Question 4

Define the following:

- Authority
- Responsibility
- Delegation

Question 5
List down the five sources of power and explain each.

Question 6
What are the characteristics which John Kotter has found common in managers?

Question 7
Enumerate the importance of delegation.

Question 8
List down the cases "when to delegate" and "when not to delegate".

Question 9
What are the advantages and disadvantages of decentralization?

Question 10
List down the three levels of management and explain each.

第 2 章　商业组织与管理

2.1　商业组织的组成要素

现代商业组织中包括四个必需的要素，即人、资金、物资和信息，组织实现目标的过程，也就是这四要素在一定的时间与空间内进行配合的过程。

（1）人，即人力资源。是组织组成成分中最重要的要素，任何一个组织也不能以另一种组成要素来取代人，如果组织中缺少了这一要素，那么这个组织就不复存在，组织中所有的财，物，信息都是人创造出来的。

（2）资金，它是组织得以正常运营的关键因素，也是推动各项活动的重要动力。

（3）物资，在组织中，物资主要指土地、厂房、商场、机器、设备、原材料等，它是组织存在的基本条件。在一般情况下，物和财方面可以根据组织需要相互转化的。

（4）信息，随着科技的进步，信息在组织中起到越来越重要的作用，信息作为组织的一种无形资产，已经引起了组织管理者的高度重视。

2.2　正式与非正式组织

组织中一般有正式组织与非正式组织。其中，正式组织一般是指组织中体现组织目标所规定的成员之间职责的组织体系。我们一般谈到组织都是指正式组织。在正式组织中，其成员保持着形式上的协作关系，以完成企业目标为行动的出发点和归宿点。

非正式组织是在共同的工作中自发产生的，具有共同情感的团体。非正式组织形成的原因很多，如：工作关系、兴趣爱好关系、血缘关系等。非正式组织常出于某些情感的要求而采取共同的行动。

2.2.1　正式组织

1. 概念

所谓正式组织，是指为了有效地实现生产目的而把各成员间的相互关系安排得合理而有秩序的组织，正式组织有明确的目的、统一的领导、确定的规章制度及协调有序的分工。

巴纳德曾对组织下的定义是：组织是一个协作的系统。这个定义适用于军事的、宗教的、学术的、企业等多种类型的组织。在这里指的是一种"正式组织"。巴纳德在 20 世纪 30 年代末期提出的关于"一个组织的生存和发展有赖于组织内部平衡和外部适应"的思想是具有独创性的远见卓识。他认为，经理人员的作用就是在一个正式组织中充任系统运转的中心，并对组织成员的活动进行协调，指导组织的运转，实现组织的目标。

2. 正式组织三要素

（1）个人意愿

从定义来看，没有人就没有组织。但从根本来看，构成组织的应该是人的服务、行动、行为或影响。因此，个人意愿是协作体系所不可缺少的。

个人意愿，即个人的协作意愿，其中主要的有"忠诚心"、"团结心"、"团队精神"、"组织力"，都与"忠于事业"有关，并且一般都认为它们所指的是不同于个人贡献的有效性、能力或价值的某种事物。所以，"忠诚心"不一定同人的地位、阶层、名声、报酬或能力有关，它被认为是正式组织存在的必要条件。

这个意义上的个人协作意愿意味着自我克制，对自己个人行动控制权的放弃，个人行为的非个人化。首先必须有把个人行为贡献与非个人的组织行为，个人放弃其行动的控制权的意愿，才能把人们的行动协调起来。

在正式组织中，个人意愿的强度存在着极大的差异。如果按照贡献意愿的强度对一个组织的可能的贡献者加以排列的话，其等级将为：从强烈的贡献意愿逐步下降到没有贡献意愿，再下降到强烈的不愿意、反对或憎恨。现代社会的大多数人对任何一个现存的或可能成立的组织总是处于否定的立场。可能的贡献者中只有一小部分有着积极的贡献意愿。在任何一个正式组织中，有积极贡献意愿的人数，以及中立的或没有贡献意愿的人数是经常变动的。

（2）共同目的

组织存在的最后一个因素是共同目的，即共同的协作目的，我们把这样一种目的叫做一个组织的"目的"。一个目的如果不被将要参加组织的人们所接受，是不会激起他们的协作行为，因此目的的被接受同协作意愿是同时发生的。

这个共同目的是由组织决定并由个人实施并实现的。例如，当五个人协作把一块石头从 A 处搬到 B 处时，对这五个人的每一个人，从组织的观点看，移动石头都是不同的事。但是，问题不在于石头的移动对每一个人意味着什么，而在于对整个组织意味着什么。这包括每个人作为组织的一分子所作的努力的意义，以及所有其他参加协作的人所作的努力的意义，组织的目的一般不会涉及个人动机的满足。

（3）信息交流

组织最终目的的实现需要信息在组织中达到流动畅通，共同目的显然必须被人们所共同了解，而要使人们了解就必须通过某些信息交流形式。一般的，人们之间的信息交流的是口头信息交流。

信息交流方法的中心问题是口头语言或书面语言。更简单的形式是，具有明显意义的动作或行动也足以进行信息交流。组织中的许多协作行为，多以各种方法发出信号。因此，信息交流技术是任何一个组织的重要方面，而对许多组织来讲则是一个极为重要的问题。如果没有运用恰当的信息交流技术，就不可能采用某些目的作为组织的基础。信息交流技术使得组织采取某种形式并获得内部的经济性。

2.2.2　非正式组织

1. 定义

早在 20 世纪 30 年代，人际关系学派奠基者梅奥通过霍桑实验，发现了存在于一切组织中的非正式组织。他认为非正式组织是因满足员工的社会需要而产生和存在的，并形成具有某种传统习惯、规矩、职能乃至特有的礼仪的群体。巴纳德（1886～1976）以自己在美国电报电话公司、新泽西贝尔电话公司做总经理的丰富经验，结合社会学和系统论的思想来考虑经营管理问题，进行了创造性的研究，他认为"无论在什么地方都存在着与正式组织有关的非正式组织，这对我们的目的来说是非常重要的。"

所谓非正式组织，是在正式组织内部，由于工人为了满足社会的需要而产生的，并有特定的时间具有对某种事物的相同看法或某种互相联系的组带。正式组织中的成员为满足各自需要而建立的所有超越职务关系的团体，均称为非正式组织。非正式组织是正式组织中一些群体成员由于工作性质相近、社会地位相当、对一些事物的认识基本一致、观点基本相同，或是性格相像、兴趣相似，共同形成了一些被其成员共同接受并遵守的行为准则，使得原来松散且随机形成的群体渐渐地趋向固定的非正式组织形式。如同乡、校友、自发的科研群体、书法兴趣小组等。

2. 非正式组织的特征

（1）自发性

正式组织通常由上级正式任命或是通过相关程序而产生的，而非正式组织的产生是由人们自发而形成的人群的结合体。非正式组织的互动中，人们事先无确定的目标，没有特别的、有意识的共同目的，也就不能预见其活动的成果，这是非正式组织自发性的主要表现。

（2）情感性

非正式组织主要以私人感情和融洽的关系为纽带，来满足不同个人的心理需要，通过感觉、情感、个性特征等因素产生潜移默化的影响，并以不成文的行为规则要求其成员共同遵守。

（3）松散性

非正式组织是由组织成员形成的，成员之间没有强制性的规章制度，没有固定的人员构成，它会随着新的人际关系或新的沟通路线的出现而随时发生变动。因此，非正式组织具有明显的动态性和松散性。

（4）潜规则性

非正式组织虽然没有明确的成文规则，但在非正式组织中有一个潜规则的存在，即心理道德惯例，主要以心理压力和疏远隔离等社会手段作为规则执行手段。对于那些自觉遵守和维护潜规则的成员，非正式组织给予赞许、欢迎和鼓励；而对于那些不愿遵守或违反潜规则的成员，非正式组织则通过嘲笑、讥讽、孤立等手段给予惩罚。

2.2.3　相互作用

管理学史上的霍桑试验，证明了在企业中广泛存在着非正式组织。在工作中人们发现彼此存在共同的爱好、兴趣、价值观，或者有共同的背景、经历或遭遇，他们在人格、情感、心理上产生了共鸣，从而形成的特殊群体——非正式组织，它具有很强的凝聚力和向心力。从某种意义上讲，非正式组织是基于正式组织的缺陷而产生的，同时它还迎合了人们的需要，因而更具有人性化。非正式组织的存在，使得正式组织的工作效率和工作质量受到了明显的影响；另一方面，由于其自身无法克服的局限性，正式组织的管理者要正视和正确地引导非正式组织，发挥非正式组织的积极作用。（见表 2-1 正式与非正式组织特征变量对比）

表 2-1　正式与非正式组织特征变量对比

特征变量	非正式组织	正式组织
组织存在目的：	社交型	功能型
领导来源：	内生的，依靠个人的人格魅力或个人特质	外生的，依靠上级指派或其他社会认可的方式
权力来源：	内生权威	外界赋予
组织沟通：	非命令型的横向沟通	命令型的纵向沟通
成员选择：	个人自愿加入	领导者选择
组织凝聚力：	较高	较低
行为准则：	不成文的、自我约束	成文的、强制性规则约束

1. 正式组织对非正式组织的影响

正式组织对非正式组织的影响主要体现在，正式组织的凝聚力，决定了非正式组织对所在的正式组织起到的主要作用是积极的，还是消极的。一般来说，如果正式组织的凝聚力强，非正式组织发挥的正面作用大；反之如果正式组织的凝聚力弱，非正式组织发挥的负面作用就会大。因为，当一个正式组织的凝聚力较强时，其组织的管理者能够代表大多数成员的利益，成员的满意度较高，那么他们就不会通过非正式组织来发泄自己的不满情绪，因此在这种情况下，非正式组织对正式组织主要起到积极的作用。反之，当正式组织的凝聚力比较弱，组织成员的不满情绪会通过非正式组织来发泄，并运用非正式组织的力量来抵制正式组织所做出的有损非正式组织成员利益的决策，此时非正式组织的行为将会违背正式组织的正常发展。

2. 非正式组织对正式组织的影响

（1）积极影响

① 具有灵活多样的沟通渠道，促进组织内部的信息沟通。正式组织内部的沟通渠道是由层级原则建立起来的，常常是有限的，且易受其权力结构的影响，这就决定了其沟通方式的单一，信息传播的缓慢，影响了整体的运行效率和整体行为的适时转变。而非正式组织的沟通渠道具有多样性的特点，其人际关系网络超越了部门、单位以及层级之间的界限，大大缩短了上层决策落实到基层的时间，促进了组织成员之间的信息交流。

② 满足员工的心理需求，起到激励作用。在马斯洛的需要层次理论中，人们社会的需要是一种与生俱来的心理需求，在生理的需要和安全的需要被满足之后，如果社会的需要得不到满足，则可能导致员工对工作失去热情，严重时甚至可能导致员工心理扭曲，对企业和社会造成危害。而非正式组织正好能够起到满足员工社会需要的作用，从本质上来说，非正式组织就是一种满足人们社会需要的社交网络。

③ 形成较强的凝聚力，为实现组织目标提供动力。组织凝聚力的培养有赖于员工之间有效沟通和感情的培养。正式组织强调的是控制与制度，从而约束了感情的培养；非正式组织的沟通渠道多样化，由于其成员有着共同或相似的兴趣爱好而经常接触和沟通，有利于员工之间感情的培养，因此，非正式组织的存在对于企业凝聚力的培养和提高具有非常重要的作用。

（2）消极影响

① 易形成利益小团体，影响工作的效率。如果非正式组织的目标同正式组织的目标发生冲突，它就会成为影响正式组织目标实现的障碍，降低其内部成员对正式组织目标的认同感，从而影响他们工作的积极性和责任感。

② 传播流言，不利于组织的稳定。非正式组织内部的成员聚集在一起，很容易传播小道消息与流言。流言在非正式组织中的传播，轻则会使正式组织人心涣散，重则会导致正式组织的内部分裂、影响正式组织的稳定团结。

③ 控制内部成员行为，降低组织管理效率。非正式组织往往以一种不成文的规范约束其成员，并对其成员施加群体压力，因此在非正式组织中普遍存在从众的行为现象，不利于个人积极性的提高，束缚了非正式组织成员个人的发展，同时也影响组织的管理效率的提高。

2.3　权威、责任与授权

2.3.1　权威

1. 权威的定义

权威（authority），是指在社会生活中靠人们所公认的威望和影响而形成的一种支配力。权威的含义主要有三层：（1）权威是一种特殊的权力即合法的权力；（2）权威是一种普遍的规范力量，主要包括法律的权威和道德的权威；（3）权威指具有杰出才能与品质的人物。本书中的权威，指的是组织中管理者的权威，是管理者的职能表现和主要标志。

权威和权力都以服从为前提，两者既有联系又有区别。被誉为"组织理论之父"的韦伯[①]，对权力和权威作了区分，认为"权力是不管人们是否反对强使人们服从的能力，而权威意味着人们在接受命令时是出于自愿的。权力属于个人品格，而权威则和等级制度中的社会作用或地位有关"。

权威是权力的这样一种形式，它通过命令来安排或联合其他各个行动者的行动。这些命令之所以有效，是因为被命令者认为这些命令是合法的。权威不同于强迫性控制，因为后者借助其赏罚能力而使人们遵从其命令和规定。总之，权力是一种强制力量；而权威则是通过令人信服的威信、影响、声誉发生作用。权威和权力往往结合在一起，相互增强。

2. 权威的分类

关于权威的分类，韦伯认为权威是获得认可的权力，他认为权威就其形成而言可以分为法理型权威、传统型权威、魅力型权威。法理型权威是通过人们认为合法的程序而形成的、具有合理性的权威；传统型权威是由于世袭等原因而形成的权威，下级对上级的臣属和忠诚是其权利特征；魅力型权威是由于个人具有超人的才能而形成的权威。在现代社会组织中法理型权威占主导地位。

最详尽的分类则是由丹尼斯·朗提出的 5 种类型的权威：（1）强制性权威；（2）诱导性权威；（3）合法权威；（4）合格权威；（5）个人权威。强制性权威是 A 欲以武力威胁 B 使他服从，A 必须使 B 确信 A 具有对他使用武力的能力和愿望；而诱导性权威以积极制裁，而不是以消极制裁来威胁，使权力对象服从；合法权威意味着掌权者拥有公认的发布命令的权利，而权力对象有公认的服从义务；当对象服从权威的指令是出于信任权威者有卓越的才能或专门知识，去决定何种行动能最好地服务于对象的利益与目标时，称为合格权威；当出于对某一个崇拜而自愿听从或者愿意提供服务，我们称之为个人权威。

---

① 马克斯·韦伯（Max Weber，1864～1920），生于德国，主要著作有《新教伦理与资本主义精神》、《一般经济史》、《社会和经济组织的理论》等。

3. 管理者如何树立权威

（1）组织管理者要重视员工思想方面，凝聚人心，统一思想，为树立管理者权威奠定基础；

（2）管理者应不断加强道德修养，树立正确的世界观、价值观，以身作则，严格要求自己，这是管理者树立权威的必要条件；

（3）掌握和提高管理艺术。管理艺术和方法，是领导权威和领导职能发挥所不可缺少的本领；

（4）有谋有略，勇于创新。组织的管理者应该具有开拓进取的精神，敢于创新，具有驾驭全局和解决复杂问题的能力。

2.3.2　责任

1. 责任的定义

关于责任的定义，《辞海》中没有"责任"条目的确切解释。《现代汉语大词典》对责任的解释是多义的，其含义有：1．分内应该做的事；2．作不好分内应该做的事，因而应该承担的过失。其实这两个意思是统一的，即都强调了一个人分内应做的事。根据韦氏学生词典所解释，责任也包括两层含义：1．一种尽职的品质和状态，包括在道德上、法律上、精神上的尽职以及可靠的、可信赖的方面；2．是指担负责任的事情。

但是责任还有另外一层含义，就是主动做好分外的事，尤其是在组织中，特别是在不计报酬、无条件的完成时。英文中关于责任的词汇是很多的，通常用的 Conscientiousness 、Responsibility、Obligation 、Duty 等均可以表达责任的意思。中外关于责任的解释除了中文有"因为过失而受处分"这一层含义外，其余的含义基本上是一致的。在现代组织理论中，责任的一个重要内容就是个体对自己的行为负责。

2. 组织中责任的划分

（1）企业社会责任

美国企业社会责任专家、佐治亚大学教授阿尔奇·卡罗尔对企业社会责任给出了具有代表性定义："企业社会责任意指某一特定时期社会对组织寄托的经济、法律、伦理和自由决定（慈善）的期望。"[①]卡罗尔认为，企业社会责任是社会寄希望于企业履行之义务；社会不仅要求企业实现其经济上的使命，而且期望其能够遵守法度、重伦理、行公益，因此完整的社会责任是企业经济责任、法律责任、伦理责任与其自主决定其履行与否的责任（如：慈善责任）之总和。

① 卡罗尔，巴克霍尔茨. 企业与社会：伦理与利益相关者管理[M]. 北京：机械工业出版社，2004 年。

因此，企业的社会责任，至少应当包括三方面的内容：①是对内部员工的诚信；②是对社会的诚信；③是对公共环境的责任。企业社会责任的较高层次是在于道德层面上，因此，好的企业组织应该像好公民一样具有公益心，为社会公益活动作贡献。具体表现在以下几个方面：

首先，企业对环境承担的责任。要求企业具有强烈的环境保护意识，积极先进的生产技术应用到生产中去；大力推动"绿色市场"的发展和环境的综合治理与保护。

其次，企业对员工承担的责任。员工是一个企业最宝贵的财富，是企业利润最大化的实践者，企业必须承担对员工的社会责任。从员工的生活到工作，企业都要给予无微不至的关怀和照顾，为员工工作积极性的发挥创造良好的基础。

再次，企业对顾客承担的责任。顾客是一个企业生产的产品或服务的消费者，因此企业必须为顾客提供满意的产品或服务，真正做到"顾客就是上帝"的服务理念。

最后，企业对所在社区承担的责任。企业是一个社区的重要组成部分，所以企业不仅要为所在社区提供就业机会和创造财富，还要尽可能为所在社区作出贡献。主要体现在，为社区提供一个良好的生活环境和生存条件，减少污染，美化社区；并为提高社区的生活水平、生活质量不断努力。

（2）管理者责任

组织中的管理者是协调组织活动的纽带，是组织各部分活动正常进行的保障，因此管理者明确自己的责任，对于整个组织的发展具有积极的意义。

组织管理者担负着组织目标规划和科学决策的责任。现代管理者应从组织的长远发展进行宏观规划，制定奋斗目标，运用科学的思维方法，对实现这些目标的途径和步骤做出明确具体的计划，作为一个管理者应该经常提醒自己决策是否具有科学性。

管理者对建立合理而有效的组织机构，制定各种全局性的管理制度，协调好内部各种人员的关系，负有不可推卸的责任。现代管理者不能只强调个人的作用，不能仅靠个人的威信、权力来治理组织，而应靠制定各种规章制度，靠科学的管理方法来治理一个公司。只有这样才能更好地调动每个员工的积极性。

管理者应激发员工的工作积极性，协调内部关系，进行有效沟通。协调是谋求大家行动上的步调一致，沟通则是求得思想上的共同了解，作为一个管理者必须注意做好组织的协调和沟通，使整个组织具有强大的凝聚力。

另外，管理者在选人用人方面要做到知人善认，善于选才用人，注重举贤、用贤和培育新人，在工作中会收到事半功倍的效果。

（3）员工责任

2004 年 2 月 15 日，吉林市中百商厦发生特大火灾，造成 54 人死亡、70 余人受伤，经济损失难以估量，对社会的负面影响更是难以用数字来形容。而导致这场特大火灾的直接和间接原因是什么呢？事后查明原因有三：一是火灾是由中百商厦雇员于洪新在仓库吸烟所引发；二是在此之前，中百商厦未能及时整改火灾隐患，消防安全措施也没有得到落实；

三是火灾发生当天，值班人员又擅自离岗，致使民众未能及时疏散，最终酿成了悲剧。而这三方面无一不涉及员工责任心问题。员工的责任心，就是企业的防火墙。许多企业轰然崩塌与员工的责任心缺失有着紧密的联系。

导致组织员工缺乏责任心的因素有多种，其主要原因是管理者忽视了对员工责任心的经营和管理；其次就是由于人的惰性心理，尽管组织的各项规章制度制定完好，在长时间的执行中，员工会从思想上懈怠，责任心减弱，行为上松懈，体现在日常的工作中就是执行力下降，许多问题由此而生。

组织增强员工责任心，首先要科学设计工作流程，确保各个岗位责任明确。对业务流程、服务流程和管理流程进行标准化设计，使得员工在各个工作环节中明确之间的任务和责任；强化制度监督，多方面约束员工行为；适时地对员工进行素质教育，教化人心；为员工制定职业生涯规划，发掘员工潜能，明确发展目标，从而增强自身的责任意识。

2.3.3　授权

1. 授权的含义

授权，是指组织中的管理者为更好地实现管理目标，在自己的职权范围内赋予其下属相应权力和责任，对组织承担最终责任的一种管理手段。正确理解授权的含义还应了解以下几点：

（1）授权留责。所谓授权留责是指授权时授权者只授予下属权力，而把对上级应负的责任留给自己（授权者）。因此，授权是把一部分权力分散给下属，而不是把与"权"同时存在的"责"分散下去。

（2）受权负责。所谓受权负责是指被授权者接受权力之后，应对授权者负有相应的责任。在管理工作中，有权必须负责，这是权力的内在要求，否则就会出现滥用权力的现象。受权负责更能增强被授权者的责任感，有利于实现组织目标。

（3）授权的时效性。授权的时效性是指下授之权不是长期、永久地留在下属手中，而是短期的。一般来说，授权是为了完成某一项工作，在工作完成之后，权力就应收回。这也是授权与分权的显著区别，分权是根据组织的规定和需求，把部分权力长期甚至永久地分授给下级，而授权的期限没有严格规定，但多为短期行为。

（4）授权是一种特殊的分权方式。授权在组织管理中是经常使用的用权方式，它是分权的一种特殊形式，长期固定的授权就会演变为分权，因此，授权是分权的过渡形式之一。

2. 授权的基本原则

组织中做到正确、科学地授权，应遵循以下几点原则：

（1）目标性原则。一是指授权者在授权之前，应该明确授权的范畴与目的，即授权者应明确授予下属的权力是为了完成怎样的任务，是否有利于组织目标的实现；二是授权者还要使下属充分认识和理解授权的目的和对组织目标的作用。

（2）合理合法原则。一是指授权要符合一定的程序要求，即确定所授任务，选择被授权者，监督指导，收回权力这一过程；二是指所授权力要符合制度法规的相关要求。

（3）单一逐级原则。所谓"单一"是指被授权者只能接受一个领导者授予的权力，不能同时接受几个领导者的授权；所谓"逐级"是指领导者不能越级授权，即领导者只能对其直接的下属授权，而不能对下属的下属直接授权。

（4）权责对等原则。指授予下属的权力一定与被授权者要完成的任务、所负的责任相当。

（5）指导控制的原则。在授权之后，还应加强对下属的指导与控制。

3. 如何有效授权

（1）明确任务。首先，让被授权者清楚被授之权的目的是完成什么样的任务，尤其要把预期的目标表述清楚，充分发挥其主观能动性，使其能创造性地开展工作。

（2）明确职权。任何授权在职权上都具有不可逾越的权限范围，在授权给下属时，应该考虑到下属完成这项任务所需要的资源。

（3）明确义务。在授权之后，领导有责任对工作进行监督指导，下属有义务向上级汇报完成任务的进展情况。

（4）授权的技巧。在授权时，首先要了解下属的心理，使用合适的授权方式，适时授权。这不仅能激励下属，还有助于提高领导的声誉。

4. 阻碍有效授权的因素

（1）责任不明确；
（2）所授之权过大或过小；
（3）所授任务达到的预期目标没有具体的量化考核标准；
（4）授权者不愿放权；
（5）重复授权和越级授权；
（6）信息反馈不及时，上下级沟通不畅通。

2.4 集中决策与分散决策

2.4.1 含义

集中决策①，指决策在组织系统中较高层次的一定程度的集中，即集权；分散决策指决

---

① 周三多，等编著，管理学——原理与方法（第三版）[M]．复旦大学出版社，2003 年，第 172 页。

策在组织系统中较低层次的一定程度的分散，即分权。

集权与分权是一个相对的概念。绝对的集权意味着组织的全部权力集中在一位管理者手中，组织活动的所有决策均由这一个人做出；绝对的分权意味着全部权力分散在各个管理部门，没有任何集中的权力。这种绝对的集权和绝对的分权在现实组织中是不存在的，因此，集权与分权是相对而言的，组织考虑的不是应该集权还是分权，而是哪些权力易于集中，哪些权力易于分散，何时集权的成分多一些，何时分权的成分多一些。

2.4.2　组织中的集中决策

1. 集中决策产生的原因

（1）组织的历史。

（2）领导的个性。决策者的心理特征与行为特征均会影响其决策方式，权利欲强烈的领导者偏好于集中决策。

（3）政策的统一与行政的效率。

2. 过分集中决策的弊端

（1）组织的过分集权，不利于集思广益，从而降低了决策的质量；

（2）权力过分集中于一个人或少数人手中，降低了组织的适应能力；

（3）集中决策阻碍了员工潜力的发展，不利于其工作积极性的发挥。

2.4.3　分散决策

1. 影响因素

（1）促进分权的因素有以下几方面：①组织的规模，即规模越大的企业，越要分权；规模越小的企业，越是可以集权。随着现代组织的发展和壮大，分权已称为组织管理的重要形式；②活动的分散性；③培训管理人员的需要。

（2）阻碍分权的因素有以下几方面：①政策的统一性。统一的政策使得分权受到了诸多限制，不利于组织的分散决策；②缺乏受过良好训练的管理人员。决策者对问题的认识能力、获取信息的能力、组织能力对做出的决策产生一定的影响。

2. 判断分散决策程度的标准

（1）做出决策的频度。当下级做出的决策次数越多，说明分散决策越彻底；决策频度与分散决策成反比关系。

（2）决策的幅度，即决策的宽度，上级和下级做出决策覆盖的范围或影响力。决策的幅度与分散决策成反比。

（3）决策的重要性。决策的重要性可以从两个方面衡量：一是决策的影响程度，二是决策涉及的费用；决策的重要性与分权成正比关系。

（4）管理者对决策的控制程度。管理者对决策控制的越少，分权就越多；管理者对决策的控制程度与分权成反比关系。

3. 分散决策的途径

（1）组织设计中的权力分配（制度分权）

指在组织设计中考虑到组织规模和组织活动的特征，在工作分析、职务和部门设计的基础上根据各岗位工作任务的要求，规定必要的职责和权限，这是实现分散决策的是一种重要的形式。

（2）授权

授权是担任一定管理职务的领导者在实际工作中，为充分利用专门人才的知识和技能，或在出现业务新增的情况下，将部门解决问题、处理新增业务的权力委托给某个或某些下属。它是实现分散决策的一种常见形式。

二者既相互区别，又相互补充：

① 制度分权具有一定的必然性，而授权具有很大的随机性；

② 制度分权是从整个组织结构要求考虑，而授权不仅要考虑工作的要求，而且要考虑下属的工作能力和知识结构；

③ 制度分权相对稳定，除非整个组织结构重新调整，否则制度分权将不会收回；而授权多为一种短期行为，所授之权要适时地被收回；

④ 制度分权主要是一条组织工作的原则以及在此原则指导下的组织设计中的纵向分工；而授权主要是一种领导艺术，是一种能有效调动下属积极性的方法。

2.5　管　　理

2.5.1　概念

被誉为"现代管理学之父"的彼得·德鲁克（Peter. F. Drucker）认为"在人类历史上，还很少有什么事比管理的出现和发展更为迅猛，对人类具有更为重大和更为激烈的影响。"

学者们从不同的角度分别对管理的定义进行了研究，具有代表性的有以下几种观点：

（1）管理是由计划、组织、指挥、协调及控制等职能为要素组成的活动过程。

（2）管理是指通过计划工作、组织工作、领导工作和控制工作的全过程来协调所有的资源，以便达到既定的目标。

（3）管理就是由一个或更多的人来协调他人活动，以便收到个人单独活动所不能收到的效果而进行的各种活动。简化为："管理是通过其他人的工作达到组织的目标。"

（4）管理就是决策[①]。因此，我们可以说管理是指在一个社会组织中，人们为了实现共同的预期目标，进行的一系列的活动，包括计划、组织、领导、控制和创新。包含几个观点：

① 管理的目的是为了实现预期目标；

② 管理的本质是协调；

③ 协调必定产生在社会组织中；

④ 协调的中心是人；

⑤ 协调的方法是多样的。

2.5.2 管理的职能

（1）计划。古人云"凡事预则立，不立则废"，其中的"预"有"计划，谋划"的意思，"计划工作在管理职能中处于首位"，是"评价有关信息资料、预估未来的可能发展、拟订行动方案的建议说明的过程"。计划就是组织对未来一定时期内的活动制订的一个支配和协调资源的战略方案及预期所要达到的目标。

（2）组织。组织是管理活动的根本职能，是其他一切管理活动在保证和依托。

（3）领导。领导是领导者利用权力和能力，指挥和影响下属来实现组织目标而努力工作的一种行为，它贯穿于组织的整个管理过程之中，是组织目标得以实现的保障。

（4）控制。控制的实质是保证组织中的活动按照计划来进行的一系列工作。

（5）创新。创新就是运用新思维、新方法、新技术等来解决管理中出现的新问题，它是管理的一种基本职能。

2.5.3 管理的基本原理

管理的基本原理就是对管理的实质及其客观规律的表述，它具有客观性、概括性、稳定性和系统性的基本特征。

1. 系统原理

系统指由若干相互联系、相互作用的部分组成，在一定环境中具有特定功能的有机整体。组织作为一个由人、物、资金和信息组成的有机系统，管理就是对这一系统的管理。

---

① "管理就是决策"是 1978 年诺贝尔经济学奖获得者赫伯特·西蒙提出来观点。

2. 人本原理

人本原理就是以人为中心的管理思想，这是管理理论在新时期的主要特点。

3. 责任原理

责任原理要求组织中的每一个人都要在合理分工的基本上，明确各自的工作任务并必须承担与此对等的责任。

4. 效益原理

组织的最终目的是充分利用资源，实现利润最大化，因此，管理就是对效益的不断追求，效益就成为衡量管理是否有效的重要指标。

【案例分析】

事件——某期 CCTV-2 "劳动与就业" 的招聘节目

事件经过：三个女孩儿应聘一个职位，其中三个女孩分别为小段，小周和小王。

节目分三个阶段：

阶段测试 A：三个女孩都没有经过培训，分别为客人做茶道表演。

A 阶段观众评分：小周最高，小段次之，小王最低；A 阶段三人互评：小周给小段和小王每人评 5 分；小段给小周 0 分，给小王 10 分；小王给小周 0 分，给小段 10 分；

在这期间，小段跟小王表现很亲密，两人都疏远小周，小周在主持人问及互评情况时，说出了小段跟小王对她有排斥心理，但被小段跟小王否定。

阶段测试 B：三人共同经过培训后，再次为客人表演茶道。

B 阶段观众评分和三人互评，都跟上一个阶段一样，但是观众评分小周虽还是高于小段，但差距减小了一些。而且小王跟小段明显结成了一个小集团（即我们日常工作中常见的正式组织中的非正式组织），并排斥小周于他们小集团之外，小周虽希望减少这种排斥，但明显无奈。

阶段测试 C：三人组成促销小组，分别轮流做小组长，按照自己的计划进行一次茶叶的促销活动。（1）首先是小段做组长，小周和小王一起做促销，招引顾客，小段吩咐小周在一旁弹古筝，小周曾问小段她还要做什么，小段说随便。期间，小段跟小王不断耳语，有时冲小周努努嘴，并继续耳语。（2）其次小周做组长，她给小段和小王分别布置了任务，让小王在附近传单，小段在自己旁边给大家介绍茶叶，小周自己一边弹古筝招揽顾客，一边过来帮小段介绍茶叶。小周显然弹古筝时踏不下心来，后来她发现小王发传单走出了自己的视线，就吩咐小段把她找回来。（3）最后小王做组长，大致重复小段做组长那一幕，而且小段和小王更亲密的咬耳朵。

C 阶段主持人让三人互相指出其他两个人的缺点：小段和小王还是首先指出小周不信任他们，以及其他缺点；对另一个人的缺点都轻描淡写地说了一下。小周则指出小段跟小王对她布置不合理，她自己主动要任务也没什么结果。然后是 C 阶段专家点评，专家并没有同情小周，有一个评委还指出小周官不大，布置任务时还有官架子。然后给小段比较好的评价，小王得到的专家评点最差。

招聘结果是小段胜出。

<问题>

1. 大家对这种工作中，正式组织（工作组织）中存在的非正式组织（小集团）问题是怎么看待的？

2. 如果你就是节目中的小周，你有什么好办法改变自己在这种小集团中的被动地位？

3. 如果你是领导，你将怎样对待和处理手下的这种小集团？

【复习思考题】

1. 组织中一般应该包括哪些组成部分？

2. 什么是非正式组织？非正式组织的特征是什么？

3. 权威与权力的区别。

4. 领导权威的类型有哪些

5. 授权的含义是什么？如何有效授权？

6. 简要阐述集中决策与分散决策的区别？

7. 如何理解管理的概念？

CHAPTER 3   ORGANIZATION STRUCTURE

3.1   DIVISION BY FUNCTION

Specialization can be best used by dividing the organization into functional areas, such as production, sales, personnel and finance. This is advantageous for the employer because it provides the best use of specialists and at the same time allowing greater co-ordination. The employee has the advantage of a better career structure, where opportunities for promotion can be seen clearly. (See Figure 4.1 for a sample of the organization structure under this type)

(Figure 4.1)

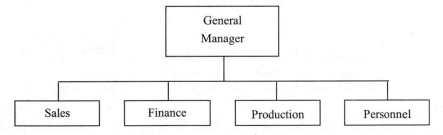

Advantages:
- The method is logical, easy to understand and effective in practice.
- Specialization is allowed full play and economics of scale can be enjoyed.
- It facilitates centralized direction and control.
- There is little need for internal co-ordination within each department.
- Professional expertise has a chance to build up.

Disadvantages:
- Department managers may become too specialized and narrow in outlook. They do not see the business as a whole and perceive their own activities as ends in themselves. This gives rise to problems of communication and co-ordination amongst the departments.
- Senior management positions need men of wide experience and the narrow specialization does not provide the necessary opportunities to develop this.

- This method does not encourage product innovation.

3.2 DIVISION BY PRODUCT

In this method, each department is responsible for a production with related products. The method emphasizes the team approach. Each department performs its own function and takes the product(s) from the beginning stage to the market place. Product departmentation is popular with product-oriented firms. (See Figure 4.2 for a sample of the organization structure under this type).

(Figure 4.2)

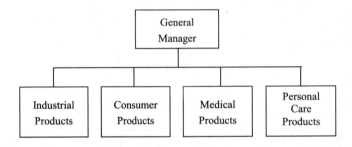

Advantages:
- Each department can concentrate its efforts in its specialized area. The product(s) get the full attention needed to perform well.
- Department head are in charge of profit centers. This eases the burden on top management since the managers assume more authority and responsibility.
- Product managers acquire broad experience through handling the range of business functions.
- This method promotes product innovation.

Disadvantages:
- There is a certain amount of duplication in areas like personnel and finance. This problem can be overcome by centralizing these areas under the control of top management.
- Environmental factors, e.g. a trade recession, may affect all departments and yet each manager may respond differently.

3.3   DIVISION BY LOCATION

The geographical structure is often used where both administrative and actual production activities take place in widely dispersed locations. The functional heads will normally be based at headquarters so that their geographically dispersed subordinates will still report on a direct line basis for direction and guidance. (See Figure 4.3 for a sample of this organization structure)

(Figure 4.3)

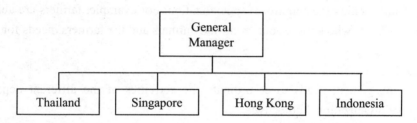

Advantages:
- Operating costs are lower as all the business functions are performed within each region.
- Local managers know their environment and make better decisions.

Disadvantages:
- Head office may feel a loss of control so certain activities may be centralized.
- Conflicts may arise between a regional division's activities and the overall organization's goals.

3.4   DIVISION BY CUSTOMER

Division by customer is adopted where the various groups of customers of a company have fairly different needs. (See Figure 4.4 for a sample of the organization structure under this type).

(Figure 4.4)

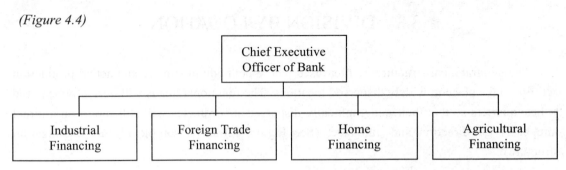

Advantages:

- Customers enjoy the benefits of specialization. For example, farmers are able to talk to bank officers who know about crops and animals and the farmers' needs for finance.

Disadvantages:

- Top management needs to co-ordinate the activities of the different departments to achieve organizational objectives.
- Sometimes, customers' needs cut across several departments, e.g. a farmer who is asking for an agricultural loan, may also need to mortgage his home or get a credit card. In this case, three departments will attend to him and may have three different sets of criteria for credit worthiness.

3.5   TYPES OF ORGANIZATION CHARTS

The three types of organization charts are:

（1）*Vertical Organization Chart*

This type of organization chart is constructed along similar lines to a family tree and, like a family tree; it needs to be reviewed from time to time.

（2）*Horizontal Organization Chart*

This type of chart is not only a variation of the vertical organization chart but also an exercise in industrial psychology, where the impression is given of everyone pulling in the same direction.

（3）*Circular Organization Chart*

The impression is of the most senior people being the hub around which all others revolve. It also breaks down some of the barriers which can arise when staff look at the vertical chart.

3.6   WORKING RELATIONSHIPS

（1）*Line Relationship*

This is straightforward in meaning: it reflects the subordinate reporting to the superior and the superior issuing orders and instructions for the subordinates to act upon. Accountability and responsibility are reflected most clearly in "line relationships". All **vertical** lines on the traditional organization chart or "tree" structure of an organization indicate line relationship.

（2）*Lateral Relationship*

This exists between two people on the same level, who have to co-operate and work well together, so a little supervisory influence may have to be brought to bear at times of dispute. It is because a lateral relationship exists between people of roughly the same level of responsibility that the lines drawn to indicate this on an organization chart are **horizontal**.

（3）*Staff Relationship*

This relationship exists where a managing director or other manager has a personal assistant or a secretary, but the secretary or personal assistant has no line authority. The relationship will be indicated by a dotted line along to the manager concerned.

（4）*Functional Relationship*

Organizations other than those which are very small usually have at least one specialist department. Examples are the personnel and the purchasing functions. In order to make the best use of such expertise, these departments must not be by-passed. Lines drawn to indicate this relationship are **diagonal.**

Exercises:

Question 1

Make an illustration of "division by function" and explain.

Question 2

What are the advantages and disadvantages of "division by function"?

Question 3

Make an illustration of "division by product" and explain.

Question 4

What are the advantages and disadvantages of "division by product"?

Question 5
Make an illustration of "division by location" and explain.

Question 6
What are the advantages and disadvantages of "division by location"?

Question 7
Make an illustration of "division by customer" and explain.

Question 8
What are the advantages and disadvantages of "division by customer"?

Question 9
Enumerate the tree types of organization chart and explain.

Question 10
List down the four types of working relationship and explain.

第 3 章 组 织 结 构

在管理学中，组织的含义可以从静态与动态两个方面来理解。从静态方面看，指组织结构，即：反映人、职位、任务以及它们之间的特定关系的网络。这一网络可以把分工的范围、程度、相互之间的协调配合关系、各自的任务和职责等用部门和层次的方式确定下来，成为组织的框架体系。从动态方面看，指维持与变革组织结构，以完成组织目标的过程。通过组织机构的建立与变革，将生产经营活动的各个要素、各个环节，从时间上、空间上科学地组织起来，使每个成员都能接受领导、协调行动，从而产生新的、大于个人和小集体功能简单加总的整体职能。

按照劳动分工的原则可以将组织中的活动专业化，而劳动分工又要求组织活动保持高度的协调一致性。协调的有效性方法就是组织的部门化，即按照职能相似性、任务活动相似性或关系紧密性的原则把组织中的专业技能人员分类集合在各个部门内，然后配以专职的管理人员来协调领导，统一指挥。

1. 部门划分的含义

组织目标的实现是在各部门协作分工下共同完成的，协调的有效方法就是组织的部门化，即确定组织中各项任务的分配与责任的归属，以求分工合理、职责分明，从而有效地实现组织的目标。

2. 部门划分的基本原则

部门划分可以依据多种不同的标准，例如，业务的职能、所提供的产品或服务、地区、目标顾客、流程等进行选择安排。不同时期、不同环境条件下，组织所依据的标准可以是不同的，但这种选择安排应当遵循部门化的一些基本原则，并以组织目标为基准。其基本原则如下：

（1）因事设职和因人设职相结合的原则

为了保证组织目标的实现，必须将组织活动落实到每一个具体的部门和岗位上去，确保"事事有人做"。当组织需要根据外部环境的变化进一步调整和再设计组织部门结构时，要依据因事设职和因人设职相结合的原则，对组织作出及时调整与环境不相适应的部门和人员，使组织内的人力资源能够得到有效的整合和优化。组织中的每一项活动终归要由人去完成，组织部门设计就必须考虑人员的配置情况，使得"人尽其能"、"人尽其用"。这就要求我们在组织设计过程中必须重视人的因素：

① 组织设计往往并不是为全新的，迄今为止还不存在的组织设计职务和机构。在那种

情况下，我们也许可以不考虑人的特点。但是，在通常情况下，我们遇到的实际上是组织的再设计问题。随着环境、任务等某个或某些影响因素的变化，重新设计或调整组织的机构与结构，这时就不能不考虑到现有组织中现有成员的特点，组织设计的目的就不仅是要保证"事事有人做"，而且要保证"有能力的人有机会去做他们真正胜任的工作"。

② 组织中各部门各岗位的工作最终是要人去完成的，即使是一个全新的组织，也并不总是能在社会上招聘到每个职务所需的理想人员的。如同产品的设计，不仅要考虑到产品本身的结构合理，还要考虑到所能运用的材料的质地、性能和强度的限制一样，组织机构和结构的设计，也不能不考虑到组织内外现有人力资源的特点。

③ 任何组织，首先是人的集合，而不是事和物的集合。人之所以参加组织，不仅有满足某种客观需要的要求，而且希望通过工作来提高能力、展现才华、实现自我价值。现代社会中的任何组织，通过其活动向社会提供的不仅是某种特定的产品或服务，而且是具有一定素质的人。可以说，向社会培养各种合格有用的人才是所有社会组织不可推卸的社会责任。为此，组织的设计也必须有利于人的能力的提高，必须有利于人的发展，必须考虑到人的因素。

（2）分工与协作相结合的原则

分工与协作是社会化大生产的必然结果，分工是效率的基础。在组织的部门设计中，必须要对每一个部门、每一个岗位进行必要的工作分析和关系分析，并按照分工与协作的要求进行业务活动的组合。部门设计者可以依据技能相似性的归类方法来集合相关的业务活动，以期提高专业分工的细化水平。

（3）权责对等的原则

在组织设计中，不仅要明确各个部门的任务和责任，而且要规定相应的取得和使用必需的人力、物力、财力以及信息等工作条件的权力。没有明确的权力，或权力的应用范围小于工作的要求，则可能使责任无法履行。当然，赋予的权力不能超过其应负的职责，否则会导致权力的滥用，危机整个组织系统的运行。

（4）命令统一原则

命令统一原则指的是组织中任何成员只能接受一个上司的领导。命令统一原则是组织工作的一条重要原则。组织内部的分工越精细，统一指挥的原则对于保证组织目标的实现的作用越重要。只有实行这条原则，才能防止部门间的相互扯皮、推诿和政出多门的现象的发生。统一指挥原则在一个稳定的外部环境中，才会使组织上下一致，统一和协调各方面的力量共同完成组织目标。但是，在一个复杂多变的环境中，这项原则的运用又会使组织反应麻木、行动迟缓。

（5）精简高效的部门设计原则

该原则要求部门设计应当体现局部利益服从组织整体利益的思想，并将每一个部门效率目标与组织整体效率目标有机地结合起来。另外，部门设计应在保证组织目标实现的前提条件下，使得人员配置和部门设置精简合理，不仅要做到"事事有人做"，而且要"人人有事做"，工作任务充裕饱满，部门活动紧密有序。

3.1　按照功能划分部门

　　功能部门是一种传统而基本的组织形式。职能部门化是根据业务活动的相似性来设立管理部门。判断某些活动是否相似的标准是：这些活动的业务性质是否相近，从事活动所需的技能是否相同，这些活动的进行对同一目标（或分目标）的实现是否具有紧密相关的作用。（如图 3-1 按功能划分的部门化组织图所示。）

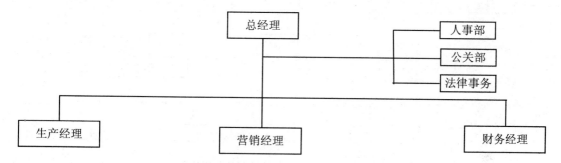

图 3-1　按功能划分的部门化组织图

职能部门化是一种传统的、普遍的组织形式。其优势有以下几个方面：
（1）能够突出业务重点，确保有效管理；
（2）可以带来专业化分工的各种好处；
（3）有利于维护最高行政指挥的权威和组织的统一性；
（4）有利于人员的培训、相互交流和技术水平提高，有效地发挥员工的才能。
其局限性表现在：
（1）不利于企业产品结构的调整；
（2）不利于高级管理人才的培养；
（3）部门之间的活动不协调，影响组织整体目标的实现。
该种形式适用于组织规模较小、品种单纯的企业。

3.2　按照产品划分部门

　　在品种单一、规模较小的企业，按功能进行组织分工是理想的部门化划分形式。然而，随着企业的进一步成长与发展，企业面临着增加产品线和扩大生产规模以获取规模经济和范围经济的经营压力，管理组织的工作也将变得日益复杂。这时，就有必要按业务活动的结果为标准来重新划分企业的活动。按照产品的要求对企业活动进行分组，即产品部门化，就是一种典型的结果划分法。

　　产品部门化是根据产品来设立管理部门、划分管理单位。把同一产品的生产或销售工作集中在相同的部门组织进行。（如图 3-2 按产品划分的部门化组织图所示。）

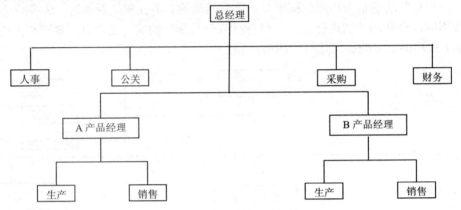

图 3-2　按产品划分的部门化组织图

产品部门化的优势：

（1）能使企业将多角化经营和专业化经营结合起来；

（2）有利于企业及时调整生产方向；

（3）有利于促进企业的内部竞争；

（4）有利于高层管理人才和"多面手"管理人才的培养。

产品部门化的局限：

（1）需要较多高素质管理人员去管理各个产品部门，增加管理成本；

（2）各部门会过分强调本单位利益，易产生本位主义，影响企业的统一指挥；

（3）机构设置重叠，导致管理费用的增加。

该种形式适用于组织规模较大、产品较多的企业。

3.3　按照地点划分部门

　　随着经济活动范围的日趋广阔，企业特别是大型企业愈来愈需要跨越地域的限制去开拓外部的市场。而不同的文化环境，造就出不同的劳动价值观，企业根据地域的不同划设管理部门，为的是更好地针对各地的特殊环境条件组织业务活动的开展。

　　按照地点划分部门也就是区域部门化，它是根据地域的分散化程度划分企业的业务活动，继而设置管理部门管理其业务活动。（如图 3-3 按地点划分的部门化组织图所示。）

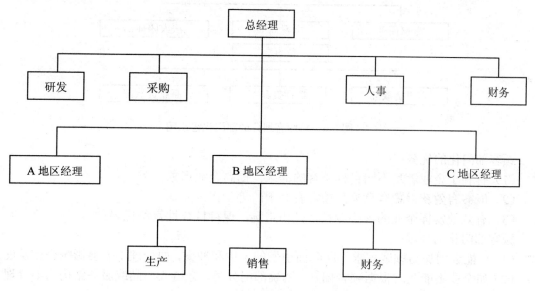

图 3-3 按地点划分的部门化组织图

地域部门化的优势：

（1）管理责权下放到地方，有利于地方参与决策和经营；

（2）有利于各地区管理者的灵活决策；

（3）有效地缓解当地的就业压力，并可以充分利用有效的资源进行市场开拓；

（4）有利于降低外派成本，减少不确定性风险。

地域部门化的局限：

（1）不易于高层管理者的控制；

（2）易造成职能机构重设，导致管理成本增加。

该形式适用于组织规模较大、产品较多、地区分散的企业。

3.4 按照顾客划分部门

　　顾客部门化就是根据目标顾客的不同利益需求来划分组织的业务活动。在激烈的市场竞争中，顾客的需求导向越来越明显，企业应当在满足市场顾客需求的同时，努力创造顾客的未来需求，顾客部门化顺应了需求发展的这种趋势。如图 3-4 按顾客划分的部门化组织图所示。

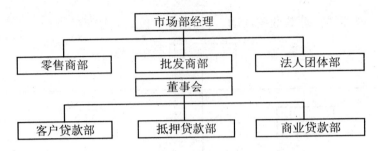

图 3-4　按顾客划分的部门化组织图

顾客部门化的优势:

(1) 有利于企业满足不同目标顾客的需求,提高企业形象;

(2) 能够有效获得顾客意见反馈,有利于改善工作;

(3) 有效地发挥企业的核心专长,开拓市场,保持持久性竞争优势。

顾客部门化的局限:

(1) 可能会增加与顾客需求不匹配而引发的矛盾和冲突,如处理不妥会影响企业发展;

(2) 如企业不能及时根据顾客偏好,明确部门分类,会造成产品或服务结构的不合理。

3.5　组织结构图的种类

3.5.1　管理幅度、管理层次与组织结构

1. 管理幅度

管理幅度[①],即组织幅度,指组织中上级主管能够直接有效地指挥和领导下属的数量,这个有限的直接领导的下属数量被称作管理幅度。影响管理幅度的因素有以下几个方面:

(1) 工作能力

① 管理者的工作能力。管理者的工作能力越强,在相同条件下,就能有效管理更多的下属。

② 下属的工作能力。下属的工作能力的强弱决定了他对上级的依赖程度。下属的工作能力强,能在工作中独立的处理所遇到的各种问题。就较少的需要上级的指导和帮助,从而减少了对上级的时间占用。反之,则需要管理者花费更多的时间去指导、监督和帮助。

(2) 工作内容和性质

① 主管所处的管理层次。高层管理者直接管理的下属要比基层管理者

---

① 周三多,陈传明. 管理学[M]. 北京:高等教育出版社,2005 年(第二版),第 168 页。

② 下属工作的相似性。下属从事的工作内容和性质越相近，管理宽度越大。因为，这种情况下给每个下属的指导和建议大致相同。

③ 计划的完善程度。计划完善，管理幅度大；反之，计划不完善，管理幅度小。

（3）工作条件

① 助手的配备情况。助手配备必要的助手，管理幅度大；没有配备助手，管理幅度小。

② 信息手段的配备情况。配备先进的信息手段，管理幅度大。

③ 工作地点的相近性。传统意义上，下属的工作地点在空间上越分散，管理人员与下属之间的沟通越困难，管理宽度越小。但是随着网络通讯技术的发展，人们之间的沟通越来越便捷，空间上的距离已不再成为沟通的障碍。所以，对这一因素应全面考虑。

（4）工作环境

环境越不稳定，管理幅度越受到限制。组织必须根据组织自身的它点来确定适当的管理幅度，从而决定管理层次。

2. 管理层次

管理层次指组织内部纵向管理系统所划分的等级数。在组织人数一定的条件下，管理宽度的限制必然引起多层管理层次的产生。

管理层次与管理幅度、组织规模的关系：

（1）当组织的规模（组织人数）一定的情况下，管理宽度与管理层次存在负相关关系，即管理宽度越大，管理层次越少；管理宽度越小，管理层次越多；

（2）管理层次与组织规模成正比关系，组织规模越大，包括的成员越多，则层次越多；

（3）在同一组织内部，越往组织上层，管理幅度越小；越往组织下层，管理幅度越大。

3. 基本的管理组织结构形态

管理层次与管理幅度的反比关系决定了两种基本的管理组织结构形态：扁平结构形态和锥形结构形态。

（1）扁平结构形态

扁平结构形态是指组织规模已定、较大的管理幅度而较少的管理层次的一种组织结构形态。扁平结构形态的组织，一方面由于管理层次少，有利于缩短上下级之间的距离，同时信息传递快，减少了中间管理层的信息过滤；另一方面，较大的管理宽度需要较少的管理人员，从而降低了企业的成本开支；最后，由于管理幅度大，上级对每名下属的控制相对较松，使下属拥有较多的自主性，从而提高了他们的工作积极性，获得更多的满足感。但其缺点是上级对下属的控制较松，容易失控；同时同级之间的沟通比较困难；影响信息的及时利用。

（2）锥形结构形态

锥形结构形态是指较小的管理幅度而较多的管理层次形成高、尖、细的金字塔式结构。

锥形结构形态有利于上级对下级的指导，上下级之间沟通方便；其局限性在于上级对下级的控制过于严密，遏制了下属积极性、主动性、创造性的发挥；过多的管理层次不但增加了过多的管理人员，使管理成本上升；延长了组织中的等级链，使信息沟通的环节增多，从而加大了信息失真的可能性；使计划的控制工作复杂化。

组织设计要尽力综合两种基本组织结构形态的优势，克服他们的局限性。

3.5.2　组织结构类型

1. 组织结构概念

组织结构是指组织将人、信息、资源和技术组合起来的方式，使组织内部各组成部分之间的有机联系。组织结构的实质是由组织目标决定的组织职能和权力的分配，应当有效地帮助组织实现其目的。一个具体组织的结构，可以用组织结构图来表示。组织的权力结构像个金字塔，最高决策权集中在组织领导者或领导集团手中，然后把相应的权力分配给各职能部门。

企业组织结构包含四个方面的内容：

（1）单位、部门和岗位的设置

企业组织单位、部门和岗位的设置，不是把一个企业组织分成几个部分，而是企业作为一个服务于特定目标的组织，必须由几个相应的部分构成。它不是由整体到部分进行分割，而是整体为了达到特定目标，必须有不同的部分。

（2）各个单位、部门和岗位的职责、权力的界定

这是对各个部分的目标功能作用的界定。如果一定的构成部分，没有不可或缺的目标功能作用，就会萎缩消失。这种界定就是一种分工，但却是一种有机体内部的分工。

（3）单位、部门和岗位角色相互之间关系的界定

这就是界定各个部分在发挥作用时，彼此如何协调、配合、补充、替代的关系。这三个问题是紧密联系在一起的，在解决第一个问题的同时，实际上就已经解决了后面两个问题。但作为一大项工作，三者存在一种彼此承接的关系。要对组织架构进行规范分析，其重点是第一个问题，后面两个问题是对第一个问题的进一步展开。

（4）企业组织架构设计规范的要求

如果没有一个组织架构设计规范分析工具，就会陷入一片混乱。企业组织架构设计规范化，就是要达到企业内部系统功能完备、子系统功能担负分配合理、系统功能部门及岗位权责匹配、管理跨度合理四个标准。

企业组织结构的形态受很多因素的影响，相对关键的因素有企业战略、组织环境、组织自身的技术特点、组织规模和生命周期等。

- 企业战略：指企业根据环境的变化，本身的资源和实力选择适合的经营领域和产品，形成自己的核心竞争力，并通过差异化在竞争中取胜。
- 组织环境：组织作为一个开放的系统，必然时刻与环境进行物质、能量、信息的

交换。组织要主动地了解环境状况，获得及时、准确的环境信息；通过调整自己的目标，避开对自己不利的环境，选择适合自己发展的环境；通过自己的力量控制环境的状况和变化，使之适应自己活动和发展，而无需改变自身的目标和结构；可以通过自己的积极活动创造和开拓新的环境，并主动地改造自身，建立组织与环境新的相互作用关系。

● 组织技术特点：组织还应该根据本身所具体的技术特点，强化与外界相关环境的接口功能，不断加强企业内部的整合能力，强调有机的而非僵化的内部过程。

● 组织规模与生命周期（Organizational Life Cycles）：是表明一个组织的产生、成长和最终衰落的过程。组织结构、领导体制及管理制度形成一个在生命周期各阶段上具有相当可预测的形态，各阶段实际上是一个连续的自然的过程。组织发展的可分为四个主要阶段，即组织初创期、生长期、成熟期和衰退期。组织每次进入生命周期的一个新阶段，也就进入了与一套新的规章相适应的全新阶段，这些规章是阐述组织内部功能如何发挥及如何与外部环境相联系的。

2. 组织结构形式

（1）直线式

直线式是一种最早也是最简单的组织形式。直线结构（tall structure）就使管理层次多而管理宽度小的组织结构，如图 3-5 所示。

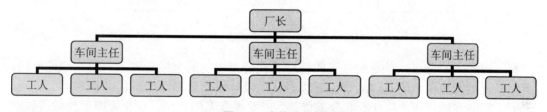

图 3-5　直线式组织结构

● 直线式组织结构的特点是：企业各级行政单位从上到下实行垂直领导，下属部门只接受一个上级的指令，各级主管负责人对所属单位的一切问题负责。厂部不另设职能机构（可设职能人员协助主管人工作），一切管理职能基本上都由行政主管自己执行。

● 直线式结构的优点：管理机构简单；管理费用低；命令统一、决策迅速；指挥灵活；上下级关系清楚；维护纪律和秩序比较容易；

● 直线式结构的缺点：管理者精力有限，难以深入细致考虑问题；管理工作简单粗放；成员之间和组织之间横向联系差；管理者的经验、能力无法立即传给继任者，接任者无法立即开展工作。

直线式只适用于规模较小，生产技术比较简单的企业，对生产技术和经营管理比较复杂的企业并不适宜。

（2）职能式

职能式结构是各级行政单位除主管负责人外，还相应地设立一些职能机构。如，在厂长下面设立职能机构和人员，协助厂长从事职能管理工作。这种结构要求行政主管把相应的管理职责和权力交给相关的职能机构，各职能机构就有权在自己业务范围内向下级行政单位发号施令。因此，下级行政负责人除了接受上级行政主管人指挥外，还必须接受上级各职能机构的领导，如图 3-6 所示。

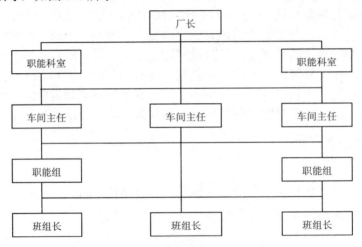

图 3-6　职能式组织结构

- 职能式的特点：是专业分工的管理者代替直线制的全能管理者；设立职能部门，直接指挥组织的各项活动；下级服从上级行政部门和职能部门的指挥；
- 职能式的优点：具有专业分工优势，能发挥专家的作用；专业管理工作做得较细，对下级工作指导具体；可以弥补各级行政领导人管理能力的不足；主管易于控制和规划；简化培训；
- 职能式的缺点：容易形成多头指挥，削弱统一指挥；相互沟通不灵，对环境适应能力差对；员工长期呆在一个部门，易眼光狭窄，只看重本部门目标，降低总体目标；过度专业化，不利于培养全面的管理人才；利润的责任在最高层。

由于这种组织结构形式的明显缺陷，现代企业一般都不采用职能制。

（3）直线职能式

直线职能式，也叫直线参谋制。它是在直线制和职能制的基础上，取长补短，吸取这两种形式的优点而建立起来的。该组织结构形式是把企业管理机构和人员分为两类，一类是直线领导机构和人员，按命令统一原则对各级组织行使指挥权；另一类是职能机构和人员，按专业化原则，从事组织的各项职能管理工作。直线领导机构和人员在自己的职责范围内有一定的决定权和对所属下级的指挥权，并对自己部门的工作负全部责任。而职能机构和人员，则是直线指挥人员的参谋，不能对直接部门发号施令，只能进行业务指导，如图 3-7 所示。

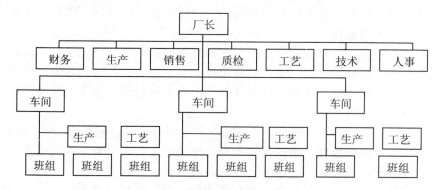

图 3-7　直线职能式组织结构

- 直线职能制特点：在直线制的基础上，设置相应的职能部门；只有各级行政负责人才具有指挥和命令的权力；职能部门只有经过授权才有一定的指挥权力。
- 直线职能制的优点是：

① 把直线制组织结构和职能制组织结构的优点结合起来，既能保持统一指挥，又能发挥参谋人员的作用；

② 分工精细，责任清楚，各部门仅对自己应做的工作负责，效率较高；

③ 组织稳定性较高，在外部环境变化不大的情况下，易于发挥组织的集团效率。

- 直线职能制的缺点是：

① 部门间缺乏信息交流，不利于员工集思广益地提出决策意见；

② 直线部门与职能部门（参谋部门）之间目标不易统一，职能部门之间横向联系较差，信息传递路线较长，矛盾较多，上层主管的协调工作量大；

③ 难以从组织内部培养熟悉全面情况的管理人才；

④ 系统刚性大，适应性差，容易因循守旧，对新情况不易及时做出反应。

（4）事业部制

事业部制最早是由美国通用汽车公司总裁斯隆于 1924 年提出的，故有"斯隆模型"[①]之称，也叫"联邦分权化"，是一种高度（层）集权下的分权管理体制，如图 3-8 所示。

事业部制以某个产品、地区或顾客为依据，将相关的研究开发、采购、生产、销售等部

[①] 20 世纪 20 年代初，通用汽车公司合并收买了许多小公司，企业规模急剧扩大，产品种类和经营项目增多，而内部管理却很难理顺。当时担任通用汽车公司常务副总经理的斯隆参考杜邦化学公司的经验，以事业部制的形式于 1924 年完成了对原有组织的改组，使通用汽车公司的整顿和发展获得了很大的成功，成为实行事业部制的典型，因而事业部制又称"斯隆模型"。

门结合成一个相对独立单位的组织结构形式。表现为在总公司领导下设立多个事业部,各事业部有各自独立的产品或市场,在经营管理上有很强的自主性,实行独立核算,是一种分权式管理结构。事业部制又称 M 型组织结构,即多单位企业、分权组织,或部门化结构。

事业部制,就是按照企业所经营的事业,包括按产品、按地区、按顾客(市场)等来划分部门,设立若干事业部。

- 事业部制的特点:事业部在企业宏观领导下,拥有完全的经营自主权,实行独立经营、独立核算的部门,既是受公司控制利润中心,具有利润生产和经营管理的职能;对产品责任单位或市场责任单位,对产品设计、生产制造及销售活动负有统一领导的职能;
- 事业部制的优点:统一管理、多种经营和专业分工的良好结合;责、权、利分明,易调动员工的积极性;组织结构既有高度的稳定性,又有良好的适应性。能保证公司获得稳定的利润;能培养全面的高级管理人才。
- 事业部制的缺点:由于各事业部利益的独立性,容易滋长本位主义;一定程度上增加了费用开支;对公司总部的管理工作要求较高,否则容易发生失控。

事业部制结构主要适用于产业多元化、品种多样化、各有独立的市场,而且市场环境变化较快的大型企业。

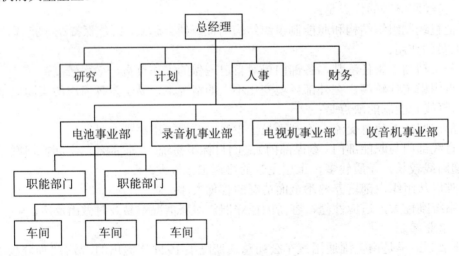

图 3-8　事业部制组织形式

(5)矩阵制

矩阵制是由职能部门系列和为完成某一临时任务而组建的项目小组系列组成,它的最大特点在于具有双道命令系统。矩阵制组织形式是在直线职能制垂直形态组织系统的基础上,再增加一种横向的领导系统,可称之为"非长期固定性组织",如图 3-9 所示。

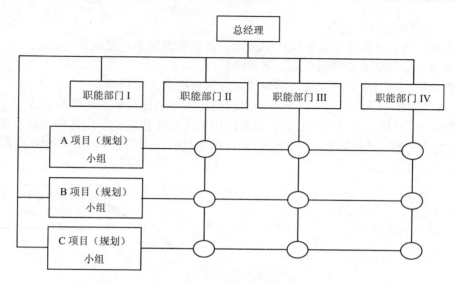

图 3-9　矩阵制组织结构

- 矩阵型结构的特点是：组织中的信息和权力等资源一旦不能共享，项目经理与职能经理之间势必会为争取有限的资源或权力不平衡而发生矛盾，这反而会产生适得其反的后果，协调处理这些矛盾必然要牵扯管理者更多的精力，并付出更多的组织成本。另外，一些项目成员需要接受双重领导，他们要具备较好的人际沟通能力和平衡协调矛盾的技能，成员之间还可能会存在任务分配不明确，权责不统一问题，这同样会影响到组织效率的发挥。如何客观公正地评价其绩效，并在成本、时间、质量方面进行有效的控制将是此类组织机构正常运行的关键。
- 矩阵制的优点：加强了横向联系，专业设备和人员得到了充分利用；具有较大的机动性；促进各种专业人员互相帮助，互相激发，相得益彰。
- 矩阵制的缺点：成员位置不固定，有临时观念，有时责任心不够强；人员受双重领导，有时不易分清责任。

（6）网络制

网络制组织结构是利用现代信息技术手段，适应与发展起来的一种新型的组织结构，如图 3-10 所示。

- 网络制组织结构特点：网络制组织结构是目前正在流行的一种新形式的组织设计，它使管理当局对于新技术、时尚，或者来自海外的低成本竞争能具有更大的适应性和应变能力。网络结构是一种很小的中心组织，依靠其他组织以合同为基础进行制造、分销、营销或其他关键业务的经营活动的结构。在网络制组织结构中，组织的大部分职能从组织外"购买"，这给管理当局提供了高度的灵活性，并使组织集中精力做它们最擅长的事。

● 网络制组织结构的优点：

① 能够促进企业经济效益实现质的飞跃，降低管理成本，提高管理效益；

② 实现了企业更大范围内供应与销售的整合；

③ 简化机构和减少管理层次，实现了企业充分授权式的管理。

● 网络制组织结构的缺点：网络型组织结构需要科技与外部环境的支持。

网络制组织结构并不是对所有的企业都适用的，它比较适合于玩具和服装制造企业。它们需要相当大的灵活性以对时尚的变化做出迅速反应。网络组织也适合于那些制造活动需要低廉劳动力的公司。

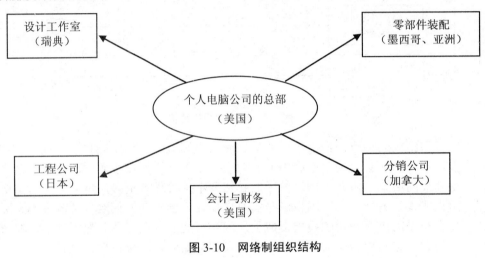

图 3-10　网络制组织结构

3.6　工　作　关　系

3.6.1　组织中的工作关系

任何组织都是由人组合而成，也正是由于人与人之间存在能力、兴趣、期望、动机、目标和价值观念等的差异，导致在个人与个人、部门与部门的接触和交往中，有形式各种各样、不同程度的工作矛盾，不利于工作，即我们通常所说的"冲突"。

冲突是组织在正常运作下所常见的一种社会现象，是对组织中工作关系的一种写照，是无法完全避免的。因此，管理者就需要花费一定的精力与时间去加以控制和管理。冲突本身无所谓好坏，对组织的影响和利弊而言，组织管理者应该掌握管理和控制冲突的艺术和技巧，趋利避害，这对于协调组织中的员工之间，部门之间及员工与部门之间的工作关系起到积极的作用。

3.6.2 影响要素

1. 员工之间

员工之间由于其个体的差异性，必然对工作中的相互协作产生影响。主要有以下几个因素：

（1）价值观的不同。员工的价值观，往往表现在其对工作的积极态度，如有的员工希望通过工作来实现自己的价值，实现抱负，那么他在工作中就会表现的积极进取；如果员工只把工作当做生活的保障，那么他认为只要工作不出错就是最好的。

（2）个人之间的信息沟通不畅。沟通就是传递信息的过程，在沟通的过程中，由于存在外界干扰以及其他原因，信息就会丢失或曲解，使得信息的传递不能发挥正常的作用。

（3）个人认识上的偏差。员工成长背景、教育程度等方面存在差异，因此，对相同事物的认识也存在很大的差异。

此外，由于个人本位主义思想、员工对工作竞争压力的承担能力等都会影响组织中的工作关系。

2. 员工与部门之间

（1）个人目标与部门目标的不一致。员工的个人目标与部门目标不一致，是阻碍部门目标实现的重要因素之一。

（2）个人对本部门领导者的不满。理想的领导者是集权力和权威于一身的管理者，自身具有强大的影响力，但在现代的组织中，不乏存在员工对领导者的种种不满，这种不满往往会通过相互之间的工作而表现出来，从而影响组织工作关系。

3. 部门之间

（1）各部门竞争参与决策的权力；
（2）目标差异；
（3）团体间认识上的差异；
（4）各团体间的不明，划分不清引发；
（5）不健康的思想意识和不良的团体作风、工作竞争压力等。

3.6.3 处理方法

1. 及时沟通

沟通是指两个或者更多个体之间、个体与群体之间凭借符号、语言或文字等传递或交换某些信息或意念及观念的过程。沟通的目的在于促使双方彼此之间有共同的了解，调节同感，增进目标、利益的一致性和培养群体的和谐，实现组织的人力资源组合，达成组织目标。

沟通的四个基本的功能：

（1）控制功能；

（2）激励、指导和评估功能；

（3）情感交流功能；

（4）信息功能。

在组织中，沟通是实现管理职能的重要途径。因此，沟通是整个管理活动中的一个瓶颈，如果沟通这个瓶颈不畅通，甚至堵塞了，任何一个管理者的任何管理活动都无法实施。这对于改善组织工作关系，处理内部问题起到积极地推动作用。

2. 适时激励

管理学上把对人的行动的激发、推动和加强作用的动机称为激励。在现代企业管理实践中，通俗地把影响员工积极性的措施和手段叫做激励。

组织往往采取适当的措施和手段，激发和增强企业员工的工作主动性和积极性，最终目的是来协调组织各部门或各员工之间的工作关系，实现组织目标。

一般地，组织采取多种激励方式相结合的方法来达到激励目的：

（1）设计适合员工需要的福利项目

高薪只是短期内人才资源市场供求关系的体现，而福利则反映了企业对员工的长期承诺。

（2）重视内在激励

在注重企业为员工提供高工资、福利和晋升机会的同时，强化基于工作任务本身带给员工的胜任感、成就感、责任感、受重视、个人成长和富有价值的贡献等。

（3）引入适度的竞争机制

让员工感觉到差距的存在，让他们感觉到竞争的危机，落后就意味被淘汰，就意味着失去工作。引入竞争能有效地消除员工惰性，提高工作效率。

3. 创造公平的企业环境和积极向上的企业文化

公平体现在企业管理的各个方面，如招聘时的公平、绩效考评、报酬系统和晋升机会的公平等等。任何不公平的待遇都会影响员工的工作效率和工作情绪，不利于组织内部的相互沟通和协作。

企业文化是以企业共同价值观为核心的一整套文化体系，是企业在长期生产经营过程中形成的价值观念、经营思想、群体意识和行为规范的一种综合体。企业文化的一个重要作用就是产生巨大的凝聚力，而这种凝聚力是企业发展的原动力。凝聚力越强，企业成员之间的关系越融洽，可以把企业员工紧紧地凝聚在一起，容易实现企业的整体目标和成员的个体目标。

【案例分析】

上海宏力股份有限公司的组织结构安排[①]

上海宏力股份有限公司是一家成立于 1996 年，以生产与销售保健品为主业的企业。

上海宏力股份有限公司总经理王力生正在向董事会说明他的组织结构安排。在其组织结构图中，共有 21 人向王力生汇报工作。这些人包括：负责人力资源、生产、市场营销、物流、财务、研究与发展业务和资本运作业务的 7 名副总经理，11 个保健品部的产品经理，以及公司秘书、法律顾问和投资顾问。

上海宏力股份有限公司的董事会由 9 名董事组成，其中有 3 名独立董事。独立董事李学民是上海某高校管理学院的教授，从事管理理论教学和研究已有十多年。

根据现代管理理论，一个企业老总的最佳管理幅度应该在 7～13 人之间，而王力生的管理跨度显然已超出了正常的范围。李学民教授希望王力生能对他的组织结构安排做出解释。

王力生的观点是，"我并不太相信这个管理跨度原理。因为，这是国外企业的统计结果，但国外的理论未必都适合于我国企业的实践，更何况我们公司拥有一支受过良好教育和培训的工作团队，他们有着一流的业务素质，知道自己应该做什么。我的下属将会得到我明确的授权，并根据授权有效地处理各类问题。只有当他们遇到例外的或者无法解决的问题时，才需要向我汇报。因此，我们公司组织结构的设计是合理的，管理跨度也将是有效可行的"。

李学民教授并不满意王力生的解释，他坚持认为总经理的负担过重，将很容易成为公司未来管理工作的一大"瓶颈"。

王力生反驳道："即便是国外的实践，也证明企业实施宽的管理跨度是完全可行的。例如，通用电气公司的韦尔奇在担任 CEO 期间，就曾强制性地要求通用电气公司的任何地方从一线员工到他本人之间不得超过 5 个层次。以家用电器事业部、销售部为例，从一线销售人员到公司总裁之间仅隔 4 个层次；公司总裁，家用电器事业部总裁，家电销售部总经理，30 个地区家电销售经理，400 个家电销售代表。根据管理理论，管理跨度与组织层次呈反比关系，组织层次减少的话，管理跨度将会变宽。通用电气的重型燃气轮机制造基地全厂有 2 000 多职工，年销售收入达 20 多亿美元。全厂由一位总经理负责，他下属几位生产线经理，如叶片生产线、装配线、调试线等，每个生产线经理直接面对 100 多名工人。没有班组长，也没有工长、领班，更没有任何副职。既然人家能管这么多人，我们为什么

---

① 徐波. 管理学：案例、题库、课件（第二版）[M]. 上海：上海人民出版社，2008 年 9 月。

就不行呢？”

李学民教授仍坚持自己的观点，并建议应该设立 1 到 2 名副总经理来管理 11 个保健品产品部。

<问题>

上海宏力股份有限公司是否应该设立 1～2 名副总经理来管理 11 个保健品产品部？

【复习思考题】

1．组织部门化的原则有哪些？
2．比较组织部门化的几种基本形式各自的优缺点。
3．影响管理幅度设计的因素主要有哪些？
4．组织结构形态的影响因素是什么？
5．矩阵制组织结构的特点是什么？
6．为什么说网络制结构形式是一种新型的结果形态？举例说明。
7．简述几种基本组织结构的优缺点。

CHAPTER 4   THE HUMAN RESOURCE MANAGEMENT

4.1   RECRUITMENT

Employees are a very expensive resource and, if not chosen carefully, it can be a burden in the organization and will adversely affect its efficiency. When people are allocated to the wrong job, their output is low which is wasteful as all organizations need more productivity, not less.

In recruiting, the aim is to find the right people for essential jobs. Therefore, jobs should be defined in order to establish the need more precisely.

（1）*Job Description*

It defines the overall purpose of or role of the job and the main task to be carried out. A good job description is vital to the success of a selection procedure because it is the foundation upon which all other processes are based. The job description includes:

- The job title
- The purpose of the job
- The duties to be undertaken
- Special responsibilities
- Details of equipment and tools to be used
- Special circumstances such as shift work, extensive travel, etc.

（2）*Personnel Specification*

It is to decide on the type of person to suit the job and the personnel specifications should provide this information, listing first essential qualities, then desirable ones.

Points to consider are:

- Physical characteristics
- Qualifications
- Experience
- General intelligence
- Special aptitudes
- Personal circumstances

（3）*Advertisement*

This is the most common method of recruiting candidates. An alternative approach is to rely on an external recruitment consultant, if this can result in better selection, lower cost, higher speed and more likely of providing the right candidate.

The advertisements should be easy to read and follow a logical sequence. A summary of the job description should be provided, followed by the benefits to be gained from working for the organizations, such as salary, pension scheme and fringe benefits. In addition, some pointers should be included, to avoid wasting applicants' time (and also that of the organization). These may be, for example, experience required, any age restrictions, and special requirements, such as a particular type of driving license.

（4）*Interview*

Employers who advertise job vacancies will have no shortage of applicants, and may be drowned with so many applications that they cannot read every one. It is practical under such circumstances to produce a short list, that is, a list of people to interview. When conducting interviews, timing and environment are both important. Adequate time should be allowed, both for the interview proper and for any discussion before the next candidate is due.

Before the interview

- Ensure that the interviewers understands his or her role in the interview;
- Ensure that each candidate has clear instructions as to timing, date and place;
- Clear the desk (remember that a desk can act as a psychological barrier);
- Give firm instructions that there are to be no interruptions during the interview;
- Have essential documents to hand such as the application submitted by the applicant, copy of the advertisement and the job description;
- Be sure to read the documents mentioned above before the interview starts.

During the interview

- Put the candidate at ease by a few opening remarks of a sociable nature, perhaps inquiring about the journey or the weather;
- If you intend to take notes, inform the candidate;
- Start by asking the candidate to talk about his or her current job or educational base;
- Briefly describe the job;
- Encourage the candidate to talk;

- Guide the interview so that relevant facts are brought out and so that the interview makes progress;
- Use open questions in order to elicit informative answers rather than "yes" or "no";
- Provide the candidate opportunity to ask questions.

After the interview

- Offer the job in writing to the successful applicant, requesting a reply within a specific period of time;
- On receipt of an acceptance, inform the unsuccessful candidates, giving reasons for rejection;
- Hold rejected candidates' applications on file pending any queries.

Contract of Employment

The offer of appointment, when accepted, forms the contract of employment and it is worth knowing the terms and conditions.

The main terms of a contract of employment should be set out as soon as the employee starts to work, probably within 2 weeks, and these specific terms are as follows:

- Name of the employer and employee;
- Date of commencement and employment;
- Rate of pay;
- Hours of work;
- Holiday entitlement and holiday payment;
- Details of any sickness payment scheme;
- Period of notice;
- Title of job;
- Disciplinary procedure.

4.2   INDUCTION TRAINING

From the first day of employment, newly hired staff should be made to feel a part of the organization. They should understand their role and how this relates to other roles. If they are ignored, this will breed insecurity and dissatisfaction. Thus, the quality of the introduction - "the induction", of new employees to an organization is very important, starting with making sure that they know exactly where and to whom to report on their first day.

In cases when there are several employees starting at around the same date, it is advisable to induct them in one block in order for the organization to cut cost. They should be given a copy of the induction program, and those who will be helping with the training should have a copy of the program as well.

After the induction program, the newcomers will be given an evaluation sheet for them to fill up and put comments or make suggestions for improvements.

4.3   ONGOING TRAINING

Employees will be more enthusiastic and committed to the organization if their training does not stop at induction. Training indicates that the organization is taking an interest in the personal development of each member of staff in gaining further knowledge and gaining new skills.

Each employee's training will depend upon individual job definitions and requirements. At a fairly basic level, training will take the form of instruction, demonstration and practice. Management training may involve this but may well also include an outward-bound course which combines sporting activities. Subjects for training courses may be more narrowly defined, with topics such as Managing Stress, Managing Change and Managing Time.

The cycle of a systematic training is as follows:
Stage 1－Forming the policy

This could range from a simple statement that "the company will ensure that resources are provided in order to maintain the skills it requires", to a comprehensive document explaining how skills will not only be maintained but also improved, together with the concern for employees' development and motivation.

Stage 2－Identifying training needs

Discussion with each employee in order to understand and record what training they have already undergone, together with reference to each job description and any appraisal record, should effect identification of needs.

Stage 3－Planning the training required

To do research on available courses, so that suitability, cost, and time commitment can be established and compared with budget availability and resources to cover absences. Such planning necessitates liaison between any specialist training staff and the appropriate line managers.

Stage 4—Implementing the training

Whether the training has been carried out internally or externally, the people, content, and material used must be appropriate. Individual course details should make the learning objectives clear and identify the learning path.

Stage 5—Evaluating the training

If the trainers and the trainees evaluate the training which has taken place, subsequent changes to both method and content should prove beneficial. Line managers or supervisors should also be asked to assess any benefits which the employee, and thereby the organization, has gained from the training.

Types of Evaluation Methods:
- *Training-centered evaluation* looks at the delivery methods.
- *Learning-centered evaluation* examines the subject matter which has been learned.
- *Reaction-centered evaluation* asks trainees to give their views on the training they have undergone.
- *Job-related evaluation* asks the line supervisor or manager to make the assessment after return to the job.

4.4   STAFF APPRAISAL

A system of appraisal should be designed to give management a clear idea of the quality and potential of the staff so as to employ people in the jobs most suited to their qualifications, experience, and special aptitudes. If training is also needed to achieve this, then the fact should be revealed through the appraisal sessions.

One of the benefits of running such a scheme is to give staff and managers an opportunity to discuss performance in the existing job and how this could be improved—from both points of view. It could be that the jobholder feels restricted and unable to use initiative or that the line manager believes the employee could have a better approach to the job. Often, the provision of a formal opportunity to express feelings gives rise to improved relationships simply through an "air-clearing" session.

Example of procedure for staff appraisal:

- Agreement between staff member and line manager on the purpose and scope of the job;
- Confidentiality should be assured;
- Identification of roles in the review/appraisal process;
- Identification of documentation, e.g. career history;
- Discussion between reporting officer and job holder;
- Interview with staff appraisal panel.

A grading will be given both for performance and potential. If the performance grading is totally unsatisfactory, then there should be a procedure for handling this which will aim to raise the standard of the jobholder's performance, rather than operate as a disciplinary procedure. This is because an appraisal scheme relies heavily on staff cooperation; they could not be expected to be enthusiastic if a disciplinary procedure awaited them at the end of the appraisal.

4.5 JOB EVALUATION

Job evaluation is the name given to a set of methods designed to compare jobs systematically with a view to assessing their relative worth. It produces a rank order of jobs based on a rational, and reasonably objective, assessment of a number of key factors taken from a representative cross-section of all the jobs in a particular job hierarchy. Job evaluation sets out to answer such questions as "Is the Company secretary's job as demanding as the Chief Accountant's?" and "should specialized, but in-depth jobs, be placed in the same grade as broader, but shallower jobs?".

The purpose of job evaluation is to produce a defensible ranking of jobs which can be used as the basis for a rational pay structure. Following job evaluation, pay can be based on a rational estimate of the contribution made by individual jobs to the organization in terms of skill, responsibility, length or training and other factors.

There are seven key points which need to be noted about job evaluation. These are as follows:

- Job evaluation deals in relative positions, not in absolutes;
- Job evaluation assesses *jobs*, not the individuals in them, (i.e. it is not a performance appraisal exercise);
- The evaluation process is usually carried out by groups (job evaluation committees) rather than by individuals;

- Job evaluation committees utilize concepts such as logic, fairness and consistency in their assessment of jobs;
- There will always be *some* element of subjective judgement in job evaluation;
- Job evaluation by itself cannot determine pay scales or pay levels; it can only provide the basic data on which decisions about pay can be taken.

Job evaluation is clearly not the only basis of settling pay. Collective bargaining between unions and management is often the dominant method of determining pay, and this, in the final analysis, boils down to who has the strongest bargaining position at a particular point in time. "Custom and practice" is another common method for arriving at pay structures and pay levels. This tends to produce a haphazard structure derived from a variety of ad hoc and often conflicting pressures from employee groups at the grass-roots.

In other cases, management attempt to determine pay in the light of the "going rate" for their industry or their local market. Whilst this may work reasonably well for the overall level of pay, it does nothing to sort out differentials in pay between different groups of employees. The advantage of a job-evaluated pay structure is that it does provide a defensible basis for allocating pay differentials between groups. Where such a structure is developed in a unionized situation, the job evaluation results enable both management *and* trade union representatives to defend the grading which is drawn up. The major effect of collective bargaining in this situation is to maintain or increase the *overall* level of earnings, but without interfering with differentials.

Job Evaluation Methods

Most job evaluation methods can be divided into two categories:

（1）Non-analytical methods

（2）Analytical methods.

Non-analytical methods take whole jobs, compare them and then rank them. The two most common examples of such methods are:

a. Job Ranking

In this method, basic job descriptions are written up for a representative sample of jobs in the total population; evaluators compare the descriptions and then make an initial ranking of the jobs in order of perceived importance, i.e. this is their subjective view of relative importance; the rankings are discussed in an evaluation committee, and eventually a final rank order is agreed; the remaining jobs in the population are then slotted in to the rank order.

The advantage of this method lies in its simplicity; the main disadvantage is that, because of the high degree of subjective judgement required, it can only be effective in a relatively simple and clear-cut organization structure.

b. Job Grading/Job Classification

In this case, the usual procedure is reversed, for in job grading the pay/salary grades are worked out first, then the broad characteristics of each grade are defined (e.g. in terms of knowledge, skill etc expected for each grade); a representative sample of jobs, known as benchmark jobs, is selected as typical of each grade; full job descriptions are written for these jobs; the remaining jobs (usually written up in outline) are then compared with the benchmarks and allocated to the appropriate grade.

Like Job Ranking, this is also a simple method to operate, but it relies heavily on the credibility of the initial salary grades, and does not permit sufficient distinctions to be made between jobs, especially in a relatively complex organization with a wide variety of specialist roles.

In a phrase, non-analytical methods are simple, but crude. In complex organizations it is essential to use analytical methods, as these are the only way of discriminating fairly between jobs which are not at all similar. For example, they could be used to distinguish the relative importance of a systems analyst compared with, say, a management accountant, or of a chief architect compared with a head brewer.

Analytical methods break jobs down into their component tasks, responsibilities and other factors, and assess the jobs factor by factor, sometimes allocating points for each factor and sometimes allocating monetary sums to them. A group of benchmark jobs is evaluated in this way, and ranked according to the scores. The remaining jobs in the population are slotted in to this benchmark rank order.

Then all the jobs are either allocated to a salary grade, or, if monetary sums were allocated, are allotted a specified total salary. The most commonly used analytical method is *Points Rating*, where points are allocated to job factors; the method where monetary sums are allocated to the factors is known as *Factor Comparison*, and is not widely used nowadays.

4.6　WELFARE

If the general well-being of the employee is given attention, the assumption is that this will create greater harmony, reduce time lost, and wastage of materials and other resources, as well as being an aid to prevention of accidents through distractions, preoccupations, carelessness and fatigue.

4.7   ABSENCE AND TIMEKEEPING

The personnel department will normally produce statistics on manpower matters. Absence reports should be submitted regularly to that department so that any unacceptable levels of absence can be investigated.

"Absence" includes, slacking at the workplace (for personal chats and gossip, personal telephone calls, and simply to avoid unpopular tasks), procrastination, unpunctuality, and leaving early. People in these situations do not earn their money: they can almost be said to be stealing it, but there is some onus on supervision and management and if this is poor, people will continue to take advantage of the organization.

Organizations suffer lower productivity as a result of absence, or incur extra manpower cost in paying overtime to make up the deficit in production.

There are, of course, many genuine reasons for absence. Managers may be able to relieve some of the problems of their staff. If the absences are stress related, family problems or simply lack of motivation, the organization may provide counseling, medical advice, and general support in an attempt to overcome problems and help staff return as valuable members of the team.

4.8   DISCIPLINARY AND GRIEVANCE PROCEDURES

Personnel managers are relied upon to have the expertise necessary to devise such procedures. If employees are all given standard treatment under a laid-down procedure, there is a greatly reduced chance of either favoritism or victimization.

Disciplinary procedures should:
- Be carried out speedily;
- Be recorded in writing;
- Specify to whom they apply;
- State possible actions;
- Name those in authority;
- Make allowances for defense of a case;
- Preclude dismissal on first offense, unless very serious;
- Provide for suspension on full pay during investigation;
- Allow for appeal.

Grievance procedures should:
- Be carried out speedily;
- Allow for appeal;
- Be recorded in writing;
- Make allowances for representation of the person who is appealing.

4.9   MANPOWER PLANNING

The personnel department's overall objective must be to provide a workforce with the relevant skills in the right place in the right numbers and at the right time.

Planning for this is looking ahead to the requirements from a workforce, say, in the next five years, and the changes likely to occur. This must be linked to the objectives of the organization.

If this takes historical data into account, predictions can be made as to losses in numbers and over certain time spans: losses through retirement, death, resignations, and so on. Consequently, training, transfers and promotions can be arranged in preparation, the most uncertainty being attached to how to cater for changes in technology, because these are sometimes surprising in their sudden development.

Research should be undertaken into the availability of new recruits, whether they might be from educational institutions or from competitors.

Exercises:
Question 1
What is "job description"?

Question 2
What are the points to consider when deciding on the type of person to suit the job?

Question 3
How does "advertisement" help in the recruitment process of the personnel department?

Question 4
What are the key points to remember on the following cases:
            - before the interview

- during the interview
- after the interview

Question 5
What are the things to be included in a contract of employment?

Question 6
Explain what an "induction training" is.

Question 7
Explain the following stages of a systematic training:
- Stage 1—Forming the policy
- Stage 2—Identifying training needs
- Stage 3—Planning the training required
- Stage 4—Implementing the training
- Stage 5—Evaluating the training

Question 8
What are the seven key points to be noted about job evaluation?

第4章　人力资源管理

人才是最宝贵的资源和财富，吸引、保留、培训、开发、激励人才已经成为现代人力资源管理的主要目的。现代的商务组织已经把人力资源管理提升到组织管理的重要位置并成为组织战略的主要内容，人力资源管理是每一位管理者的职责，而不仅仅是人力资源管理部门的事，凡是管理者，都需要在人力资源管理观念和管理技巧上具有扎实的功底来赢得雇员的献身精神，是成功的人力资源管理的基石。

所谓人力资源管理，从宏观意义来讲，指国家和地区对社会人力资源进行有效开发、合理利用和科学管理。从管理的角度来讲，指组织内部对人的管理，以组织为主要视界，它是在人力资源的取得、开发、保持和使用等方面所进的计划、组织、激励和控制的活动。既包括人力资源的预测与规划，也包括人力的组织和培训，人力资源管理的最终目标是为了实现"才为我所用"。具体来说人力资源管理包括人力资源计划、员工招聘、培训与开发、绩效评估等方面的内容。

4.1　招　　聘

招聘是组织存在和发展的基础，是人力资源开发与管理中重要的环节。招聘是指组织为了发展的需要，根据人力资源规划和工作分析的数量与质量要求，从组织内部选拔，从组织外部招聘人力资源的过程，是人力资源计划的具体实施，是整个组织人力资源管理工作的基础。

4.1.1　招聘工作流程图（如图 4-1 招聘工作流程图所示）

第一阶段：确定人员需求。首先用人部门根据工作需要先人力资源部门提出申请，人力资源部门通过分析组织内部、外部环境及自身的人力资源状况，起草相应的招聘计划；

第二阶段：制定招聘计划。人力资源部门根据组织发展需要，制定出合理的招聘计划，确定具体的招聘方案，为实施招聘工作提供依据；

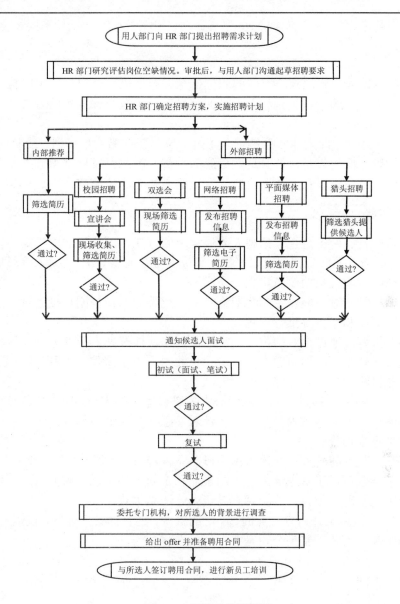

图 4-1　招聘工作流程图

第三阶段：实施招聘具体工作。组织采取内部或外部招聘的方式，通过层层筛选，选择合适的候选人；

第四阶段：招聘后续工作。招聘后续工作包括对候选人的初试、复试，以及双方按照约定签署聘用合同等。

4.1.2 招聘渠道

1. 内部招聘

员工推荐，即人力资源部将空缺的职位信息公布出来，公司员工可以自我推荐，也可以互相推荐。人力资源部搜集到相关人员的信息后，采取公开竞争的方式，选拔该岗位的人才。

内部储备人才库，即人才库系统记录了每一位员工在教育、培训、经验、技能、绩效、职业生涯规划等方面的信息，并且这些信息随着员工的自身发展都得到不断的更新，用人部门和人力资源部门可以在人才库里找到合适的人补充职位空缺。

2. 外部招聘

（1）招聘广告：广告是企业招聘人才最常用的方式，可选择的广告媒体很多：网络、报纸、杂志等，一方面广告招聘可以很好的建立企业的形象，另一方面，信息传播范围广，速度快，获得的应聘人员的信息量大，层次丰富。

（2）校园招聘：对于应届生和暑期临时工的招聘可以在校园直接进行。方式主要有招聘张贴、招聘讲座和毕分办推荐三种。

（3）熟人推荐：通过企业的员工、客户、合作伙伴等熟人推荐人选，这种方式的好处在于对候选人比较了解，但问题在于可能在企业内形成小团体，不利于管理。

（4）中介机构：

① 人才交流中心：通过人才交流中心人才资料库选择人员，用人单位可以很方便在资料库中查询条件基本相符的人员资料，有针对性强、费用低廉等优点，但对于热门人才或高级人才效果不太理想。

② 招聘洽谈会：随着人才交流市场的日益完善，洽谈会呈现出向专业方向发展的趋势。企业招聘人员不仅可以了解当地人力资源素质和走向，还可以了解同行业其他企业的人事政策和人力需求情况。但是，要招聘到高级人才还是很难。

③ 猎头公司：猎头公司有专业的、广泛的资源，拥有储备人才库，搜索人才的速度快、质量高，招聘高级人才，猎头公司是非常好的选择。

4.1.3 招聘面试

1. 面试方法概述

面试是一种经过组织者精心设计，在特定场景下，以考官对应聘者进行面对面交谈与观察为主要手段，由表及里地测评应聘者的知识、能力、经验等有关素质的一种测评方式。

面试作为一种古老而又现代的人才素质测评形式，其历史可以追溯到先秦时期的孔子甚至更远。孔子、汉代的刘劭、三国时期的诸葛亮对面试都有其独到的见解和研究。后来面试也以"策问"的特殊形式普遍运用于科举考试中。

当今企业的竞争，在一定程度上已经演变成为人才的竞争，而人才的竞争，在很大程度上却是招聘和录用的竞争。面试作为招聘工作中选拔人才的重要方法，它在现代企业管理中的应用越来越广。这是因为在各种测评方法中，面试其所具有的考察的直观性，内容的灵活性，信息的复合性和交流的直接互动性等优点，使得考官能够直观地、灵活地考察应聘者的多种能力和素质，同时，还可以直接考察应聘者的个性、动机、仪表、谈吐及行为，有助于对应聘者做出比较全面和真实的评价，为企业招聘到真正需要的优秀人才，这是其他测评方法所无法比拟的。

2. 面试技巧

面试者的选择是影响面试成功的关键因素，因为面试者的工作能力、性格特征及其各方面素质将直接影响面试的质量与效果。此外，面试者不仅代表他个人的形象，更重要的是他代表着公司，是公司企业文化的象征。

（1）面试者的选择

合格的面试者必须具备的素质与特征可以归纳为以下几点：

第一，必须具备良好的个人品格和修养；

第二，应具备相关的专业知识和丰富的社会工作经验。因为在面试的评价过程中，定性评价一般多于定量评价，它的完成和质量在很大程度上依赖于面试考官的丰富社会经验和相关专业知识；

第三，能有效地面对各种应聘者，熟练地运用各种面试技巧，控制好面试的整个过程；

第四，能公正、客观地评价应聘者，不应以个人的好恶或应聘者的外表、性格、习惯、家庭背景等主观因素而影响评价的结果。

最后是了解本组织状况、职位要求并掌握相关的人员测评技术。

（2）面试问题设计技巧

面试者首先应依据工作说明书、工作规范，对工作岗位的职责和任职资格条件进行了解，分析岗位要求应聘者所需的主要能力和素质；再根据这些要素设计相关的面试问题，以此来考核应聘者是否具备岗位所要求的能力和素质；同时要认真筛选求职应聘者的简历或申请表，找出有矛盾、有疑问或特别感兴趣的要点，准备一些与应聘者过去经验、经历相关的面试问题。此外，设计的基本面试问题需具备开放引发性，这样能够提供应聘者充分展示自己才能、表达自己见解的机会，面试者也能对应聘者的各项能力和素质有更深一层次的了解，将不同应聘者的水平差异显现出来。

（3）面试问题提问技巧

首先，运用有效的面试提问策略。有效的面试提问策略是面试者应掌握的一项重要内容。面试者不仅要控制面试节奏，引导好整个面试进程，应清楚面试的提问并不是要难倒、问倒应聘者，而是要开放性地引导应聘者通过回答问题来充分展示他们的才华、个性优势，显现他们独特的思想和见解。同时，面试者在面试提问中应该尽量做到遵循先易后难、先具体后抽象、先微观后宏观的原则。

这样有利于应聘者逐渐进入角色，打开他们的思路。尤其是对一些开始紧张、拘谨的应聘者，应先提几个过渡性问题。另外，因为应聘者在面试中处于被动的地位，易产生紧张情绪，刚开始往往不能够发挥出自己应有的水平，因此面试者要善于观察、善于提问，提高消除应聘者紧张与弥补其缺憾机会的技能。面试者还注意避免询问过多的问题，给应聘者尽可能多的表达时间和发言机会。

其次，注意面试提问方式。在面试的过程中，面试者应尽可能地问一些开放性的问题，尽量避免询问一些过于直接封闭性的问题（只回答"是"或"不是"）或带有倾向性、导向性的问题（以"你没有……"，"你一定……"作为问题的开头形式）。另外，面试者要获得关于应聘者的不同方面的情况，如能力与其行为特征、心理特点等等，由于测评的内容是多方面的，这就要求面试者要根据测评内容的不同采取相应的提问方式。面试中常用的提问方式有开放式提问、连串式提问、假设式提问、压迫式提问和行为描述性提问等。

3. 面试中的心理偏差

（1）首因效应

即初次效应或第一印象。这是指面试者依赖于第一次接触时产生的印象，而对应聘者作出判断或评价。人与人见面约 5 分钟后就会产生第一印象。所谓第一印象是指第一次见面时形成的印象，它往往是通过对别人的外部特征，如人的面部表情、身体姿势、眼神、仪表、年龄等的知觉，进而取得对他们的动机、感情、意图等方面的认识，最终形成关于这个人的总的看法。一般人通常根据第一印象而将别人加以归类，然后再判断分析。面试者对应聘者第一印象的好坏，对应聘者来说往往是应聘成败的关键。有经验的应聘者就会充分利用这一点，在面试前精心打扮自己，希望能给面试者留下好的第一印象。

（2）近因效应

近因效应也可称为最新印象。这是指对人知觉时，个体往往被自己对他人的最新或最近的印象所左右，从而忽略了先前或过去已经形成的对他人的认识。在面试中，招聘者常常会以他自己记忆中最清晰的印象，除了第一印象之外，那就是刚刚形成的最新印象。这就容易导致误差的出现。有统计数字表明，被录用的往往是最后一个面试的人。这就是因为受近因效应的影响对最后一个应聘者的印象是最深刻的。

（3）晕轮效应

晕轮效应从心理学上来解释是说某一方面的特点掩盖了其他方面的全部特点，既有优点掩盖缺点的现象，也存在缺点妨碍优点的事实。为克服这种错误心理效应，面试者应严格依照岗位才能的评价标准单独逐一评价和考核，注意不要让某一方面的评价影响到整体的评价。

（4）刻板印象

刻板印象也叫社会定型。这是指个体在对人知觉的时候，常常不知不觉地把人进行归类，然后把对某一类人的总的看法移植到对某一个人的身上。在面试者的头脑里，存在着关于某一类人的固定印象，这种固定印象使招聘者在评价应聘者时常常不自觉地按应聘者的年龄、民族、性别、专业等特点进行归类，并根据头脑中已有的关于这一类人的固定印象来判断应聘者的个性。从而造成并不能准确地判断应聘者。因此，面试者一定要克服自己的这种固定观念对自己判断的影响，应严格按照标准对应聘者进行评价，做出正确的判断。

（5）相似效应

面试者在与应聘者面谈时，往往会特别体谅、关注应聘者与自己相类似的某些行为、态度、思想、经历。例如，面试者看到应聘者与自己是校友，那么他自然会对应聘者产生一种亲切感，从而给予较高的评价，影响其客观判断。

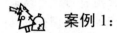 **案例 1：**

聘人的独特渠道

英特尔的招聘渠道很多。其中包括委托专门的猎头公司物色合适的人选。另外，通过公司的网页，可以随时浏览有哪些职位空缺。并通过网络直接发送简历。只要公司认为应聘者的简历背景适合，就有机会接到面试通知。

还有一个特殊的招聘渠道，就是员工推荐。它的好处首先在于，现有的员工对英特尔很熟悉，而对自己的朋友也有一定了解，基于这两方面的了解，他会有一个基本把握，那个人是否适合英特尔，在英特尔大概会不会成功。这比仅两个小时的面试要有效得多，相互的了解也要深得多。英特尔非常鼓励员工推荐优秀的人才给公司，如果推荐了非常优秀的人，这个员工还会收到公司的奖金。当然，进人的决策者是没有奖金的。如果因为人情招了不适合的人，决策者会负一定责任，所以决策者会紧紧把握招聘标准，绝不会出现裙带关系。

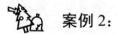 **案例 2：**

宝洁公司的校园招聘

曾经有一位宝洁的员工这样形容宝洁的校园招聘："由于宝洁的招聘实在做得太好，即便在求职这个对学生比较困难的关口，自己第一次感觉自己被人当作人来看，就是在这种感觉的驱使下我应该说是有些带着理想主义来到了宝洁。"

（1）前期的广告宣传：派送招聘手册，招聘手册基本覆盖所有的应后毕业生，以达到吸引应后毕业生参加其校园的招聘会的目的。

（2）邀请大学生参加其校园招聘介绍会：宝洁的校园招聘介绍会的程序一般如下：校领导讲话，播放招聘专题片，宝洁公司招聘负责人详细介绍公司情况：招聘负责人答学生问，发放宝洁招聘介绍会介绍材料。

宝洁公司会请公司有关部门的副总监以上高级经理以及那些具有校友身份的公司员工来参加校园招聘会。通过双方面对面的直接沟通和介绍，向同学们展示企业的业务发展情况及其独特的企业文化、良好的薪酬福利待遇，并为应聘者勾画出新员工的职业发展前景。通过播放公司招聘专题片，公司高级经理的有关介绍及具有感召力的校友亲身感受介绍，使应聘学生在短时间内对宝洁公司有较为深入的了解和更多的信心。

（3）网上申请：从2002年开始，宝洁将原来的填写邮寄申请表改为网上申请。毕业生通过访问宝洁中国的网站，点击"网上申请"来填写自传式申请表及回答相关问题。这实际上是宝洁的一次筛选考试。

宝洁的自传式申请表是由宝洁总部设计的，全球通用。宝洁在中国使用自传式申请表之前，先在中国宝洁的员工中及中国高校中分别调查取样，汇合其全球同类问卷调查的结果，从而确定了可以通过申请表选拔关的最低考核标准。同时也确保其申请表能针对不同文化背景的学生仍然保持筛选工作的相对有效性。申请表还附加一些开放式问题，供面试的经理参考。

4.2　上岗培训

4.2.1　上岗培训概念

上岗培训，即上岗引导又称员工职前教育（orientation），指组织给新雇员提供使其能做好自己新工作的信息和技能，引导他们局外人转变成为组织人、融入组织的全过程。这些信息和技能包括：组织概括、规章制度、组织结构、组织文化、产品知识、工作时间、工资发放、福利、共同技能等等。

上岗培训是新雇员社会化的开端。社会化是一个不断发展的过程，指新雇员逐渐接受组织及部门所期望的态度、规范、价值观和行为模式。

以美国丰田公司为例：

第一天：公司副总裁介绍本计划梗概、致欢迎词——详细讲述公司组织结构；介绍公司历史和文化；介绍雇员福利；丰田公司质量和团队精神的重要性；

第二天：TMM（查）倾听方法——沟通技能训练；上岗引导的一般性内容；

第三天：TMM提问与反馈方法——介绍公司解决问题的方法、质量保证、事故通报与安全；

第四天：团队建设技能研讨会——团队训练、提案制度、团队成员的基本知识和技巧等；

有效的上岗培训可以消除新雇员的焦虑心理，能使员工逐渐熟悉、适应组织环境，建立符合实际的期望和积极的态度。具体来说，上岗培训的作用体现在以下四个方面：

（1）明确工作职责，迅速适应新的职业运作程序；

（2）建立良好的人际关系，增强员工的团队意识与合作精神；

（3）通过一定的态度改变和行为整合活动，使新雇员较快地转变角色，并培训强化雇员的献身精神；

（4）为招聘、甄选员工和开展职业生涯管理提供有效的信息。

4.2.2　培训方式

上岗培训的方式方法可灵活多样。可以是授课式、研讨会形式，也可以是在岗实地培训（On The Job Training），甚至可以是户外训练等方式。

1. 实地培训

美国惠而浦公司（Whirlpool Corporation）对新加入的销售人员采用实地培训。以 7 个人为一组，安排在公司密歇根总部附近的房子里，为期两个月，只有 2 个周末允许回家度假。除了普通的讲授方式，还让新销售员工每天用公司的产品洗衣、做饭、洗碗；他们也会在当地的商店购买家用电器，把惠而浦的产品和竞争者的产品做比较等，这个培训使新加入的销售人员快速熟悉产品和业务，参加了该项目的员工通过试用期留在惠而浦的比率也比较高，而且还吸引了不少人前来应聘销售的职位。

2. 采用"伙伴制"的培训方式

"伙伴制"的培训方式就是给每个新员工指定安排一名工作职责相近、热诚负责的老员工作为"结对子"的"伙伴"，事无巨细，随时可给予新员工必要的协助和指点；而被选上做"伙伴"也是企业对优秀员工的一种认可和荣誉，对其额外的付出，企业也给予一定的奖励。这种一对一的"贴身全程服务"很能显示企业的亲和力和凝聚力，也是将企业文化得以传播和加强的可靠途径。

3. 户外拓展训练

也有的企业会请第三方的培训公司，采用更新颖的户外拓展训练作为入职培训的一部分。这种拓展训练沿用了体验式培训的基础理论，结合新人融入方面的心理学和组织行为学研究成果，通过科学的情境设计，让课程兼顾新人的个体行为感受、团队角色观念的树立和企业价值认同的推动，从而促进新员工融入企业，加强新员工对企业的认同感和归属感；同时，也使新员工在体验中理解和认同企业文化。

4.2.3 培训评价

1. 概念

培训评价又称培训评估，它是指依据培训计划，对照培训目标，通过一定的方式、方法对培训项目、培训过程和效果进行评价。

培训评价可分为培训前评价、培训中评价和培训后评价。培训前评价是在培训前对受训者的知识、能力和工作态度进行考察，以此作为培训者确定培训计划的根据。培训前评估能够保证培训项目组织合理、运行顺利，保证受训者对培训项目的满意度。培训中评估是指在培训实施过程中进行的评估。培训中评估能够控制培训实施的有效程度。培训后评估，是对培训的最终效果进行评价，是培训评估中最为重要的部分。其目的在于使企业管理者能够明确培训项目选择的优劣，了解培训预期目标的实现程度，为后期培训计划、培训项目的制定与实施等提供有益的帮助。

2. 培训评价方法

培训有效性评估有多种模型，目前在企业运用最多也最为广泛的，就是 Kirkpatrick（柯克帕特里克）于 1975 年提出的培训效果评价模型。至今，它仍是培训经理人经常使用的经典培训评价模型。该评估模型将培训的效果分为四个层次，见表 4-1 所示。

表 4-1　柯克帕特里克四级别方法（Kirkpatrick evaluating model）

层　次	可以问的问题	衡量方法
反应层	受训人员喜欢该项目吗？对培训人员和设施有什么意见？课程有用吗？他们有哪些建议？	问卷
学习层	受训人员在培训前后，知识以及技能的掌握方面有多大程度的提高？	笔试，绩效考试
行为层	培训后，受训人员的行为有无不同？他们在工作中是否使用了在培训中学到的知识？	由同事、客户和下属进行绩效考核
结果层	组织是否因为培训经营得更好？	事故率、生产率、流动率、质量、士气

（1）反应层

被培训者反应评估是在培训结束之后，通过被培训者对培训的课程设置、培训教师、培训场地等要素的直接反应和满意度来评价培训项目的效果，这是一种主观的感受。

反应评估通常采用调查问卷、面谈、公开讨论等多种方式，反应评估通常从以下几个方面进行，一是培训内容评估，包括课程规划与设置；二是培训教师评估，培训教师是否备课充分，教师是否能将理论与实践结合起来，授课内容是否容易理解，讲课的方式是否能调动被培训者的积极性；三是培训环境评估，如教学设备、场地环境、后勤支援等。这一层次的评估是培训方最能够直接掌控的，因此，每次培训后直接进行课后问卷调查。

（2）学习层

该层是在培训刚刚结束后，培训组织方对被受训者在培训期间所学知识和技能结果的直接的、客观的评价。主要评估内容一般包括：通过培训被培训者学到了什么样的知识和技能？对知识和技能的掌握达到什么程度？是否接受一种新的技能或态度？知识、技能和态度的获得是被培训者将来工作绩效提高的基础，因而对于被受训者的学习评估是非常重要的。

学习评估一般通过书面考试的形式进行，如测试被培训者所掌握的理论知识，也可以通过角色扮演、模拟环境等方式测试被受训者的技能的改善。

（3）行为层

行为评估是评估被培训者经过培训后，在工作岗位上的具体行为是否因为培训而产生了积极的变化。它实际上是评估被培训者知识、技能、态度的迁移。

（4）结果层

结果评估是指受训学员参加培训项目后，能够实现的最终结果，这是培训有效性评估中最困难的层次。在该层次评估中，管理者主要考虑企业产量是否增加了？质量是否提高了？成本是否下降了？事故频率是否下降了？人员流动率是否下降了等。

表 4-2　企业培训与开发效果评估表

（Enterprise's training and development evaluation）

评估层次	评估标准	评估重点	评估方法	评估主体	评估时间
1	反应层面	学员对培训活动的整体性主观感受	问卷调查、访谈法、观察法	培训主管机构	培训进行中或培训刚刚结束后
2	学习层面	了解学员真正理解、吸收的基本原理、事实与技能	测试问卷调查、现场模拟座谈会	培训主管机构	培训结束后
3	行为层面	了解学员接受培训后行为习性是否有所改变，并分析这些改变与培训活动的相关性	绩效考核、观察法、访谈法	培训主管机构学员上级主管同事及下属直接客户	培训结束后 3 个月或下一个绩效考核期
4	结果层面	了解学员个体及组织的绩效改进情况，并分析绩效变化与企业培训活动之间的相关情况	投资回报率、绩效考核结果、企业运营情况分析	培训主管机构学员上级主管企业企管部门	下一个绩效考核期或 1 年后

4.3 在 职 培 训

在职培训是一个组织为了满足其发展过程中对员工素质水平的要求，采取的促进内部成员学习的正式步骤，使员工在工作态度、知识、技能等方面得到提高和改进，从而达到组织的工作要求。

4.3.1 必要性

在职培训的目的是使培训对象获得目前工作所需要的知识和能力，对企业来说具有重要的意义。

（1）员工培训有利于实现组织目标，如果一种培训活动不能积极影响组织目标，那么就没有任何理由开展这种培训活动。

（2）培训是一种管理工具，培训本身不是目的，培训过程关注的是作为培训结果的行为。培训者和组织管理者期望通过职工培训和开发促进组织目标的实现，但这一过程是通过影响职工在工作场所的行为完成的。因此，把职工培训看成是一种管理工具，是由培训活动本身的性质决定的。

（3）培训活动是职工学习的过程。培训活动为职工学习提供便利，是培训活动的一个重要属性。员工职业培训一方面促进了企业的变革，另一方面也促进企业员工更容易接受变革的事实。

（4）满足员工自我发展的需要，每个员工都有一种追求自身发展的欲望，这种欲望如果不能满足，员工就会觉得工作没劲，生活乏味，最终导致员工尤其是优秀员工流失。对一般员工来说，每个人都希望在企业中有成长晋升的机会，这就需要不断学习，员工不但要熟悉自己的工作，还要了解本专业的最新动态，掌握有关的新技术和新方法，使自己有比较宽的知识面和合理的知识结构。一般来说，对自己的职业道路有长远计划和打算的人，到了一定时期都渴望有学习的机会，以利于下一步的发展。

4.3.2 在职培训步骤

（1）确定培训需要，只有先找出企业在人力资源开发方面的确切需要，才能有的放矢，不致劳而无功，单纯为培训而培训，培训需要的确定主要有三种方法，组织分析，工作分析和个人分析。

（2）设置培训目标，可分为若干层次，从某一培训活动的总体目标到某项学科直至每堂课的具体目标，越往下越具体。设置培训目标要注意必须与企业的宗旨相容，要现实可行，要用书面明确陈述，其培训结果应是可以测评的。培训目标主要可分三大类：①技能培养，②知识的传授，③态度的转变。

（3）培训计划的拟定，就是培训目标的具体化与操作化，即根据既定目标，具体确定培训项目的形式，学制，课程设置方案，课程大纲，教科书与参考教材，任课教师，教学方法，考核方式，辅助培训教材与设施等。制定正确的培训计划必须兼顾许多具体的因素，如行业类型，企业规模，技术发展水平与趋势，员工现有水平，国家法规，企业宗旨与政策等，而最关键的因素是企业领导的管理价值观与对培训重要性的认识。

（4）培训活动的实施，培训活动的具体组织者与企业的规模和结构关系很大。大型企业往往设置有专门的培训中心或学校或员工大学，越来越多的企业，通过企校挂钩进行培训合作，与技工学校，专科学校或高等学校达成培训承包协议，在学校或由学校派讲师来企业进行各类员工培训，其内容可以是通用的，也可以是针对企业具体的特殊需要而专门设计的。

（5）总结评估，在企业培训的某一项目或某门课程结束后，一般要对培训的效果进行一次总结性的评估或检查，找出受训者究竟有哪些收获与提高，这一步骤不但是这次培训的收尾环节，还可以找出培训的不足，归纳出经验与教训，发展新的培训需要，同时也是下一轮培训的重要依据，使企业培训活动不断循环。

4.3.3　在职培训的方法

1. 工作轮换

工作轮换是管理人员培训技术之一，包括让受训者到各部门去丰富工作经验，确定其长处和弱点。利用工作轮换方法可以让接受管理培训的人去各个部门学习以扩大其对整个企业各环节工作的了解，受训者可在每个部门工作学习几个月，这不仅有助于丰富员工经验，也有助于找到自己所喜欢的工作。

2. 案例研究法

指为受训者提供有关一个企业问题的书面描述，然后让他们自己去分析，诊断问题所在，在去其他受训者一起讨论时提出自己的研究结果和解决问题的方法。案例研究法旨在通过一位训练有素的讨论会主持人巧妙的引导，让受训者真实地体验确定和分析复杂问题的过程。通过在课堂里对案例进行讨论，受训者了解研究和解决复杂的组织问题通常有许多方法，也知道他们自己解决问题的方法往往受到自己的需求及价值观的影响。

3. 角色扮演

在一个真实的管理场景中，让受训者扮演其中人物的一种培训技术。让每位参加者扮演角色，能引发角色扮演者之间的讨论，目的是解决手头的问题，由此开发受训者在领导，授权等方面的技能。它是一种有趣且成本低的开发新技能的方式，不足是一次活动可能需用很长的时间来完成，如果活动指导人员没有准备一个有关参加者将学到什么东西的概括性说明的话，参加者就不能达到角色扮演的要求。

4. 行为模仿

在用这种技术进行训练时，首先向受训者展示良好的管理技术，要求他们在模拟环境中扮演角色，然后给予反馈和表扬。（1）向受训者展示做某件事的正确方式；（2）让每个人练习用这种正确的方式做这件事；（3）提供有关受训者实际表现的反馈。

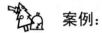 案例：

KFC 员工的培训方式

（1）教育培训基地：员工学堂——德基在中国特别建有适用于当地餐厅管理的专业训练系统及教育基地——教育发展中心，成立于 1996 年，专为餐厅管理人员设立，每年为来自全国各地的 2000 多名肯德基的餐厅管理人员提供上千次的培训课程。中心大约每两年会对旧有教材进行重新审定和编写。培训课程包括品质管理、产品品质评估、服务沟通、有效管理时间、领导风格、人力成本管理和团队精神等。

（2）内部培训制度：分门别类——肯德基的内部培训体系分为职能部门专业培训、餐厅员工岗位基础培训以及餐厅管理技能培训。职能部门专业培训，每位职员进入公司之后要去肯德基餐厅实习 7 天，以了解餐厅营运和公司企业精神的内涵。职员一旦接受相应的管理工作，公司还开设了传递公司企业文化的培训课程，一方面提高了员工的工作能力，为企业及国家培养了合适的管理人才；另一方面使员工对公司的企业文化也有了深刻的了解，从而实现公司和员工的共同成长。

餐厅员工岗位基础培训：作为直接面对顾客的“窗口”——餐厅员工，从进店的第一天开始，每个人就都要严格学习工作站基本的操作技能。从不会到能够胜任每一项操作，新进员工会接受公司安排的平均近 200 个工作小时的培训。通过考试取得结业证书。从见习助理、二级助理、餐厅经理到区经理，随后每一段的晋升，都要进入这里修习 5 天的课程。在肯德基，见习服务员、服务员、训练员以及餐厅管理组人员，全部是根据员工个人对工作站操作要求的熟练程度，实现职位的提升、工资水平的上涨的。在这样的管理体制下，年龄、性别、教育背景等都不会对你未来在公司的发展产生任何直接影响。餐厅管理技能培训针对不同的管理职位，肯德基都配有不同的学习课程，学习与成长的相辅相成，是肯德基管理技能培训的一个特点。

（3）纵横交流：传播 KFC 理念——为了密切公司内部员工关系，肯德基还举行不定期的餐厅竞赛和员工活动，进行内部纵向交流。另外，还强化对外交流，进行行业内横向交流。肯德基和中国国内贸易局已经共同举办了数届"中式快餐经营管理高级研修班"，为来自全国的中高级中式快餐管理人员提供讲座和交流机会，由专家为他们讲述快餐连锁的观念、特征和架构，市场与产品定位，产品、工艺、设备的标准化，快餐店营运和配送中心的建立等等。

4.4　员 工 评 价

4.4.1　概念

员工评价也可以称为员工绩效评价，它是指企业对员工在过去一段时间内的工作表现或完成某一任务后，所作的贡献度的评核，以此了解员工的发展潜力，改进员工的工作效果，并作为奖惩、升迁、调岗、薪资、解雇等人事决策的依据。

员工的工作绩效是其自身各项素质在具体空间、具体条件下的综合反映，是员工素质与工作对象、工作条件等相关因素相互作用的结果。员工绩效会随时间、空间、工作任务、工作条件、工作环境等相关因素的变化而不同，呈现出多因性、多维性、动态性等特点，所以企业员工的绩效评价必须从多角度、多方位、多层次、多时空进行。

4.4.2　员工评价的重要性

员工绩效评价是人力资源管理系统中最为重要的部分，它与人力资源计划、人事决策、人才培养、激励政策、员工发展等方面都有密切的联系。其重要性主要体现在以下三个方面：

1. 员工方面

员工从绩效评价体系中能清楚地知道并了解在自己岗位上何种工作行为是有效的，何种是无效的，知道自己的工作应达到何种标准。从绩效评价过程和结果中可以知道自己工作中存在的不足，如何改进；知道自己工作中的优点，如何继续发扬；知道自己是否有潜能，有何种潜能，以便在组织帮助下发展自己。对评价结果的应用有利于激发员工的积极性，使员工为了得到较高的评价而努力提高自己的工作绩效，员工的绩效提高了，那么团队与企业的绩效也就随之提高了。

2. 管理者方面

绩效评价可以使管理者了解员工的工作情况，通过分析员工工作中的优缺点，帮助员工改进绩效，能够促进上下级之间的沟通；管理者可以依据绩效评价结果进行管理决策，例如奖惩、升迁、降级、转岗、解雇等；管理者还可以从绩效评价结果中分析出员工绩效不佳的原因是否是技能缺陷、知识不足等，这样就可以确定对哪些员工进行何种培训，为企业培养人才。

3．企业方面

一套有效的绩效评估制度，能将个人工作表现状况和组织上的策略目标紧密结合。绩效评价有利于激励员工，合理配置员工及人才的培养，从而强化企业管理，这就有利于增加企业绩效，有利于企业的长远发展。通过绩效评价，可以统一企业经营者、管理者和基层员工对企业存在的价值、企业发展的价值、企业竞争的价值以及企业管理、技术、职业准则、商业道德和市场前景等的方面的看法，从而形成协调一致的企业价值观。

4.4.3　员工评价的原则

有效的员工绩效评价体系在其构建与实施时应遵循以下原则：

1．各部门协调配合

绩效评价是全公司范围的活动，所以它需要在领导的大力支持、企业其他各部门的努力配合下，形成一种企业文化氛围，渗透到企业各个角落，这样绩效评价才能顺利实施。

2．公正客观

随着我国法律制度的完善和员工法律意识的增强，依据绩效评价所做的人事决策可能会引起法律纠纷，所以企业在构建与实施绩效评价体系时，要做到以法律为基础，以事实为依据，有迹可循，从而使企业与员工双方都心服口服。

3．公开透明

要使员工充分了解评估的政策与程序，了解评估的标准，明确什么样的工作行为是有效的，什么是无效的，这样对员工有激励作用，使员工对自己的工作行为有很好的把握。

4．反馈与沟通

把绩效评价结果及时反馈给员工，有助于给予员工信息反馈，改进工作不足之处，并激发新的工作热情；也可以使企业及时了解自己评价的不足之处，及时修改补充。

5．评价制度形成定期化制度化

评价应该是长期性、经常性的行为，在定期考核的同时不能忽视平时考核，否则考核者很难记住员工在长时间中的表现。没有形成定期化、制度化，会给员工造成不严肃或者摸不着头脑的感觉。

6. 可行性与实用性

评价的标准要使员工能够明确理解，并且能够达到，评价的方法和手段也要使员工和管理人员易于理解和使用，这样才能获得大家的支持，从而使绩效评价可行并且实用。

7. 评价的经济性

绩效评价的实施是要耗费一定的人力物力的，会增加企业的成本，所以企业要进行成本效益分析，只有当绩效评价所带来的收益大于所花费的时间、金钱和机会成本时，它才具有使用价值。

4.4.4 360 度反馈评价法

1. 概念

"360-degree feedback" 称为多源评估或全方位绩效考评，是由被考评人的上级、同级、下级、本人或考评专家担任考评者，从各个角度对被考评者进行全方位评价的一种绩效考核方法。考评的内容涉及被考评人的管理绩效、专业绩效、业务绩效、工作态度和能力等方面，考评结束后，人力资源部门通过预先制定的反馈程序，将整理出的考评结果反馈给本人，从而达到改变行为，提高被考评人工作绩效的目的。

360 度反馈评价是一种从不同层面的人员中收集考评信息，从多个视角对员工进行综合绩效考评并提供反馈的方法，或者说是一种基于上级、同事、下级和客户等信息资源的收集信息、评估绩效并提供反馈的方法。

2. 优点

与传统的评价方法相比，360 度反馈具有如下优点：

（1）提供更多客观有效的有关员工工作表现的信息，它不仅重视员工的工作成效和结果，或对组织的贡献，并重视员工平常的工作行为表现。

（2）由于同事平时朝夕相处，因此有较多的机会观察，因此对每个人的表现都十分清楚，他们的评价将可提供给主管作为重要参考，另外授权给员工参与考评，不仅使部属有参与感，更可以将他们训练成为未来的优秀主管。

（3）同事与部属的反馈可以拓展主管的视野，平衡了由传统评估方式中主管个人的喜厌形成的偏差，因此综合被评价者上司、同事、部属的评价，即可看出一个人的真实全貌。

（4）通过全体成员参与的方式，达到激励员工的效果，并通过运用这些正确、客观、有效的信息，不但可以指出员工个人本身的优缺点与未来努力的方向，而且可诊断出组织目前和将来可能面临的问题，进而谋求解决之道。

（5）实行匿名考核：为了保证评价结果的可靠性，减少评价者的顾虑，360度考核采用匿名方式，使考评人能够客观地进行评价。

总而言之，360度反馈评价无论是对员工本人，团体士气，主管，抑或整个组织的效能，都要比传统的单一主管考核的方式正确、客观、公平、有效。

4.5 工 作 评 定

4.5.1 概念

工作评价（job evaluation）又称职务评价，是在工作分析的基础上，对不同内容的工作，以统一的尺度（标准）进行定量评定和估价，从而确定各项工作的相对价值。而工作分析（job analysis）又称职务分析、职务描述、工作描述，是指全面了解、获取与工作相关的详细信息的过程，具体来说，是对组织中某个特定职务的工作内容和职务规范（任职资格）的描述和研究过程，即制定职位说明书和职务规范的系统过程。

工作分析与工作评价研究的对象是企业中的工作岗位，主要关注以下几个方面：

（1）工作的输出特征，即一项工作的最终结果表现形式，如产品、劳务等，它是界定工作任务和工作责任的基础，也是确定工作绩效标准的必要前提，能够分辨出与组织内的其他输出有什么联系和区别。

（2）工作分析的输入特征，指为了获得上述结果，应当输入什么内容，包括物质、信息、规范和条件等，界定工作来源和工作条件的基础。

（3）工作的转换特征，指一项工作的输入是如何转化为输出的，其转化的程序、技术和方法是怎样的，在转化过程中，人的活动、行为和联系有哪些。转换特征是界定工作方式的基础。

（4）工作的关联特征，指该工作在组织中的位置、工作的责任和权利是什么，对人的体力和智力有什么要求，是界定工作关系和任职资格的基础。

4.5.2 工作评定的目的

（1）工作分析和工作评价是企业树立"核心人本价值观"，实现有效激励，进行现代化管理的客观需要现代管理的突出特点是强调以人为中心。而根据帕累托定律，为企业带来80%利润的那20%的经营管理的核心要素就是人力资源。而企业的核心人才又是企业人力资源中的"关键少数"，他们对企业的贡献约占员工总贡献的80%。因此，充分开发企业的人力资源，特别是核心人才的潜能，建立以关键业绩指标为核心内容的绩效考评体系和适合的激励体系，为他们进行工作设计，在企业内部形成体现竞争、鼓励创新的核心组织文化。通过建立企业合理的人才梯队结构，有计划地根据各自特点进行能力开发，提高员工的工作技能和综合素质、培养企业忠诚度，从而支持企业持续有效地经营，保证战略目标的实现。

（2）工作分析、工作评价是企业战略传递的桥梁，是提高企业核心竞争力的重要手段

工作分析、工作评价对于企业的战略的落实与组织的优化具有十分重要的意义。工作分析、工作评价作为人力资源管理的基础工作，是人力资源管理系统内在各功能模块进行整合的基础与前提，也是企业的战略、组织、流程向人力资源管理过渡的桥梁。通过工作分析、评价，可以明确职位设置的目的，从而找到该职位如何为组织整体创造价值，如何支持企业的战略目标与部门目标，从而使组织的战略能够得以落实，企业的核心竞争力得以提高。

（3）工作分析和工作评价是企业文化建设的基础

对于一个企业而言，企业文化是人本管理的一个核心的体现，它包括制度层面的东西，也包括观念、价值取向等精神层面的东西。公司一方面通过制度建设来明确员工做事的规范，另一方面，通过企业文化建设来弥补制度建设的空白。而工作分析的结果，即岗位说明书是企业的价值评价体系建立的依据，也就是正确运用激励杠杆建立优秀的企业文化的基础。

（4）工作评价是企业重组不可缺少的部分

现代社会，强调企业对环境的适应，强调企业的灵活性，当企业环境变化很大时，企业现有的组织结构和经营流程已经不能适应环境的变化，企业为了重新获取竞争优势，必须对组织结构和经营流程进行适当的调整甚至进行企业重组，而工作分析、工作评价是企业重组必须要进行的工作，是企业重组的基础。

4.5.3　常见的工作评定方法

在现代企业中，常见的工作评定方法有以下四种：排列法、分类法、因素比较法、要素计点法。

1. 排列法

它是四种方法中最简单的一种方法。在排列法中，评价者要考查每一项被评价工作的说明，并且按照工作对公司的价值大小顺序排列它们。其实施步骤如下：

（1）由有关的人员组成评定小组，并做好各项准备工作。

（2）了解情况，收集有关工作方面的资料、数据。

（3）按评定人员事先确定好的评判标准，对本企业同类岗位中的各岗位的重要性作出评判，按最重要的、次要的、再次要的顺序往下排列。

（4）将每个岗位经过所有评定人员的评定结果汇总排出序号后，再将序号和除以评定人数得到的每一岗位的序数汇总，按平均序数大小，由小到大评定出各岗位的相同价值的次序。

2. 分类法

分类法是确定若干种类或级别来对一组工作进行描述。在使用这种方法评价工作时，评价者将工作说明与级别说明进行比较，与工作说明最一致的类别说明便决定了该工作的分类。它是排列法的改进，其步骤是：

（1）由企业内专门人员组成评定小组，收集各种有关资料；

（2）按生产经营过程中各类岗位的作用和特征，将企业的全部岗位分成几个大的系统，每个大系统按其内部结构特点可再分为若干小系统；

（3）再将各个系统中的各岗位分成若干层次，最少为 5～6 档，最多可分为 15～20 档；

（4）明确规定各档次岗位的工作内容、责任和权限；

（5）明确各系统各档次岗位的资格要求；

（6）评定出不同系统不同岗位之间的相对价值和关系。

3. 要素计点法（评分法）

在要素计点法中，评价者对具体的工作部分提供定量价值，这些价值的总和就是一项工作的相对价值评价。如今许多公司使用的工作评价方法是要素计点法的改进。该法首先是选定岗位的主要影响因素，并采用一定点数表示每一因素，然后按预先衡量标准，对现有岗位的各个因素逐一评比、估价，求得点数，经过加权求和最后得到各个岗位的总点数。其具体步骤是：

（1）首先确定工作评价的主要因素；

（2）根据工作的性质和特征，确定各类工作评价的具体项目；

（3）确定工作评价的主要因素及具体项目之后，为了提高评定的准确程度，还应对各项评定因素区分出不同级别，并赋予一定的点数；

在各项评定总点数确定后，可用等级差数规定出本项目各级别的评分标准。

（4）将全部评价项目合并成一个总体，根据各个项目在总体中的地位和重要性，分别给予权数（fi），再根据权数计算出该岗位的总点数。公式如下：

$X = \sum x_i f_i$；其中 x_i 是第 I 项项目的评价结果。

（5）最后，将工作评价的总点数分为若干级别，按照该岗位的总点数归入相应级别。

4. 因素比较法

该方法是从评分法衍生而来的，它与评分法的主要区别在于，各要素的权数不是事先确定的。它是先选定岗位的主要影响因素，然后将工资额合理分解，使各影响因素与之匹配，最后再根据工资数额的多少决定岗位的高低。其具体步骤是：

（1）先从全部岗位中选出 15 至 20 个主要岗位，其得到的劳动报酬应是公平合理的；

（2）从全部岗位中选定各岗位共有的影响因素作为评定基础，一般包括以下五项：智力条件、技能、身体条件、责任、工作条件；

（3）将每一个主要岗位的每个影响因素分别加以比较，按程度的高低进行排序；

（4）评定小组应对每一岗位的工资总额按上述五种影响因素逐一分解，找出对应的工资份额；

（5）把企业中尚未进行评定的其他各岗位，与现有的已定的重要岗位对比，某岗位的某要素与哪一主要岗位的某要素相近，就按相近条件的岗位工资分配计算工资，其累计就是本岗位的工资，亦即工作评价的结果。

4.6 福　　利

4.6.1 福利的基本内涵

福利（也称员工福利 Employee Benefits），是指员工因其为组织的成员及其在组织中的贡献而获得的工资以外的报酬。通常表现为延期支付的非现金收入，它与基本工资、奖金并称为现代薪酬体系的三大支柱，是员工薪酬的重要组成部分。

在实践中，通常将员工福利划分为法定福利、企业福利、带薪休假三部分。其中，法定福利是为了保障员工的合法权利，由政府统一管理的福利项目，我国的法定福利项目有医疗保险、失业保险、养老保险、工伤保险、生育保险（只针对女性）和住房公积金，俗称"五险一金"；企业福利是指用人单位为了吸引人才或稳定员工而自行采取的福利措施，比较通行的有补充养老金、人寿保险、集体储蓄、辞退金、住房津贴、法律顾问、心理咨询、托儿所、优惠商品、子女教育费、交通服务、工作午餐、海外津贴、文体设施、集体旅游、脱产培训等；带薪休假则包括工间休息、病假、事假、公休、节假日、探亲假、年休假等。

早期的福利旨在解决员工的一些后顾之忧，对员工的一些特殊困难给予支持与帮助。随着社会经济的发展，现代企业的福利支出在整个报酬体系中的比重越来越大，其功能也逐渐扩展为吸引、保留与激励员工，与人力资源管理的其他体系一样，发挥着重要的作用。

4.6.2 员工福利的形式

商务组织中的自主设置的企业福利体系主要由企业年金、人寿保险、带薪休假、实物分配、组织公费旅游、培训学习等项目构成。

（1）企业年金。即企业补充养老保险，指企业为激励员工特别是为激励优秀人才为企业作出更大的贡献，企业向职工提供补充社会保险退休金。这种基本保险以外的补充养老保险，并不是所有的职工都能享受到，一般说来，为体现激励目标，只有并符合一定条件的绩优职工才可享受。从性质讲，企业补充养老保险金是职工未来收入的一部分，是为了保证能为退休者提供基本养老金以上的收入，提高职工退休后的生活水平。其形式主要有纳费型和给付型两种，一般都采用基金制管理，在企业补充养老金的投资方投资比例、筹资支付方式、基金运作管理方面都有一定的规范，所以为了保证补充养老保险的效益，在操作方式上，企业先要制定享受补充养老保险的有关规定，明确享受的条件及标准，这些条件包括员工遵守企业规章、为企业服务年限、工作业绩量化、维护企业形象等项目，如一旦发现员工违反企业有关规定，造成事故或损失，则取消其享受补充养老保险金的资格，以确保企业补充养老保险达到激励企业员工为企业高效工作的目的。

（2）人寿保险。指企业充分利用机构大宗购买人寿保险比单个小额购买有比较价格的优势，集中为职工购买人寿保险，也可以是企业为员工购买最低保险额，再鼓励员工自己交保，购买一定数额的额外保险。同时，针对企业员工一般为家庭的经济责任者，承担着对子女的抚养、教育、医疗等责任的状况，企业为员工进行保险计划安排时，可根据自身财力，通过商业保险开发家庭保障，如可以选择保障型的商业保险，当员工在缴费期内高残或死亡，则其家人可得到一笔保险金，使员工的子女教育等费用开支得到保证。

（3）带薪休假。指企业在非工作的时间内，按工作时间发放工资的一种福利。企业在国家法定休假制度之外应该为员工建立更加丰富的休假计划。作为对员工的一种奖励，可以让优秀员工或者特殊岗位的员工享受企业给予的疗养待遇，出国旅游等。如规定工龄达到一定年限的职工，可享受若干天的带薪假日，对企业的业绩达到一定水平的职工，可享受若干天的带薪休假等；且这期间他们完全享受正常上班的一切待遇；可规定职工一年中可享受带薪病假的天数；可将职工工间休息的时间记入工作时间；还可规定职工探亲假及应该享受的待遇。这种休假计划，是一种较为特殊的员工福利，体现了现代生活中休息时间的珍贵，适应现代社会劳动者生活工作压力加剧的需要。

（4）实物福利。指企业购买特定实物，低价或免费提供给特殊员工的一种福利。如企业可购买高档住宅、汽车、电脑等物品作为福利分给为企业服务年限特别长的职工以及对企业有重大贡献者，以示对这些职工的奖赏和激励。

（5）参加培训、学习等。教育作为员工的一项重大福利，对于企业的发展有着深远的影响，因此，教育基金不是一项可有可无的投入，而是企业长期规划中的一项重要组成部分。员工培训计划的设计非常重要，如各类人才的教育管理、员工职业培训的规划、对员工学历教育的奖励等等。一个科学的教育规划必将对企业的发展产生深远的影响，其重要性也必然会在短期或长期表现出来。企业有计划地选派、选送优秀职工参加进修学习或提供便利条件，如承担学费、专业导向、时间保证等，鼓励职工参加各种专业文化学习，既提高了企业职工的专业及综合素质，又满足了职工较高层次的需要，具有显著的激励效应。

（6）其他福利。如通过让职工持有本企业部分股份，可增强职工参与企业管理的责任感，强化企业主人翁的自觉意识；同时可适当开办有特色的服务项目，如免费午餐、托幼优惠、产假延长、老年人服务等。

4.6.3　弹性福利

由于企业所处的政治、经济、技术、文化、法律等外在宏观环境都在不断发生变化，经济的高速增长导致了生活水平的相对提高，人们低层次的需求普遍得到满足，开始注重更高层次的需求；随着经济全球化步伐的加快，企业的外在微观环境亦在不断变化，多变的环境促使企业必须更多地去考虑和关心员工的多层次需求，以期吸引人才、留住人才、激励人才，以获得竞争优势；而企业内部环境如知识型员工在企业中所占的比重不断加大，经济因素不再是这类员工所单纯重视的问题，经济因素以外的如情感，个人价值实现等要素更受到他们的重视和认同，故而弹性福利将成为商务组织福利未来的主流。

所谓弹性福利计划[①]就是在固定的福利费用预算内，企业针对不同层次员工的个性化福利保障需求，有针对性地设计和实施多样化的福利项目供员工选择，使每个员工的福利保障需求得到最大满足的福利项目组合。

弹性福利制是一种有别于传统固定式福利的新型员工福利制度。弹性福利制又称为"自助餐式的福利"，即员工可以从企业所提供的一系列有各种福利项目的"菜单"中自由选择其所需要的福利。弹性福利制强调，让员工依照自己的需求从企业所提供的福利项目中选择适合于自己的一套福利"套餐"，每一个员工都有自己"专属的"福利组合。

实行弹性福利制度，可以使企业的福利资源得到优化配置，灵活的配置方式既能避免福利资源因配置不当而造成浪费，又能使企业有限的福利资源得到有效利用；有利于企业完善福利体制，合理设置和调整福利项目，降低企业福利成本；有利于福利的激励功能由隐性、间接向显性、直接转变，从而增加了激励手段和力度；有利于提升企业的形象，使本企业员工的福利需求得到最大化的满足，增加员工的忠诚度。

4.7　缺席与消磨时间

4.7.1　现代企业中"缺席""消磨时间"新解

在汉语词典中"缺席"的意思解释为未出席，该到未到。英文中对"缺席"的翻译为"absent、default"——Failure to perform a task or fulfill an obligation。由此可见，英文中对"缺

---

① 陈汉文，弹性福利. 企业员工福利设计的新趋势[J]. 人力资源开发，2007（4），第 22 页。

席"的解释更为全面和客观。

"消磨时间"又可以称为"怠工"或"磨洋工"。"磨洋工"一词在建筑工地上早已广泛流传，人们习惯于将消极怠工、出工不出力、磨磨蹭蹭的现象称为"磨洋工"。其实，"磨洋工"一词当初的本意并不是指磨蹭、怠工的意思，而是指建筑施工中砌砖作业过程中的一道工序。

原来，在我国旧时讲究一些墙体建筑过程中都有一道重要的工序——"磨砖对缝"。所谓"磨砖"就是对砖墙的表面进行打磨，以使之变得平整、光滑、美观，民间习惯上将这道工序称为"磨工"。1917 年至 1921 年，美国为扩大在中国的影响，用清政府的庚子赔款在北京修建了协和医院和协和医学院。整个工程占地 22 公顷、耗资 500 万美元，并且建筑质量要求甚高，在墙体建筑过程中采用了中国传统的磨砖对缝工艺。由于这项工程是由外国人出资设计、建造的，中国工人就称它为"洋工"，工程中"磨砖对缝"工序也因此被称为"磨洋工"。由于协和医院共有主楼 14 座，且又大多是高层建筑，故其"磨工"工序十分浩繁，进展得十分缓慢。

综上所述，我们不难看出："磨洋工"一词最初是指协和医院墙体建筑过程中"磨砖对缝"这道工序，如果说其中包含什么引申义的话，也仅仅限于"工程进展缓慢"的意思，其现在所包含的"消极怠工"之义是在流传的过程中逐渐演化出来的。

现代企业中，对"缺席"与"消磨时间"有了进一步的解释。首先，"该到未到"是一种最为典型的缺席情况；其次，"该到已到"却没有产生工作成果的，也就是我们所说的"消磨时间"、"怠工"。

4.7.2　缺席与消磨时间的表现

随着社会的发展，现代企业中出现了新型的不利于提高工作效率的现象，从员工的角度来说，有以下几个方面：

1. 假日怠工

"人心散了，队伍就不好带了！"不少的企业管理者会发出这样的感叹，特别是在小长假到来之际。张总是某家大型公司的项目经理，手下有 20 多个员工，最让他头疼的就是每临小长假还有几天时，工作就几乎进入停滞状态，好几位员工纷纷拿着请假单来找他，计划将年假、倒休假期连在一起，将"小长假"变为"大长假"。

加拿大心理学家、麦吉尔大学（McGill University）教授德比·莫斯考维茨（Debbie Moskowitz）的一周工作节律图中表明，双休日过后人体的生物钟往往还没有调解过来，不会在 24 小时结束后，自动归零，而是不知不觉地延续到"第 25 小时"。因此，星期一不是埋头做事的好时候，最好将时间用于分派任务、规划、设定目标。

2. 网络怠工

互联网络的应用为现代企业创造了滚滚财富，但同时它所造成的社会公害，以及日趋增多的"网络怠工"现象，也越来越令人头痛。

据美国电脑技术协会的一项调查显示，在美国《幸福》杂志所推荐的 1000 家企业中，已有 98%的企业都要通过使用因特网来保持运营，但是员工们在工作时间使用电脑进入因特网玩游戏、看体育比赛、进行网上炒股或者与网友聊天的现象相当普遍与严重。在一项诚实问卷调查中，有 90%以上的员工承认自己在工作时间在网上干过工作以外的事情，而且这种状况大有蔓延之势。

尽管网络的应用在发达国家和一些发展中国家早已屡见不鲜，但政府部门和企业迄今尚未健全正确使用网络的准则和规章制度。据来自英国的一项调查，有一半以上的企业，在新职工上岗时，竟连一份使用网络最基本的操作方法的明文规定都没有提供，政府部门在这方面更是滞后。

经验丰富的管理者认为，制止员工在工作时间使用因特网干私事无可非议，但是不能因此挫伤了员工们的积极性。专家认为随着电脑互联网使用的日益普及，人们应当形成这样的概念和意识，上班上网为工作，回家上网为游戏。

4.7.3 考勤管理制度

1. 考勤制度的作用

考勤管理是人力资源管理中的基础环节。其作用包括以下两个方面：一是通过对员工出勤情况的考查，甄别迟到、早退、旷工、请假、公出等出勤状况，强化考勤管理，落实考勤制度；二是通过对考勤信息的统计分析，优化人员配置、发现管理疏漏，为科学决策提供依据。

2. 制定科学的考勤制度

首先，奖罚分明。科学的出勤制度的前提是奖罚分明。企业以某种手段惩罚违反公司出勤制度的员工是合理的、"罚"是企业对违规员工的权力。但企业权力产生的同时，相应就要产生其义务，那就是"奖，因为权利和义务是相互依托而存在的。所以企业在惩罚违反出勤制度员工的同时，也要奖励全勤员工，只罚不奖与只奖不罚会极大地影响制度本身的公正性。

其次，制度的公信力不可或缺。制度的实施必然会引起一定的反弹、在开始实施时也不可避免存在一些不合理之处。出现问题并不可怕，及时纠正即可。但要注意的是，在制度实行期间，必须考虑制度的公信力，维护制度的权威性。朝令夕改是最不可取的、不止使制度权威丧失殆尽，也会引起员工的强烈反弹。

最后，制定过程应及时沟通。企业的制度不能由一个人决定、需要经过调研或广泛征集员工的建议后进行操作。尤其是考勤制度。如果一项考勤制度的制定者没有与员工进行任何沟通、收集员工对制度的看法、建议和意见，也没有考虑可行性。草率而主观地做出了诸多假定，那么其有效性可想而知。

4.8　纪律程序与申诉程序

4.8.1　纪律

所谓纪律（discipline），是指针对员工对于组织的工作规则的背信行为或不被允许的行为，管理者所采取的行动。这些可能采取的行动可以是双方合意的权利丧失、停职、扣薪或其他惩罚，以减少因背信或不被允许的行为所产生的损失。经过一个纪律程序（disciplinary procedure）：一个由产业、公司或工厂订定的对于员工被认为已违反了工作规则的情况，施予停职或撤职的处分。

现代的纪律管理是强调"改变行为"之目标，分为预防的和矫正的纪律管理：

1. 预防的（Preventive）纪律管理

鼓励成员遵守标准和规则，以预防违规的行动。其倾向于强调积极的激励方法，而基本的是鼓励员工自律，努力向上。

2. 矫正的（Corrective）纪律管理

在员工违反纪律规定以后对其进行的弥补措施。

纪律也须考虑公正性与公平性，其有赖于规定制度化、处罚渐进化及申诉程序化三个先决条件：

（1）规定制度化：旨在事先告知员工哪些事可以做及哪些事不能做。因此，规定必须先有沟通的管道。员工通过口头告诫或书面文件，最好在员工接受训练时，即表明清楚并写在训练手册上。

（2）处罚渐进化：处罚方式从简单的口头警告、书面警告，到停职、解雇等。处罚的轻重要根据过失的种类与次数而定。

（3）申诉程序化：公司行使纪律的过程中必须要有申诉程序，以确保纪律的公平性与公正性。在一个组织中，管理者身兼警察、陪审团和法官三职，这种（权力不分化）的情况，有时管理者会有做出不当决策的时候，申诉程序的建立，即可补救上述制度的缺失，以达到勿枉勿纵的效果。

4.8.2 劳动纪律制定程序

1. 制定要求

企业劳动纪律是劳动者在劳动过程中必须遵循的劳动秩序和劳动规则，制定劳动纪律是企业的一项自主权利，企业可以自行设计自己的劳动纪律制定流程。

为了防止企业滥用权利，在企业制定劳动纪律时应遵循的法律原则有：

第一，劳动纪律内容要合法，这是劳动纪律的底线要求；

第二，制定过程要有民主程序，实践中一般认为以各种形式征求过职工意见就可以视作经过了民主程序，比如职代会讨论、听取工会或职工代表意见等，企业有必要保存一些这种原始记录、文件，可以作为证据证明制定过程经过了民主程序；

第三，劳动纪律制定后要公示，要告知每一个员工。

2. 制定程序

企业劳动纪律主要通过制定员工行为守则、劳动管理制度等对员工进行纪律管理。其制定流程为：HR 提拟——管理层审批——向员工发布——企业内部宣导。

由于劳动纪律等规章制度相当于公司内部的"立法"，有些企业会聘请相关专业人士来协助起草。企业在制定劳动纪律等规章制度时，如通过设立意见箱等形式集思广益，慎重地考虑员工的意见和建议；在公示和企业内部宣导程序中，企业可以采取多种形式，或将规章作为劳动合同的附件，做到人手一册，在劳动合同中专款约定"劳动者已经详细阅读，并愿遵守用人单位的《劳动规章制度》"；将规章交由员工阅读，并且在阅读后签字确认。签字的内容应包括员工确认"已经阅读、明了"并且承诺"遵守"；或召开全体员工的大会，组织全体员工进行集中学习、培训，让员工在报到表上签名，或通过新员工培训、邮件公示、员工手册、内部刊物、内部网站等形式向员工不断进行宣传。

4.8.3 申诉

1. 申诉概念

申诉指员工个人或者集体员工表达不满的一种主要的正式方法，但并非是唯一的一种，在对于集体协议的应用上或非应用上，以及管理政策和管理行动及管理习惯上。

对契约内容的申诉包括：直接违反契约内容；超越契约处分之争议；对于契约条文解释之争议。

对契约外的申诉包括：改变经营方式之争议；违犯政府法令之争议；违犯工作规则之争议；雇主责任不履行之争议。

2. 申诉程序

当劳工相信契约遭破坏或权益受雇主侵犯，由于申诉是解决双方劳资问题的一种和平而自行形成的方式。申诉是劳资双方解决问题的主要途径，由于申诉并不是由雇主的最高阶层单方面决定的，因此，员工普遍认为运用申诉程序体现了社会公平。

如上图第一步骤先由劳工或干部向领班提出申诉，当问题无法解决时，即可作为书面申诉，并通知工会和部门经理，由工会代表出面与经理协商，此为第二步骤。第三步骤再将无法解决之争议，劳方组成申诉委员会，资方向高阶管理阶层反映，再作进一步之协商；最后协商不成，只有利用仲裁，作出最后的（final）和具有约束力的（Binding）决定，双方于是接受仲裁之决定，结束争议，此为最后一步。其中，步骤的多少要以企业大小来决定，小企业可能有二、三个步骤，大公司则有四到五个步骤（如图 4-2 所示）。

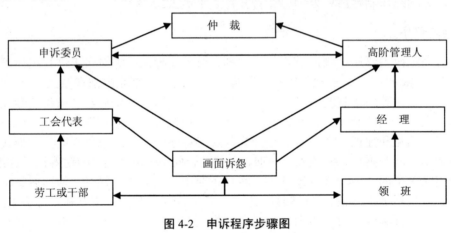

图 4-2　申诉程序步骤图

4.9　人力资源计划

4.9.1　概念

人力资源计划是指为了实施企业的发展战略，完成企业的生产经营目标，根据企业内部环境和条件的变化，运用科学的方法对企业人力资源需求和供给进行预测，制定相应的政策和措施，从而使企业人力资源供给和需求达到平衡。

在商务组织的人力资源管理活动中，人力资源计划不仅具有先导性和战略性，而且在实施企业目标和规划过程中，它还能不断调整人力资源管理的政策和措施，指导人力资源管理活动，同时为组织的发展提供强有力的人力支持。为此，越来越多的组织已认识到，要想获得或保持竞争优势的话，唯有将长期性的人力资源计划与组织战略规划紧密结合，但同时也要求人力资源计划必须与企业组织其他规划相协调一致。

制订较好的人力资源计划，可以合理利用人力资源，提高企业劳动效率，降低人工成本，增加组织经济效益，其重要意义体现在以下四个方面。

（1）人力资源计划是保证组织生产经营正常进行的有效手段

人力资源计划在分析组织内部人力资源现状、预测未来人力需求和供应的基础上，来制订人员增补、晋升和培训计划，满足组织生产经营对人力的需要。由于组织所处的内外部环境时刻都在发展变化及其目标和战略的调整，组织对人员的数量和质量要求都可能发生变化，因而对人力资源需求做非常准确的预测是不现实的，为此计划的具体方案必须是短期的和灵活的，它是一种动态性的规划，不能把人力资源计划简单理解为静态的信息收集和相关的人事政策设定。

（2）人力资源计划是组织管理的重要依据

一个组织对确定人员的需求量、供给量还是职务、人数以及任务的调整，不通过一定的计划是难以实现的。而人力资源计划则会为组织的录用、晋升、培训、人员调整以及人工成本的控制等活动，提供准确的信息和依据。

（3）人力资源计划有助于发挥人力资源个体的能力，满足员工的发展需要，调动员工的积极性。

人力资源计划不仅是面向组织的计划，也是面向员工的计划。一个良好的人力资源计划要着力考虑员工的发展，员工可以根据组织人力资源计划，了解未来的职位空缺，明确目标，按照该空缺职位所需条件来充实自己，培养自己，从而适应组织发展的人力需求，并在工作中获得个人成就。这样可以为员工营造组织与员工共同成长的组织氛围，充分发挥团队精神，规划组织的宏伟前景，让员工对未来充满信心和希望，同组织共同发展，为有远大志向的优秀人才提供其施展才华、实现自我超越的广阔空间。

4.9.2　人力资源计划的步骤

一般人力资源计划的编制可以按以下步骤进行。

1. 认识和掌握组织的愿景、组织目标和战略规划

人力资源计划主体只有充分认识和掌握本组织的愿景和战略规划，制定出来的方案和措施才能从全局的高度协调人力资源活动，只有这样才能为实现组织的发展战略提供人力支撑。

2. 制订职务编写计划

根据组织的发展规划，综合职务分析报告的内容，制订职务编写计划，包括职位描述、职务资格要求、晋升方向等内容。在组织发展的过程中，除原有职务外，还会逐渐产生新的职务，因此职务编写是一项持续性的工作。

3. 人员需求计划

根据职务编制计划和人员配置计划来预测人员需求。

4. 人员供给计划

人员供给计划是人员需求的对策性计划，主要陈述人员供给的方式、人员内外部流动政策、人员获取途径和获取实施计划等，并通过对劳动力的人数、组织结构和构成以及人员流动、年龄变化和录用等资料的分析，预测未来某个特定时刻的供给情况。

5. 制订培训计划

为了提升组织现有员工的素质，适应组织发展的需要，对员工进行培训是非常重要的。

6. 制订人力资源管理政策调整计划

计划中应明确计划内的人力资源政策的调整原因、调整步骤和调整范围等。

7. 编写人力资源部费用预算

费用预算包括招聘费用、员工培训费用、工资费用、劳保福利费用等。

8. 关键任务的风险分析及对策

每个组织在人力资源管理中都可能遇到风险，如招聘失败、新政策引起员工不满等，这些事件很可能会影响组织的正常运转，甚至会对组织造成致命的打击。风险分析就是通过风险识别、风险估计、风险驾驭、风险控制等一系列活动来防范风险的发生。

4.9.3　人力资源计划的实施

在企业的初创和成长期，需要招聘大量的人员，人力资源的需求量很大，人力资源供给不足，这个时期需要做好人力资源供给的分析工作；

在企业的转型期，人力资源的供需矛盾不是很突出，这时需要考虑企业内部人力资源供给的能力分析，做好内部的岗位转换等调配工作，充分做好工作量的分析工作，使岗位的供需状况趋于平衡；

在企业的稳定发展阶段，由于内部存在着退休、离职、晋升等问题，内部冗员开始增多，人力资源需求严重不足，这个时期需要做好人力资源的需求分析工作，以确保这些冗员的安置工作，从而能够保障企业渡过难关；在企业的再造期，企业已经成功转型，对人力资源的规划处在一个较为理性的阶段，人力资源供给与需求的矛盾尽管仍处在矛盾的状况下，但由于已积累了较多的经验，所以这一时期的人力资源规划工作已经较少出现问题。

从以上的分析可以看出，人力资源规划的过程也就是要解决人力资源供需平衡的问题，这个问题解决了，人力资源规划的制定工作也就基本完成了。

在企业的成长期阶段，人力资源的需求量很大，人力资源供给严重不足，这个时期我们所做的人力资源预测工作，需要重点考虑以下一个方面的问题：

（1）企业发展战略中对人力资源岗位的需求重点是什么，如是重点发展研发能力或者重点发展市场销售等，这些都直接影响人力资源供需的预测；

（2）企业内部劳动力市场的人力资源供给状况和企业外部劳动力市场的人力资源供给能力，包括所需高等院校的符合公司岗位需要的应届生的供给情况；

（3）公司人力资源政策特别是薪酬政策对内部和外部人力资源的影响，如公司的薪酬政策是否处于同行业的领先水平等，这些对内部和外部的人力资源的吸引都有重要的决定意义；

（4）企业内部文化环境以及外部地域的情况，如企业的品牌度较强，内部企业文化对员工具有较大的影响力等等，这些对我们进行人力资源供给预测起到指导作用；又如企业所处的地方不是中心城市或是较为偏远的内陆县城，尽管整个人力资源供给状况较为充足，但这样的地理位置仍会使企业的人力资源需求受到较大的抑制；

（5）公司几年（至少是三年的）的招聘情况，录用率如何，到位率怎样等，这些对企业人力资源的需求分析都将具有指导意义；

（6）公司几年（最好是三年的）人员的离职情况，包括辞职率、辞退率等，以及离职的原因分析等等；

（7）公司内部人力资源晋升的状况，晋升空间是否主要由内部人力资源补充还是通过外部人力资源劳动力市场补充等；

（8）大体确定企业内部管理人员、技术人员、专业人员、行政人员之间的比例，这对我们制定人力资源规划中人员的种类起到指导的作用。

【复习思考题】

1．人力资源管理的概念及重要性？
2．阅读文中案例 1、2，分析所运用的招聘渠道有哪些？
3．如何进行有效面试？
4．面试中存在哪些心理偏差？你觉得应如何避免？
5．上岗培训对企业有什么重要作用？主要内容有哪些？
6．请列举几种不同的培训方式。
7．如何有效地提高员工工作效率？
8．何谓弹性福利？你以为现实中还有哪些有效的福利措施？
9．简述企业中的申诉程序。
10．假如你是某企业的人事经理，该企业处于稳定发展期，你将从几个方面制订人力资源计划？

CHAPTER 5   PRODUCTION MANAGEMENT

Production can simply be defined as the activity of transforming raw materials or components into finished products. Production management is the process of the effective planning and control of the operations of that section of an enterprise devoted to transforming materials into finished products.

Industries vary a great deal and even within an industry, firms vary in organization and methods of work. Terminology also has not been standardized to a large extent, but there are basic principles which can be *used* and *adapted* to the varying types of production.

Research is made into the market to see if there is a demand for a new product. Further research is needed to give information for the design of a prototype or model. Designers then produce a specification for a product which is developed and this prototype is carefully tested.

Sample products are made and these may be given to consumers for their use and they are asked to inform the company of the advantages and particularly the disadvantages they have noticed. Only then, when the disadvantages have been considered and rectified, the actual full-scale manufacture takes place.

Production Strategy is concerned with guiding investment decision. Decisions made today provide guidelines for future production operations. The following points need to be considered in developing a strategy:

- Should resources be placed in production rather than in other areas of a business?
- To decide capacity needed to meet agreed production and corporate objectives and when production should commence;
- To decide where plant should be located and the type of technology should be used.

Some items may be more economically purchased from a sub-contractor. This may release space which can be used for other activities, e.g. research and development. The size of production should be considered carefully, bearing in mind the uncertainty of long-term forecasts. If maximum expected demand is catered for, this may lead to surplus capacity, which may or may not be able to be utilized; under-utilized plant is not economical.

If a smaller capacity is provided for and orders increase, they may be met by sub-contracting, or possibly by importing. Some organizations deliberately keep their organization small and hence keep order books very long, e.g. 3 - 5 years ahead.

Factors critical to decisions on location should be noted. Conventional location reasons are: raw materials, skilled labor availability, financial incentives and transport; these may *not* be so important now. Innovation and new technological processes render plant obsolete quickly, so technological forecasting must be given high priority, in addition to noting carefully the impact of social, political and economic factors.

5.1   TYPES OF PRODUCTION

Before production commences, forecasting and planning are needed and the actual procedure adopted depends upon a number of items, e.g. whether a standard range of goods is required or whether designing is to follow special orders from customers.

Production policy therefore must be known and then the processes of manufacture, machine requirements, factory layout, storage and handling systems, skills required in the workforce and the method of training can be determined. This policy is largely determined by the nature of the work being carried out.   Factors to consider are the following.

Amount of repetition
This is a dominating factor and has three reasonably definite types:

（a）*Job production (or unit production)*

This occurs when a customer requires a single product made to his specifications, e.g. a ship or a suit. Demand can be only broadly forecasted and generally production schedules can be prepared only when the customer's order arrives. There is no production for stock and there are only limited stocks of materials kept. There must be a wider variety of machines and equipment available to do all types of work and labor must have varied skills; this may not be too easy to achieve.

In practice, a firm specializing in job production may be able to produce more of a particular article and the organization may be similar to that of small batch production.

（b）*Batch production*

This occurs where a quantity of products or components are made at the same time. There is repetition, but not continuous production. Production often is for stock, but if a batch is required to fulfil a special order the items are usually completed in one run. Small batches are virtually unit production and the choice of an economic batch size is very important. The numerous factors determining this size are considered in various formulae.

（c）*Flow production*

This occurs where there is a continuous production of products of a more or less identical nature. There is very little waiting between the execution of one operation and another and each machine is continually used of one product and these are often specialized single-purpose machines.

There can also be greater expenditure on equipment because of the high rate of breakdown. It is vital that maintenance be planned to prevent breakdowns, as the breakdown of one machine can stop the production line.

There should be reliability of machines and in the supply of raw material. There must of course be a continuous demand for the products and the work must be arranged so that the best use is made of machinery.

The newer forms of flow production are automated, whereby the product is automatically transferred from one machine to another.

NB: The term "mass production" should be avoided as it simply means a large quantity of production, and this can be achieved *without* using the flow technique.

5.2   FACTORY LOCATION AND LAYOUT

The following are among the many factors to be considered.

Selection of site

Availability of land

Land of the right nature and price must be available. There must be provision for expansion. In this connection there are government aids, e.g. in Development Areas, which provide facilities for easy land purchase, and give other benefits.

-   *Availability of labor*

The availability of labor of the right type is a strong location factor.

-   *Availability of raw material*

This is closely linked up with *transport facilities*, with regard to obtaining the raw material and later in disposing of the product. Nearness to sea, river, road or rail is usually important and essential; for example, the disposal of waste from electricity power stations usually necessitates a site near a river or the sea.

-   *Climate*

For some industries climate may be a very important consideration in the choice of a site.

-    *Local regulations or by-laws*

These may be an important consideration as they may place restrictions on the industry.

-    *Social facilities*

Availability of cultural and recreational activities, for example, and the suitability of housing accommodation may be important.

Selection of type of building

- **Single-storey buildings**

    Single-storey buildings can make better use of natural lighting. Heavy machinery can be placed with fewer restrictions compared with multi-storey buildings. Transport and movement of materials is quicker and easier and there is a lower cost of building and maintenance.

- **Multi-storey buildings**

These buildings make better use of scarce land. Gravity can be used for moving materials and there is economy of cabling and heating.

There are of course many other factors to be considered by the architect, e.g. position of workshops, canteen, offices, etc. Whatever type of building is considered, Factory Act regulations must be noted, especially regarding heating, lighting, ventilation and safety.

Layout

There are two main types of layout which can be adopted:

- **Product layout**

    It means where machines are laid out in accordance with sequences of operations to be carried out on the product. Material should move from stores through the factory to distribution areas with a minimum of movement. Design changes will greatly increase the costs of production as plant layout and retooling are very costly, for example, in the car industry.

- **Process layout**

    With this layout machines are grouped in sections, which depend upon the type of operation performed, e.g. welding. These specialized sections are more suitable for job and batch production and are adaptable, but involve greater materials handling.

5.3　PRODUCTION PLANNING

Purposes:

（a）To transform marketing requirements into instructions to the production departments. These take the form of works orders or programs;

（b）To see people and materials are employed on work for which they are most suited and to keep schedules up to date, so that deviations from programs can easily be seen;

（c）To maintain a balance between the various manufacturing processes, to stop work "bottlenecks" which would mean lower utilization of people and machines;

（d）To arrange manufacturing orders in the best sequence, in economic batches;

（e）To liaise between marketing and production and to reschedule production if necessary so that delivery requirements can be fulfilled.

Simple example of routines involved

（a）When an enquiry (invitation to quote) is received, the production control section must see if the necessary labor, material and plant capacity are available. A capacity record is needed and also a record of the load on each process or group of machines.

（b）Orders when received are broken down into operations and the time each machine will be occupied is estimated and noted on a loan record. This record will be reduced by work completed and this loading determines whether or not orders can be accepted, or whether delivery can be on time.

（c）From the drawings (prepared by the drawing office) parts list (or specifications) can be prepared, showing material required, part numbers, numbers required and detailed descriptions.

（d）From the parts lists, material schedules can be prepared; these show all material needed for the contract. Then the operation or process planning layout (or sequence schedule or route card) is prepared, showing processing sequences and the time for each process or operation, specifying jigs and tools required. It may also show particulars of materials, e.g. size and quality, and the particular machine and operations to be performed. The full specification will be shown on the top part of the document.

（e）The scheduling section will examine this layout chart and compile hours of work for drilling, milling, etc., breaking details into weekly quantities over the production timetable.

（f）Target dates can now be set for the master production schedule. This shows shop load programs enabling foremen to see required weekly output. The use of material delivery schedule enables a check to be made as to whether suppliers are dispatching materials on time.

When schedules have been compiled, the next stage is to authorize the production of an order, called a *works order*. This is an instruction to the foreman to manufacture a specific quantity of products. They should ideally be drawn up in advance of the time required and issued by a central authority in the production control department.

Other documents need to be issued to permit the withdrawal of tools and stores. In many firms these documents may comprise material movement forms, inspection tickets and work payment tickets as well as the works orders.

The control part of production planning and control can be said to comprise progress and material control. Progress control implies the checking and review of all aspects of the production plan. It is the means by which the production plan is coordinated so as to reveal any variations. Information as to the progress of manufacture is fed back to ensure a smooth production flow. Successful progress control requires speed and accuracy and a wide range of visual charting methods can be used to aid progressing.

Expediting

Expediting or the progressing of work needs a type of person who is flexible, friendly and firm in his actions and with a sound knowledge of all the company's products to handle it. Co-operation with supervisors is essential as programs may frequently be changed and this could cause friction.

One aspect of expediting is to see that components and assemblies flow smoothly through the stages of manufacture. Another is to see information is quickly available and disseminated. The follow-up procedure is the function of the progress "chasers" who may have a status equivalent to that of assistant foreman. They are organized in two ways:

(a) by having one progress person responsible for a section or department;

(b) a progress person responsible for a production or group of components.

Some firms may operate both systems. Examination of periodic lists of jobs overdue, and special checks on items having no "margin" (i.e. on the critical path) are basic duties of the progress chaser.

Production Control

This is one aspect of the control function and there are many definitions of what comprises production control. No ideal system can be stated. Every enterprise is different but no matter what method of organization is adopted, production must be planned and controlled so that products are supplied in the right quantity and quality at the right time, at minimum cost.

In smaller concerns, memory and experience are relied upon to a large extent in planning and control. Larger concerns need an efficient, flexible system to plan and control the mass of information, materials and machines.

5.4   QUALITY CONTROL (QC)

Quality Control is of vital importance to British industry especially as competition is intense and consumers become more discriminating. A survey showed that larger firms are more likely to have QC departments: 92 per cent of firms employing over 2000 have QC departments, compared with 62 per cent of firms with fewer than 300 staff. The food and chemical industries are strongly devoted to QC, largely because health inspectors enforce food and drug laws.

It has been stated that QC is an attitude of mind, and there is a great deal of truth in this statement. Some qualities cannot be directly measured, these are called "attributes"; measurable qualities are called "variables".

Quality determines the direction or objective; control is the statistical element which measures product quality. Statistical quality control is a method of measuring deviations from standard quality by recording sample tests on charts. If limits are known, they can be easily seen. The theory of probability is applied to samples, enabling trends to be seen and corrective action to be taken, to avoid unnecessary scrap.

Quality begins and ends with marketing; once customer requirements are defined, a quick reporting process is needed, which should be maintained throughout design, specification, manufacture and inspection.

It is primary concern of management to find and maintain the right quality which forms the basis of product profitability. Thousands of new cars were recently called in by manufacturers to replace one defective part - this was a costly operation.

（1）*Organization for quality*

The position of the QC department shows how seriously an organization regards it. In the previously mentioned survey 44 per cent of firms said the head of QC was responsible to the board of directors, 25 per cent said he was responsible to the works manager and 11 per cent to the production manager.

The question arises from here, should the head of QC be independent of production and free to report direct to top management, or is QC a function and responsibility of production? Most authorities would prefer QC to be in a position where production could not over-ride its decisions. The *purposes of quality control* organization are:

- To establish standards of quality;
- To assess conformity to them;
- To take corrective action;
- To prepare improved standards.

Control is required for design, supplier appraisal, incoming inspection of materials, process control, research and testing. The sources of quality lie in the *decisions and actions in many departments*; hence there should be good internal communications and reliable feedback of information from all departments and from consumers and preferably an after-sales service.

A designer has a problem as greater quality usually means costs and. the first requirement is to prevent faulty work going on to the next stage or process and preferably to stop it being made.

In some industries 100 per cent inspection is necessary, e.g. in the making of submarines. This is very costly, and often the first item produced is inspected in each batch. Reports of rejects are sent periodically to the department head and only inspectors are allowed to scrap work and arrange for re-processing or rectification of faulty work.

（2）*Centralized inspection*

Under this system all work is sent to the inspection department before passing to the next operation.

The *advantages* of centralized inspection are:

- Division of labor is possible and more expensive machines may be purchased，allowing less-skilled labor to be employed;
- Work is more easily supervised;
- The shop floor is cleaner and losses from scrap，etc， more easily observed.

The *disadvantages* arise from the greater amount of handling, transport and work in progress.

（3）*Floor inspection*

Here inspectors go to the machine or work bench and inspect on the shop floor. This type of inspection has the following advantages:

- Less handling and delay in transfer to and from the central inspection department;
- Work in progress is reduced and faults can be remedied immediately;
- Advice can be given to the operator immediately.

（4）*Value engineering (VE) or value analysis*

This is another discipline which originated in the USA and was brought to the UK in the early 1950s. In 1964 full details of savings made were published and centers were set up giving instructions in this technique.

VE is a technique which endeavours to discover the most economical way of performing the function of each part of a manufactured product.

It is more a psychological discipline, an attitude of mind rather than a scientific formula. Management must play a large part in developing a VE program and impress upon everyone that their co-operation is essential.

The analysis is brought right back to the *design stage*, instead of beginning with design and examining the methods used from that point forward.

（5）*Summary of method*

（a）Define the function of each item or part.

（b）Consider alternative ways of performing the same function.

（c）Find the cost of these alternatives.

（d）If, at this stage, no alternatives are significantly cheaper, either find more alternatives or abandon analysis.

（e）A more detailed cost analysis is then made of acceptable alternatives.

（f）Selection is made of the more acceptable alternatives and after careful examination, if it enables the same function to be performed as the original part, and if it is less costly, it will be approved.

It is simply a *discipline* used to examine each in a design, logically and systematically, to see if a part, or an alternative part, can be made to perform the same function more cheaply. Conventional cost reducing techniques begin with cost and seek to reduce it. V starts with the function, and then considers the cost.

（6）*Place in organization*

As a staff function VE may form a part of a quality control section or, in a few large firms, a separate function reporting to production management.

In *purchasing*, the value analyst has prime responsibility for value in materials and services procured. He serves as a consultant to buyers.

A basic engineering training is usually essential plus training in value analysis. The value analyst must have a high degree of initiative and creativity, be able to sell his ideas and be *cost-conscious*.

When costs are reduced by this technique, often the quality and reliability of the product are improved, because the thinking was directed to improving the function of the part in the best possible way.

（7）*Maintenance of plant, equipment and buildings*

Poor maintenance may lead to plant failure and consequent delays production. Companies with large capital investments must pay great attention to maintenance and it is usually a good plan to have a separate maintenance department responsible to the works manager.

The head of the section is responsible for:

- The maintenance of buildings, plant and machinery to ensure efficient working order;
- Regular periodic inspection and attention to all breakdowns and repair work;
- Maintaining discipline and the supervision and control of personnel in the department;
- Ensuring that tools and equipment are in good order and accurate records of work are kept.

The department will include many skilled traders, e.g. electricians, millwrights, carpenters and bricklayers.

Before maintenance policy plans can be drawn up the following information must be available, bearing in mind plant replacement policy:

- The relationship between the frequency and extent of inspection and plant breakdowns;
- Cost of inspection and the loss in making the production lost through breakdowns.

(8) *Preventive maintenance*

There are various types of maintenance form routine servicing to temporary stoppage of production and yearly complete overhauls.

In setting up a scheme for preventive maintenance one must:

- Prepare an inventory of plants, noting those parts of equipment most likely to wear first or break down;
- Draw up schedules, showing the location of plant and noting the frequency of inspection;
- Assess standard times for inspection. The inspection card must include maker's name, original cost, special manufacturing instructions and records of breakdowns.

(9) *Process engineering*

This is branch of production administration responsible for deciding how work is to be done, the measurement of work and the establishment of standard times and practices, the preparation and revision of process specifications and the design of tools and equipment.

The work of the head of process engineering may briefly comprise:

(a) Investigations into processes and operations to establish the correct way to carry them out, to reduce fatigue and to eliminate unnecessary operations.

(b) Preparation of drawings for jigs and tools and inspection equipment.

(c) Establishing standard times after collecting data and operation times.

(d) Reporting and investigating excess costs and being aware of modern trends in manufacturing methods and machines.

(e) Maintaining company's human resources policy, training staff effectively.

（10）*Work Study*

This is a management tool comprising those techniques, particularly method study and work measurement, which are used in the examination of human work in all its concern and which lead systematically to the investigation of all the factors which affect the efficiency and economy of the situation being reviewed, in order to effect improvement. The definition is an extract from British Standard 3138.

The performance of a firm can be increased by either improving the process of manufacture or by developing new and more suitable machines and equipment. This usually takes a long time for research and is called *process study*. It often requires considerable expenditure and is really part of research and development. It is linked with work study and is in practice there is no clear line of demarcation between them.

Work study is needed because it:

- Leads to saving in production casts　and makes more effective use of human efforts;
- Provides information and reveals inefficiency;
- Improve conditions，　methods and layout;
- Ensures a steady flow of material and an equal reward for the same skill and effort;
- Establishes a standard rate or time for a job.

There are two techniques comprising work study, these are method study and work measurement.

➢ ***Method Study***

This is the detailed analysis of an existing or proposed method as a basis for improvements. It is the first part of work study, and its objectives are to improve methods, or establish a correct method for job or process; this will economize in human effort and make more efficient use of men, materials and machines.

It can be applied in the office or factory and should be considered in the design stages of new jobs, as important economics can be made at this stage. The basis procedure is to:

（a）Select work to be studied.

（b）Report relevant facts of methods used.

（c）Examine facts logically.

（d）Develop a more effective method.

（e）Install and maintain this method as standard practice.

NB:　Recording is made easier by using video-cameras, but basic recording techniques comprise:

　　　✧　Process charting, shows the sequence of events in manufacture in a diagrammatic form. Symbols are used which enable information to be set down logically and can be used visualize the problem more easily.

✧   Flow diagrams are scale diagrams showing in detail the progress of the material or component through various departments. Multiple activity charts, motion charts and films may be used.

➢   *Work measurement*

This is the application of techniques designed to establish for a qualified worker to carry out a specified job at a defined level of performance (British Standard definition). The unit measurement which is common to most jobs is time. Time study is generally based upon noting the time for each element of a job. Allowances are made for personal needs, and the speed and effort of the worker and a work standard can be built up and the "time allowed" which is a standard, may be used as a basis for accurate costing, planning or incentive schemes. It is best suited to repetitive work.

（11）*Predetermined motion time system (PMTS)*

These systems establish times for basic human motions and are used to build up the time for a job at a defined level of performance. Operations are divided into a limited number of basic manual motions, for each of which a time has been established, this time being determined by the *nature* of the motion and the *conditions* under which it is made. The same principle can now be applied to the office as well as in the factory.

Plant and tool designers play a valuable part in designing new tools, department layouts and special machines. Tool design and making must be integrated with production programs and this work must be closely linked with that work study engineers in designing improvements to prevent methods.

（12）*Ergonomics*

This is called human engineering in the UK of human factors engineering in the USA, and there is a difference in *emphasis* between the terms used in the two countries.

In the past, there have been studies of the impact of nature and environment on the capacity of people to work. Many of the new words in management describe, in different way, approaches to subjects which have occurred in the past. Ergonomics is such a word, derived from the Greek *ergon* (work) and *nomos* (law) and has been defined as the scientific study of the relationship between man and his working environment and the application of anatomical, physiological and psychological knowledge to the problems arising therefrom.

The human machine is studied, in order to produce machines and equipment to reduce physical and mental strain. The area of activity covered by ergonomics is large and the following areas are examples:

（a）Environment in general. Studies are made of the effect of light, temperature, ventilation, noise, etc., on the health of workers, e.g. avoidance of high-pitched sounds which irritate.

（b）In the workplace - physical problems of work are studied, including layout of equipment, use of better-designed chairs, better positioning of hand and foot controls, and control panels.

（c）Mental problems at work would involve studies in fatigue, fault-finding analysis, problems of age. The older workers have problems of hearing and eyesight and have slower reaction.

（13）*Computer Aided Design (CAD)*

This is to a computer based system where a designer uses a computer system to develop a detailed product design which can be manipulated, modified and refined on a visual display unit (VDU) screen without drawing it on paper. Design calculations can be inserted and information retained in the computer file and then printed out as a drawing of the detailed product design. Such a system facilitates the design process and increases design productivity.

（14）*Computer Aided Manufacture (CAM)*

This refers to *any* system of production in which manufacturing equipment is controlled by a computer. It can produce information for computer-controlled manufacturing processes. For example, a computer-controlled machining centre will need data to enable it to make necessary cuts in the material. The required sequence of operations can be produced from the database as a *magnetic tape*, for transfer to the machining centre.

A comprehensive design/manufacturing database is needed for effective use of CAD/CAM and for computer-controlled integrated manufacturing systems.

（15）*Computer Integrated Manufacturing (CIM)*

This refers to the control of manufacture in a plant by computer and database driven automation. CIM seeks to achieve the fully integrated control of manufacture form the design stage to the delivery of finished goods. There is an interlinking of previously separate areas of responsibility by computer-controlled systems.

For example, the fields of design, process planning, production planning and scheduling, inventory management, production control, quality control and dispatch are linked by computers. By integrating the total manufacturing system in this way, greater economies are possible.

CIM is the use of management control and automation technologies to integrate the manufacturing design and business operations of an organization. The use of CIM management at all levels allows management to have access to timely, purpose-directed information for decision making, controlling and reporting.

The use of a comprehensive database with computers that have different memory capacity, and the direct transmission of data between operations, is an important feature of CIM.

（16）*Flexible Manufacturing Systems (FMS)*

A Flexible Manufacturing System consists of computer-controlled machining centers producing metal parts, robots handling the parts and remote controlled trucks delivering materials. Electronics controls link the various stages of the manufacturing process. FMS enables the manufacture to produce different versions of a product in small batches at high speeds, similar to mass production methods.

Flexible Manufacturing Systems have developed because of the availability of computer-controlled machine tools with automatic tool-changing facilities, together with automatic transfer of materials between machines, and automatic loading using robotic devices.

The use of FMS in the manufacture of similar items is a very efficient form of manufacture compared with traditional batch working through a function or process layout. Examples of industries using this system are food industries, pharmaceutical and clothing.

In batch production every time an item is manufactured a batch is produced to build up an *output stock* that will satisfy demand until the item is manufactured again. The most *economic batch size* is a function of:

- The cost of setting-up facilities for manufacture of the item;
- The cost of holding completed items in stock.

If setting-up costs increase for a specific stock-holding cost, the economic batch size will increase, and vice versa. If items to be made are similar, the facilities set-up costs will be smaller. In addition, the *more flexible* the facilities to be used (i.e. the more they can be adapted to produce different items) the set-up costs will become smaller. Following on from this, if similar items can be grouped and more flexible manufacturing facilities can be used, a *more efficient method* batch production can be employed. In this case:

- Batch sizes will be small;
- Throughput time reduced;
- Output stock levels will be smaller.

（17）*Robots*

An industrial robot is a manipulating device that is programmable and which is set perform different tasks, or *recognize* the need to do *different* tasks. This is different from the mechanical or electro-mechanical devices which are designed for a specific operation.

Robots can be used, for example, for welding, paint-spraying, assembly, inspection and in situations where it is dangerous to use people. Some robots have improved sensing facilities, e.g. sight and touch and are widely used in the automatic industry.

5.5　RESEARCH AND DEVELOPMENT

Research

Research can be considered to consist of the following types:

➢ *Pure or fundamental research*

This is concerned with obtaining new scientific principles such as the basic properties of a new element.

➢ *Applied research*

This involves creating a practical proposition form an idea. The knowledge obtained by basic research is used to solve industrial problems. It involves improving existing methods, organization, processes or equipment, or reducing the cost of products, finding new uses for existing products or by-products.

It will have been noted that innovations is essential in order to arrest the decline of profits which will eventually occur if existing products are not altered or changed.

Development

Development involves the design and engineering work necessary to enable a project to reach production stage. It involves models, prototypes and pilot plants. Development is therefore associated with research and design and there is really no specific division between these three activities.

A survey by the Confederation of British Industry showed that firms with the highest rate of internal research per 100 employees had a rate of growth of total net assets half as high again as those with the lowest expenditure on research.

The *stages of research* follow these lines:

（a）the *initial concept* is formed; this is the ideas stage;

（b）*a feasibility study* then takes place, whereby problems are defined, terms of reference drawn up and the possible sales are estimated and consideration is given to the economic justification of the project;

（c）the actual project is then *agreed upon* or rejected;

（d）if accepted, a *prototype* is developed , or pilot plant built;

（e）*a full-scale model* is then constructed with full co-operation between research and the production staff who will have responsibility for its commercial operation.

There are of course many problems, for example, the project may soon be made obsolete by technical developments, or a change in taste by consumers or a competitor's new ideas; the policy of the company could also change. (The aircraft industry is a good illustration of a case where vast amounts of money were spent on research and development, the projects being later cancelled).

Exercises:

Question 1
What is production?

Question 2
What are the key points to consider in developing a strategy?

Question 3
Explain the following types of production:
- Job production
- Batch production
- Flow production

Question 4
What are the factors to consider when selecting a site for a factory? Explain each.

Question 5
Explain the following types of layout:
- Product layout
- Process layout

Question 6
Define "quality control".

Question 7
List down the four purposes of quality control.

Question 8
What are the two types of research? Explain each.

Question 9
List down the importance of work study.

第 5 章　生 产 管 理

生产管理是有计划、组织、指挥、监督调节的生产活动。生产管理的目的是以最少的资源损耗，获得最大的经济收益，是对企业生产系统的设置和运行的各项管理工作的总称，也称为生产控制。

5.1　生产的种类

5.1.1　生产类型

生产类型（Production type），是指企业依据其产品的特点、生产计划或销售方式等企业自身的特点，所确立的一种或几种生产的方式。生产类型是生产结构类型的简称，是产品的品种、产量和生产的专业化程度在企业生产系统技术、组织、经济效果等方面的综合表现。不同的生产类型所对应的生产系统结构及其运行机制是不同的，相应的生产系统运行管理方法也不相同。

5.1.2　生产种类划分

企业在产品结构、生产方法、设备条件、生产规模、专业化程度、工人技术水平等方面都有其自身的特点，这些特点反映在生产工艺、设备、生产组织形式、计划工作等活动中，对企业的技术经济指标产生巨大的影响。因此，各个企业应根据自身特点，从实际出发，对本企业的生产类型进行划分。

1. 按生产方法划分

合成型。指将不同的成分（零部件）合成或装配成一种产品，即加工装配性质的生产，如机械制造厂、纺织厂等；

分解型。指原材料经加工处理后分解成多种产品，即化工性质的生产，如炼油厂、焦化厂等；

调解型。指通过改变加工对象的形状或性能而制成产品的生产，如钢铁厂、橡胶厂等；

提取型。指从地下、海洋中提取产品的生产，如煤矿、油田等。

一个企业的生产过程也可能采用多种生产方法并存的方式，如机械制造企业属于合成型，同时也属于调解型，如铸锻、电镀等等。

2. 按生产计划的来源划分

订货生产方式。它是根据用户提出的具体订货要求后，才开始组织生产，进行设计、供应、制造、出厂等工作。在这种生产类型中，产品的生产批量很小，但是设计工作和最终产品往往非常复杂，根据要求生产出来的成品，在品种规格、数量、质量和交货期等方面是各不相同的，并按订货合同规定，按时向用户交货，成品库存甚少。因此，生产管理的重点是抓"交货期"，按"期"组织生产过程各环节的衔接平衡，保证如期实现；

存货生产方式。它是在对市场需要量进行预测的基础上，有计划地进行生产，产品有一定的库存。这类生产系统的物料清单只有一层，而且生产批量是标准化的。为防止库存积压和脱销，生产管理的重点是抓供、产、销之间的衔接，按"量"组织生产过程各环节之间的平衡，保证全面完成计划任务。

3. 按生产的连续程度划分

连续生产。指长时间连续不断地生产一种或很少几种产品生产方式。连续生产适用于生产产品、工艺流程和使用的生产设备比较固定的、标准化的产品中，工序之间没有在制品的储存，如化工（塑料、药品、肥皂、肥料等）、炼油、冶金、冲洗胶片等。

间断生产。指生产过程中各种生产要素是间断性地投入的。对生产设备和运输装置有着较高的要求，必须适合各种产品加工的需要，工序之间要求有一定的在品库存。例如，机床制造厂、机车制造厂、轻工机械厂等。

4. 按品种生产量来划分

单件小批生产。指产品按订单设计、按客户需求生产，产品很复杂。产品生产周期一般都很长。如三大动力厂（大电机、汽轮机、锅炉）、重型机械、造船等。单件小批生产，由于作业现场不断变换品种，作业准备改变频繁，造成生产能力利用率低（人和机器设备的闲置等待）所以生产稳定性差、效率低、成本高、管理工作复杂等。

大批量生产。指产品是标准的或少数选配，需求主要靠预测，也考虑订单生产设备是以物料（零件、部件）为对象组成一条条流水生产线。在一般情况下，大批大量生产具有生产稳定、效率高、成本低、管理工作简单等特点。同时也存在着投资大、适应性差和灵活性差等特点，产品不易更新。

成批生产。产品是根据一组配方或原料清单来制造的。产品生产过程中可能由于设备、原材料、初始条件等发生改变。批量生产的典型产品有：医药，食品饮料，油漆等；成批生产的特点是它介于单件小批生产和大批量生产之间。

5.2　工厂的位置与布局

工厂选址与布局是企业长期战略决策的重要内容，关系到工业布局及经济效益的重大决策，关系到企业的近期投资和未来的生产运作成本。现代工厂地址的选择与布局，涉及经济和非经济的多种因素，即有定量因素又有不易量化的定性因素，因此在具体操作中要选择最佳平衡点，使工厂的位置最优化。

5.2.1　工厂选址影响因素

所谓工厂选址，是指如何运用科学的方法决定工厂的地理位置，使企业的整体经营运作系统有机结合，以便有效、经济地达到企业的经营目的。选址包括选位（即选择什么地区或区域设厂）和定址（具体选择在该地区的什么地方）。（如图 5-1 所示）。

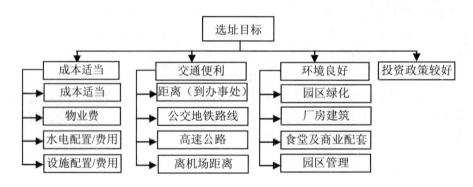

图 5-1　厂址选址考虑因素

工厂位置的选择，应考虑几个备选厂址的各种不同因素的优劣进行综合平衡，根据各种不同的选址标准，选出最佳厂址。影响工厂选址的主要因素：一是定量因素；二是定性因素。

定量因素主要是指经济效益，即考虑工厂的成本和收入，成本包括三个方面：生产成本，由物料、能源、信息等基本因素所确定；社会成本，工厂对环境的污染应赔偿的损失费等；分配成本，工厂把产品发送到消费地点，应付的运输费及其他周转费；生产成本、社会成本、分配成本与厂址的选择有直接关系，对工厂的成本起决定性的作用，它们可用数字表示，因而称为定量因素。

工厂地址的选择不仅要考虑定量因素，而且还要考虑复杂的不易定量化的定性因素，如国家的方针政策、当地的科研和工业力量、文化背景和教育情况、生活条件、群众对建厂的态度等。在定性因素中，尤为重要的是国家的方针政策，比如关于工业布局，保护自然资源，控制城市和旅游区污染，开发工业落后地区，大区工业配套以及引进外资等方面的方针政策。这些因素对工厂选址往往是极其重要的约束条件。

任何备选地址都必须满足的若干因素，如战备需要，工业布局，某些工业划定在特定地区兴办，某些工业必须接近原料产地和能源等，这些因素被称为先决条件或先决因素。最佳厂址是在满足先决条件的备选厂址中，按照一定标准挑选出最满意的厂址。比如，化工厂选址要在国家规定的政策内，还要考虑其他的影响因素：土地供应是否充足，水源是否充足，是否接近原料供应地，是否有市场需求，能否达到环境保护要求，交通运输是否方便，工厂所需的资源是否充足和廉价等。

5.2.2　工厂布局

工厂布局是一种工厂内部组件之间相对位置的定位，其基本任务是结合厂区的内外条件确定生产过程中各种机器设备的空间位置，获得最合理的物料和人员的流动路线。

不合理的工厂布局会给企业带来不利的影响。整体布局不合理会使人员流动量增大，工作效率降低；设备布局不合理会使资材、制品、半成品在各个工序的移交过程中的时间流失增多，影响生产效率；制品、半成品移交烦琐，会提高不同规格制品间的混入可能性（后果严重）；基础设施设计不合理会造成厂房内空气循环不良、温差大，浪费能源对人体不利。

合理的工厂布局，首先要对生产的物流进行分析，高效的物流，就是能够充分符合生产工艺和产量变化的要求，对生产的物流进行连续、均匀、顺畅的分析，符合生产从最初工艺到成品完成的全部生产过程对物流的要求；其次对各活动的关联性进行分析，在进行布置规划时，按照作为邻近性理由的活动范围的联系程度来规划布置的内容；在绘制物流活动范围关联图的基础上，决定各种活动范围所需的面积与可用面积，保持二者的平衡，设计出几个不同的布局方案，并进行评估，最后作出决策。

5.2.3　工厂区块划分——以化工厂为例

化工厂布局普遍采用留有一定间距的区块化的方法。工厂厂区一般可划分为以下六个区块：工艺装置区；公用设施区；运输装卸区；辅助生产区；管理区。

1. 工艺装置区

加工单元可能是工厂中最危险的区域。首先应该汇集这个区域的一级危险，找出毒性或易燃物质、高温、高压、火源等。这些地方有很多机械设备，容易发生故障，加上人员工作中可能出现的失误而使其充满危险。

　　加工单元应该集中在离开工厂边界一定的距离，由于易燃或毒性物质释放的可能性，要注意厂区内主要的火源和主要的人口密集区。

　　2. 公用设施区

　　公用设施区应该工艺装置区和其他危险区，以便遇到紧急情况时，能保证水、电、气等的正常供应。工厂布局应该尽量减少地面管线穿越道路。管线配置的一个重要特点是在一些装置中配置回路管线。回路系统的任何一点出现故障即可关闭阀门将其隔离开，并把装置与系统的其余部分接通。

　　3. 运输装卸区

　　良好的工厂布局不允许铁路支线通过厂区，可以把铁路支线规划在工厂边缘地区。原料库、成品库和装卸站等机动车辆进出频繁的设施，不得设在必须通过工艺装置区的地带，与居民区、公路和铁路要保持一定的安全距离。

　　4. 辅助生产区

　　维修车间和研究室要远离工艺装置区。维修车间是重要的火源，同时人员密集，应该置于工厂的上风区域；研究室按照职能的观点一般是与其他管理机构比邻，但不宜与其他管理机构直接相连；废水处理装置是工厂各处流出的毒性或易燃物汇集的终点，应该置于工厂的下风远程区域。

　　5. 管理区

　　工厂中必须有管理机构，出于安全考虑，主要办事机构应该设置在工厂的边缘区域，并尽可能与工厂的危险区隔离。

5.3　生　产　计　划

5.3.1　概念

　　生产计划是企业在计划期内对生产产品的品种、质量、数量和进度等指标所要达到的预期目标，是企业在一定时期内完成生产目标的行动纲领，是企业编制其他计划的重要依据。生产计划工作的基本任务，是通过生产计划的编制和实施，以及在计划实施过程中对生产技术的控制挖潜和充分利用企业资源，全面完成生产经营任务，最终来实现企业的均衡生产。

　　根据不同的标准，可以对生产计划进行分类。

　　生产计划按不同的层次可以分为战略计划、经营计划和作业计划。战略计划指导着公司的所有活动，规定着整个公司的发展目标和发展方向。经营计划和作业计划是围绕战略计划来进行，周期较战略计划短。从计划的时间跨度上来分，有可能分为长期计划、中期计划和短期计划。长期计划的时间跨度较长，一般为三到五年，中期计划主要包括主生产计划和粗生产计划，主生产计划是计划系统中的关键环节，短期计划是根据物料需求而制定的一些具体的操作步骤。其中中期计划既是长期计划的具体实施，又对短期计划起着指导性作用。

　　根据产品的生产周期，生产计划可以分为年计划、月计划、周计划、日计划与时计划等。生产周期越短，越能快速应对市场，能更多地抢占市场份额而获得更好的发展。根据需求的确定和不确定性，可以将生产计划分为基于订单和基于预测两种类型。

5.3.2　生产计划的重要性

　　生产计划对合理均衡地组织生产，提高企业经济效益有着极其重要的作用。

　　生产计划是日常生产活动的依据，可使企业各生产环节和全体员工统一、协调动作，充分利用人力和设备，使企业各环节有组织地、系统地进行。

　　生产计划是企业均衡的、有计划地组织生产的保障。均衡稳定的生产，是提高劳动生产率，保证产品质量，降低产品成本，保证安全生产的重要手段。组织均衡生产是生产计划的原则和任务，各生产环节只有按计划组织生产，才能使生产均衡地进行，同时编制生产计划也可以综合反映企业的技术和管理水平。

　　生产计划是联系供、产、销、运等日常工作和日常生产技术准备工作的纽带，通过生产计划可以把企业日常生产经营活动组织起来。

　　生产计划是组织企业生产活动不断平衡的手段。企业在生产活动过程中，各部门、各生产环节之间会经常出现新的情况、新的矛盾，打破原来建立起来的相对平衡。生产计划可以根据这些新情况、新矛盾和新问题，及时调整，来安排生产环节的任务，建立起新的相对平衡关系，保证生产的顺利进行。

5.3.3　生产计划中存在的问题

　　目前有相当数量的企业在生产计划与控制方面存在着问题：

　　生产计划的静态性特征，导致生产计划不能适应频繁变化的市场需求，从而缺乏应用的指导性和权威性，会造成企业人力资源、生产资源的浪费；

　　市场预测力差，准确度低。统计资料匮乏，生产计划的编制不但要靠市场订单，在很大程度上还要靠市场预测，预测的误差大势必会影响生产计划的合理性。

　　生产过程中信息不能有效共享。企业的产、供、销各部门之间不能及时地互相提供信息，相关的工作环节不能有机地结合起来，造成不必要的人力、物力浪费，导致工作效率低下。

企业的生产计划执行率低下，生产组织管理方式差，工作进度不协调，经常出现等工现象，降低企业生产率。

计划编制主要靠人工进行，面对频繁的计划变化，其工作任务极其艰巨复杂，很难保证计划与控制的质量。

5.3.4　优化生产计划

生产计划是整个生产管理系统的首要环节，是衔接市场和生产的一个关键因素，是执行生产和销售活动的先决条件。科学合理的生产计划在提高企业的竞争力，有效地组织生产，达到预期的生产目标，降低企业消耗，增加企业利润方面起着至关重要的作用。如何制定出最佳的生产计划，合理利用企业的生产资源、人力资源来提高生产效率，使企业能够利用有限的资源和生产能力，面对变幻不定的市场做出快速反应，以追求效益的最大化，已成为企业决胜的关键。

1. 引入 ERP[①]系统，促进生产计划的动态化

ERP（Enterprise Resource planning，企业资源计划系统），作为现代企业资源管理系统，它能使企业在生产计划与控制方面实现以下目标：

（1）增加中长期生产计划，改"月"静止计划为"周"动态计划，变分散计划为集中计划，以动态滚动计划来适应生产现场和市场的变化。

（2）细化生产过程统计，形成计划与控制的闭环管理，实现相关部门信息共享，构建整个企业生产与控制的神经系统。

（3）增强计划的稳定性。该系统设置计划冻结区，为企业制定一个稳定的、维持正规化生产的计划区间，除非重大事件，否则，在计划冻结区的日生产计划是不变的。

2. 提高市场预测力，增强市场预测的准确度

首先，要全面地搜集资料，确保其准确性和可靠性，强化对市场的监控，组织专业人员加强对市场的分析。

其次，充分利用本组织的有利资源、技术条件、公司实力以及产品类型，根据预测对象、信息、资料以及费用情况选择正确的预测方法，建立需求预测模型。需求预测可以帮助人们认清市场的需求发展，也是制订生产计划的一个重要依据。需求预测的准确度极大地影响生产计划的可行性，如果结果同实际的偏差太大，生产计划就失去了实际意义。

---

① ERP（Enterprise Resource Planning）由美国著名管理咨询公司 Gartner Group Inc.于 1990 年提出来的，最初被定义为应用软件，但迅速为全世界商业企业所接受，现已经发展成为现代企业管理理论之一。

3. 加强生产调度，对生产计划实施有效控制

通过生产调度对企业日常生产活动进行控制和调节，对生产计划在执行过程中，已出现及可能出现的偏差，及时了解掌握，并积极的预防和处理。企业的生产调度部门，是实施生产作业（进度）控制，进行日常生产管理，以实现生产作业计划的责任。部门调度人员根据由系统输出的生产"进度调度报告"掌握生产进度。加强生产调度工作，对于及时了解、掌握生产进度，研究分析影响生产的各种因素，根据不同情况采取相应对策，使差距缩小或恢复正常是非常重要的。

此外，企业可以借助数学方法，寻求最优化生产模型，运用现代科学技术，对本企业的经营和生产活动中的问题进行数学分析；通过加强部门间的协作，实现信息共享等途径，可以优化生产计划，提高企业生产效率。

5.4 质 量 控 制

20 世纪 50 年代以来，随着人们对产品质量要求的提高，仅仅依靠传统的对局部生产进行监督的管理方式，已不再适应市场的要求，企业中普遍出现了产品质量管理方面的问题。在这种情况下，企业开始将注意力转移到生产质量的管理和控制方面。

1961 年，美国通用电气公司工程师 A.V. 菲根堡姆首先提出全面质量管理，指出现代产品的质量问题在技术上日益复杂，只有从系统观点出发，统一计划和组织才能解决。全面质量管理逐渐推广到西欧国家，质量管理的理论、技术和方法在实践中有了新的发展。日本在引进全面质量管理的理论和方法后，结合本国实际情况形成日本式的质量管理，称为全公司性质量管理。中国自 1978 年起在北京内燃机总厂和清河毛纺厂等企业进行全面质量管理试点，随后得到普遍推广，并颁布了《工业企业全面质量管理暂行办法》，初步形成了一套具有中国特色的全面质量管理理论和方法体系。

5.4.1 概念

质量控制（Quality Control），是指企业为了达到质量要求所采取的作业技术和活动。质量控制是为了通过监督质量形成的过程，消除质量环节上所有阶段可能引起不合格或不满意效果的因素，采用的各种质量作业技术和活动，以达到质量要求，获取经济效益。

在企业领域，质量控制活动主要是企业内部的生产现场管理，通常指为达到和保持质量而进行控制的技术措施和管理措施方面的活动。质量检验从属于质量控制，是质量控制的重要活动。质量控制的主要功能就是通过一系列作业技术和活动将各种质量变异和波动减少到最低程度，质量控制贯穿于质量产生、形成和实现的整个过程中。除了保障产品质

量，质量控制部门还参与管理决策活动以确定质量水平。

5.4.2　质量控制程序

细化岗位自检、操作要求，实现岗位自检和操作的具体化、现场化、目视化、标准化，避免人为操作失误所导致的质量问题，培养良好的质量秩序，及时发现隐患，提升其质量控制水平；

找出在质量过程控制中存在的质量隐患，把来料控制、过程物料效果检查明确做出要求和控制，自检方式及措施得当，积极重要的是引导操作人员纠正不良的操作习惯、扭转惯性意识，倡导全方位分析、看待质量，督促机台人员吸取教训，遵循"质量优先"原则。

根据各点质量控制及运行监控重要性，合理安排各点控制时间，达到最理想监控运行效果。

此外，为了达到有效的过程质量控制，组织还需对生产操作人员进行教育培训，提高员工的质量意识，提高企业的产品质量；严格执行工艺规程，产品的生产加工必须严格执行操作规程，按工艺要求生产。因为制造过程是产品形成的直接过程，产品质量的好坏直接取决于过程的有效控制，任何一个环节的疏忽都可能导致产品质量问题；在严格按工艺要求生产的同时，还必须提高生产操作人员的操作技能。

5.4.3　全面质量管理

1. 定义

菲根堡姆曾在其著作《全面质量管理》一书中，对 TQM 的定义是"为了能够在最经济的水平上，并考虑到充分满足顾客要求的条件下进行市场研究、设计、制造和售后服务，把企业内各部门的研制质量，维持质量和提高质量的活动构成为一体的一种有效的体系。"

全面质量管理（Total Quality Management TQM），指组织以质量为中心，以全员参与为基础，目的在于通过让顾客满意和本组织所有成员及社会受益而达到长期成功的管理途径。[1]全面质量管理注重顾客价值，主导思想就是"顾客的满意和认同是长期赢得市场，创造价值的关键"。因此，全面质量管理要求必须把以顾客为中心的思想，贯穿到企业中各项工作的管理；鼓励员工参与组织的质量管理，并对产品质量各尽其责。

2. 主要方法

实现全面质量管理，需要从确定方针和目标到制订实施方案，直至方案的执行，形成

---

① ISO8402 对 TQM 的定义。

一个全面质量管理系统。这个系统由四个要素组成:

计划(Plan),即应用预测技术对市场产品质量需求等进行预测,经过科学地分析研究,确定质量管理目标、项目,制定出相应的管理方案;

实施(Do),根据预定的目标和经过优选的方案,组织具体部门和人员实施;

检查(Check),检查方案的实施情况,评价工作成果,及时找出问题;

处理(Action),总结成功的经验和失败的教训,采取相应措施巩固成绩,防止问题再度出现。同时,将本次循环中的问题提出,以便转入下次循环解决。

这四个要素需要不断地循环进行工作,才能不断提高质量。

5.5　研究与发展

5.5.1　产品开发

21 世纪知识经济时代的到来,动荡的外部环境、不断缩短的产品生命周期、不断加剧的当地及全球的市场竞争、成熟的产业以及扁平的市场、不断加速的技术开发步伐,所有这些新变化,使得许多公司已经不再将新产品开发作为一种战略选择,而是作为一种必需的企业活动来进行。

产品开发包括市场调查、产品设计、工艺设计、制造、市场推广等过程,市场需求是产品开发的原动力,是产品开发的基本出发点和最终归宿,市场绩效是检验产品开发成败的唯一标准。因此,企业进行产品开发,不能单单强调产品的创新性,更重要的是坚持市场导向。从市场出发,一切按照市场需要并经受住市场考验的新技术、新工艺和新产品,才是真正意义上的新产品开发。

企业在新产品开发中还应注意以下几个问题:

(1)拓宽新产品的开发途径。企业要充分利用当今国际化发展潮流,利用信息技术的手段,在全球范围内寻找合作伙伴,瞄准国际市场的前沿产品;

(2)用技术优势代替劳动力优势。即开发新产品时要注意产品应具有高附加值和高科技含量。

(3)加强信息收集的研究整理工作。充分利用现代技术手段,收集信息并落到实处。

(4)增加新产品的"文化含量"。所谓"文化含量",指新产品具有的文化价值,如新颖的外观设计、精美的包装、有吸引力的商标、名称等,这主要通过工业设计来体现。提高产品各种表现形式的"文化含量",有助于增加产品的市场竞争力。

5.5.2　技术开发与创新

技术开发是企业为了改进老产品、发展新产品,完善老工艺、发展新工艺而进行的一系列有计划、有组织的科学技术研究活动，是人们在基础研究和应用研究的基础上，将新的科研成果应用于生产实践的开拓过程。技术开发是科学技术研究的一个重要阶段，也是把科学技术转化为生产力的必要步骤。

技术开发按开发的内容，可分为资源开发、产品开发、工艺开发等；按开发的性质，可分为国家安全类、发展生产类、生活福利类等；按开发的来源，可分为国内技术开发、国外技术引进等。

技术创新是指组织通过新技术来改善经济效益的商业行为。技术创新不但是技术概念，也是一个经济学范畴。技术创新含义包括以下几方面的内容：生产新产品或提供一种产品的新质量；采用一种新的生产方法、新技术或新工艺；开拓新市场；获得一种原材料或半成品的新的供给来源；实行新的企业组织方式或管理方法。

技术创新主要以企业活动为基础，企业的创新活动需要有一定的动力和机制。在市场经济条件下，作为自主经营、自负盈亏的经济主体，企业是在竞争中存在并发展壮大的，否则就将在竞争中被淘汰。扩大市场占有率，增加市场份额，就必须在成本、产品质量、价格上占优势，这就迫使企业必须进行技术创新。企业在市场竞争中求生存和发展，这是促进企业技术创新的必要条件。技术创新也需要有良好的宏观环境。企业进行技术创新的主要动力是获取高额利润，只有当对经济前景有乐观的预期时，才愿意进行技术创新，这就要求宏观经济能稳定增长。

5.5.3　现代生产管理模式

随着科学技术进步和社会经济的发展，现代企业所处的环境较之过去发生了深刻的变化：产品生命周期缩短，更新换代速度加快，社会消费水平提高，产品质量要求上升，需求呈现多样化，市场竞争更加激烈。企业要想快速响应不断变化的市场需求，就必须开发、生产出顾客所需的产品，提高自身的竞争能力。

现代生产管理模式势必要适时发展，形成一种新的管理理念，信息技术、系统工程、运筹学等科技新成果和学习型组织为生产系统的改进和生产管理的变革提高了新的方法和手段。

首先，生产导向市场化。现代生产管理是面向市场、适应市场变化的适应型生产管理，不同与传统的生产管理方式，即自我型生产管理。企业可以通过内部的制度改革、管理改革以及管理创新来实现现代生产管理。通过管理创新，使生产管理的思想观念、方法和手段既能适应复杂多变的市场需求，又能提高企业的经济效益。

其次，组织机构动态化。传统的金字塔式的组织结构已经不再适应市场需求，为了增强对市场变化的适应性和快速反应能力，企业应该建立动态的生产组织机构模式：柔性多变动态组织机构虚拟组织机构。前者是一种矩阵组织机构，其特点是机构灵活性大，适应性强，有利于多项工作开展从而缩短产品的开发周期；后者是以各种方式借用外力（如购买、兼并、联合、委托、外包等），对企业外部资源优势进行整合，促进其实现聚变，创造出新的竞争优势。其特点是能够突破企业的界限，优化具体机构形式，达到全方位地借用外力，以提高企业对市场的反应速度和满足顾客需求的能力。

最后，生产手段柔性化。在当今激烈的市场竞争环境下，谁能适时、适量地向市场推出顾客所需要的产品，谁就能在竞争中取得优势。增强对产品需求量、产品本身及交货时间变化的适应能力，即增强企业的"柔性"，已经成为企业的主要竞争战略。现代企业已建立起根据顾客需求随时调整产品品种、款式和生产批量的柔性生产体系。在柔性生产线上，一条生产线可生产出不同风格、个性的产品，产品设计、工艺设计、生产加工紧密相连，构成一个具有可调节、可延伸、可升级功能的生产控制程序。

总之，现代企业生产管理模式的基本特征是：在满足高质量、低成本的目标前提下，最大限度地提高企业的灵活性、灵敏度和速度，适应市场的快速变化，从而实现低成本生产、高质量产品的生产目的。

【复习思考题】

1. 简要说明工厂选址的重要性。
2. 列举影响厂址选择的因素。
3. 如何制定合理的工厂布局？
4. 生产计划中存在哪些问题？应如何解决？
5. 实施质量控制的程序是什么？
6. 如何理解全面质量管理？
7. 技术创新包括哪些方面？其在现代企业中的作用有哪些？
8. 企业产品开发的任务是什么？
9. 概述现代生产管理模式的发展趋势。

CHAPTER 6   PURCHASING AND STOCK CONTROL MANAGEMENT

6.1   PURCHASING

The purchasing function can be related to our own personal shopping criteria: the numerous items we need to buy, their cost, the location and reliability of the suppliers and the quality of each product or service. Buying wisely is important to us – and so it is to an organization, otherwise the production process may break down, customers' orders may not be honored, customers may look to other suppliers (and stay with them) and ultimately, the organization may fail completely.

The primary responsibility of the purchasing department is to secure sufficient and suitable raw materials, components, other goods, and services to ensure that the manufacturing process is fully supplied with all its materials, and to achieve this responsibility in a cost-effective manner. To this end the purchasing department can usually be expected to be responsible for the following:

a. Appraisal and selection of suppliers.

b. Collation of up-to-date information on suppliers, prices, distribution methods etc.

c. Purchasing goods and services at prices which represent the best value to the business in the long-term (i.e. not necessarily the lowest prices at a given time).

d. Maintenance of adequate stock/inventory levels.

e. Establishing and maintaining effective working relationships with relevant departments (Production, Marketing and Finance).

f. Developing effective links with existing suppliers and maintaining good relationships with potential suppliers and with competitors.

Purchasing ought not to be seen as mainly a question of routine paperwork. Purchasing decisions are often very risky, and can involve an organization in carrying considerable costs. It has been estimated that a 5% excess in purchasing costs can lead to a 25% reduction in profits. By contrast, a small saving in purchasing costs can be worth considerably more in terms of equivalent sales value.

The Purchasing Manager in charge of a purchasing department exercises his responsibilities in close collaboration with other colleagues. For example, most purchasing decisions can only be taken after due agreement with financial, production or marketing colleagues.

Where the Purchasing Manager's particular expertise comes into its own is in the presentation and evaluation of purchasing alternatives, or in the assessment of whether to make or buy a particular product or component. It is in these discussions that the knowledge of materials, their quality, prices, availability etc enables the Purchasing Manager to contribute significantly to the ultimate decision to buy, or not to buy.

If a decision is made to proceed with a purchase, then the sequence of events could follow these lines:

a. Purchasing department receives requisition from appropriate authority.

b. Purchasing department approaches selected supplier to negotiate quantity, quality, price and delivery of goods.

c. If (b) proceeds satisfactorily, purchasing department places an order with the supplier. This could be a one-off, or spot order, or a contract order over a period of time.

d. Purchasing department maintains records of orders made, orders fulfilled, delivery dates, invoices etc.

e. Purchasing department arranges for originating requisition to be met, either directly from supplier or via stores, and amends stock/delivery record as appropriate.

Purchase of Material Goods

In the purchase of material goods, issues of quantity, quality, price and delivery are crucial in several respects. These could be described as the key elements of the "**purchasing mix**":

(1) *Quantity*

The quantity of goods to be ordered, and the time at which they should be ordered are major considerations. On one hand, insufficient quantities at a particular point in time will cause costly delays in production. On the other hand, the larger the quantity ordered, the more will have to go into stock as temporarily idle resources, also a costly business. The ideal to be aimed at is to find the optimum way of balancing the costs of insufficient stock against the costs of holding stock (tied-up capital, storage space, insurance, damage etc).

Techniques have been devised by Operational Research scientists to enable organizations to work out the Economic Order Quantity (EOQ) for individual stock items, and to aid them in setting optimum re-order levels (i.e. the levels at which stock needs to be replaced). In some cases, the decision about quantity (and indeed time) may be dictated by considerations of future supply, particularly where these may be threatened by economic or political pressures. Decisions may also be influenced by favorable trends in short-term prices.

(2) *Quality*

The quality of the goods purchased needs to be suitable for:

(a) the manufacturing process;

(b) the customer's wants.

In seeking decisions about quality, the purchasing department has to work closely with both production and marketing staff to arrive at a suitable compromise. Inspection of goods received is vital to check that the supplier is fulfilling the order to the correct specification.

(3) *Price*

Purchasing should ideally aim for a price which gives the best value to the organization, taking quality, delivery and relative urgency into account. This may not always be the lowest price available, but the one which represents the best value over a period of time.

(4) *Delivery*

One of the factors which needs to be considered by the purchasing department in the appraisal and selection of suppliers is the reliability of deliveries. The <u>lead time</u> between an order and a delivery is an important aspect of stock control. Where lead times are certain, they can be allowed for in stock calculations. Where they are uncertain, it makes stock control much more difficult. Not only is stock affected by the delivery situation, so is production. The latter is particularly vulnerable to delays in deliveries for items which are used continuously, and for which minimum buffer stocks are held. *Buffer stocks* are reserve stocks held for emergency shortages.

(5) *Timing*

- <u>Hand to mouth purchasing</u> is usually in small quantities and at short intervals.
- <u>Forward buying</u> is in expectation of any increase in demand.
- <u>Speculative buying</u> risks buying excessive quantities at low prices.

6.2   STOCK CONTROL

Efficient purchasing cannot be carried out without the help of other sections, one of which is *stock control*. Information from stock control staff has to be accurate – if there are enough items available for the foreseeable future, why buy more?

Senior managers need to know the value of current stock and whether it is being used at the expected rate. They will also need proof that the stock is being used legitimately.

This section is responsible for ensuring that the right quantity and quality of material is available when and where required. At the same time capital must not be tied up unduly, and must not be undue loss from deterioration and obsolescence.

A good system of materials control requires:

- centralization of p*urchasing under a buyer;*
- *department co-ordination - in purchasing, inspecting, receiving, storing and issuing materials;*
- *simplifying and standardizing whenever possible;*
- *efficiency in storing in suitable accommodation, with safeguards against pilfering, deterioration, waste, etc;*
- *planning and scheduling materials requirements, and preferably control by budget;*
- *stocktaking procedure to be efficient.*

Stores control

The position of the stores in the organization varies widely. Some companies have the stores under the purchasing officer; others prefer the section to be under the works manager. A satisfactory arrangement is for the recording of the stores to be under production control, while the physical aspect is under the works department. The details of stock should be readily available to production control so that stocks can be replenished when necessary.

Stocks are held to make production possible even though demand fluctuates. Factors aiding stock control are:
- accurate coding and classifying of stores;
- perpetual inventory records and periodic physical checking of stock;
- efficient accounting procedures and a system of preventing obsolete or surplus stock.

Stores may be ledger cards or on computer, showing minimum and maximum stock level, order or re-order level, standard order, the item's catalogue and part number, in addition to opening and closing balances, receipts and issues.

Maximum levels when set must consider price fluctuations and available capital, possible obsolescence, available storage space and whether material can be stored a long time or not, economic ordering quantity and rate of consumption and cost of insurance.

Minimum levels will be fixed after noting the purchasing time cycle. The time between placing an order and its subsequent fulfillment is called *lead time*, made up of time in placing order, time in executing order and time in receiving order.

The factors affecting minimum stock are:

- uncertainty of demand—the greater the uncertainty, the greater the stock;
- uncertainty of lead time—if this is great, the higher the stock needs to be;
- the size of the batch—the larger the batch, the less frequently will the stock fall to 'danger' level, and the smaller, the minimum stock required;
- the more standard the item, the more easily it will be obtainable. A special item may take longer to obtain.

Deciding on optimum levels of stock

The optimum level should be that which is most economical – in labor, capital, and space consumption – without causing delays, either in production or in meeting customers' orders promptly. Thus, an economic order level must be established (*known as Economic Order Quantity or EOQ*). This will depend on several factors:

- Available capital
- Available space
- Demand
- World supply
- Forecast price levels
- Pending customers' orders

A maximum quantity of stock to be held should be established, to avoid tying up too much capital and space, and bearing in mind any deterioration rate or perishable nature of the commodity. The minimum and re-order levels are then calculated. Yes, there is a difference: the minimum level is that below which stock should not be allowed to fall – in other words, a dangerously low level. The re-order level is that at which re-ordering will take place to avoid stock falling below minimum level, and to replenish stock up to the established maximum level: in other words, allowing a margin of safety.

6.3   TYPES OF STORES

Raw material stores vary with the type of industry. Component stores carry piece parts to be manufactured in the factory or purchased from outside. Raw material and component stores often go together. Finished part stores are used where the company is not using transfer machines, and finished parts have to be stored in readiness for assembly and sub-assembly. Indirect stores are, for example, the tool store, issuing tools in exchange for a tool check bearing operator's name and number.

Other tools are consumable, e.g. files. Indirect materials are stored separately, e.g. oil. Maintenance stores keep all parts required for routine and preventive maintenance.

Arrangement of stores

The stores must be convenient for the factory. The layout should be convenient to the class of goods handled and bins, etc., should be arranged in a logical order; the following rules are important:

- heavy goods should be kept near the floor;
- goods most frequently required should be easily accessible;
- goods susceptible to dampness should be kept dry and inflammable materials to be kept in fireproof containers;
- valuable or fragile goods should be receive special protection.

The maximum use should be made of height, e.g. use of fork-lift trucks and pallets. Metal racks are strong and conveniently easy to erect and dismantle. Materials should flow into stores via the inspection department and then flow to works. Finished goods should move via inspection to dispatch. The place and method of storage must, of course, suit the method of handling and gangways should be sufficiently wide for mechanical aids.

Centralized or departmental stores

The advantages of centralized stores are:

- specialized facilities can be installed, e.g. refrigeration;
- similar stocks can be carried, thus reducing risks of deterioration and obsolescence, reducing working capital and storage space and lowering insurance costs;
- physical stock control is easier;
- total staff may be reduced.

The disadvantages are, in effect, the advantages of departmental stores:

- greater convenience to each department in having its own stores, as main stores may be far away;
- saving is made in freight and handling costs by having departmental stores. Some heavy raw materials, e.g. coal, may be easier to keep in a decentralized store.

Exercises:

Question 1

Enumerate the responsibilities of the purchasing department.

Question 2

Define "stock control".

Question 3

What are the requirements for a good system of materials control?

Question 4

What are the factors aiding stock control?

Question 5

What are the factors affecting minimum stock?

Question 6

What is EOQ? What are the factors to consider on EOQ?

Question 7

List down the types of stores and explain each.

Question 8

What are the rules to follow when arranging stores in a factory?

Question 9

What are the advantages and disadvantages of centralized stores?

Question 10

Explain the following terms:

- Hand to mouth purchasing
- Forward buying
- Speculative buying

第6章 采购与库存管理

6.1 采 购

采购，一般认为是指采购人员或单位基于各种目的和要求购买商品或服务的一种行为，具有明显的商业性。它是企业经济活动的主要组成部分，在整个采购活动过程当中，一方面通过采购获取合适的资源，另一方面在采购过程中控制相关的经费。因此，企业只有在充分了解采购组织的结构及认识采购的流程的基础上才能高效率的完成采购目标。

6.1.1 采购的基本概念

所有的企业都要进行成本控制，而采购则是发生成本最大的领域。日本本田公司的前采购副总裁曾说："本田意识到采购功能的重要性原因之一就是一辆车的成本的 80%都是采购成本这一事实，于是，怎样采购就是怎样经营本田。"当然，物料价值占营业收入的比例随行业的不同而有很大差别，但是根据美国有关调查局所公布的数据显示，在生产企业中，物料价值平均占销售额的 52%，是其余成本的 1.35 倍（其余成本包括工资、奖金、运营费用、税金、利息和股利）[1]。而在中国的企业中，各种物资的采购成本则占到企业销售额的 70%[2]，因此对于企业采购的研究是非常必要的。

狭义的采购[3]（Purchase），是指以购买（buying）的方式，有买方支付对等的代价，向卖方换取物品的行为过程。在买卖的双方的交易过程中，一定会发生所有权的转移及占有。广义的采购[4]（Purchase）是企业为了达成生产或销售计划，从合适的供应商那里，在确保合适的品质下，在合适的时间，以合适的价格，购入合适数量的商品的一系列经济活动。

6.1.2 采购组织（Purchasing Organizations）

1. 采购组织及其特点

组织，是指完成特定使命的人们，为了实现共同的目标而组合成的有机整体。采购组

---

① （加）米歇尔·R.利恩德斯，（美）哈罗德·E.费伦.采购与供应链管理[M]，赵树峰译，北京：机械工业出版社，2003 年，第 3～5 页。
②③④ 同上。

织是企业内部为了实现特定的物资采购目标，由具有一定能力的人员组成的有机整体。采购组织具有以下的特点：

（1）采购组织是由具有特定采购能力的人员的集合体；

（2）采购组织成员具有共同的目标，即保证采购效率，控制采购成本；

（3）采购组织具有一定的结构，参加采购组织的人员必须按一定的方式相互合作，共同努力形成一个有机整体。

2. 采购组织的职能

采购组织以提高采购效率，控制采购成本为目标，在保证企业正常运营当中具有以下具体的职能：

（1）凝聚功能

凝聚功能是采购组织凝聚力的表现。凝聚力来自于目标的科学性与可行性。采购组织要发挥其凝聚功能，就必须做到以下 3 点：

① 明确采购目标及任务；

② 建立良好的人际关系与群体意识；

③ 发挥采购组织中领导的导向作用。

（2）协调功能

协调功能是指正确处理采购组织中复杂的分工协作关系。这种协作功能主要包括以下两个方面：

① 组织内部的纵向、横向关系的协调，使之密切协作，和谐一致；

② 组织与环境关系的协调，采购组织能够依据采购环境的变化，调整采购策略，以提高对市场环境变化的适应能力和应变能力。

（3）制约功能

采购组织是有一定的采购人员构成的，每一成员承担着相应的职能，同时，也有相应的权利、义务和责任。通过这种权利、义务和责任组成的结构系统，对组织的每一成员的行为起到制约作用。

（4）激励功能

激励功能是指在一个有效的采购组织中，应该创造一种良好的环境，充分激励每一个采购人员的积极性、创造性和主动性。采购组织应高度重视采购人员在采购组织中的作用，通过物质和精神的激励，使其潜能得到最大限度的发挥，以提高采购组织的工作效率，确保采购任务的完成。

3. 采购组织的模式

目前，企业的采购组织结构大致上可以分为 4 类：第 1 类是"分散型采购组织模式"；第 2 类是"集中型采购组织模式"；第 3 类是"复合型采购组织模式"；第 4 类是"集散型采购组织模式"。

（1）分散型采购组织模式

分散型采购组织模式经常可以在采取经营单位结构的公司中看到，其主要的特点就是每个经营单位的经理对他自己的财务后果负责，自然也要对其所有的采购活动负完全责任。这种结构对于拥有经营单位结构的跨行业公司特别具有吸引力，每一个经营单位采购的产品都是唯一的，并且与其他经营单位所采购的产品有显著的不同，在这种情况下，规模经济只能提供有限的优势。

（2）集中型采购组织模式

实施集中型采购组织模式的企业在公司层次上可以找到中心采购部门，这样公司的采购专家能够在战略和战术层次上进行运作。这种结构在几个经营单位购买相同产品，同时并在他们具有战略重要性的情况下是非常合适的。

（3）复合型采购组织模式

复合型采购组织模式就是试图建立一个既不完全集中又不完全分散的组织结构来获得集中和分散这两者的优点，如图 6-1 所增。

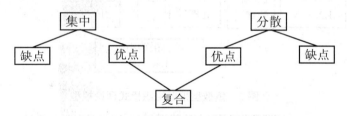

图 6-1　复合型采购组织模式理论模型[①]

（Theoretical model of compound purchasing mode）

复合型采购组织模式一度非常流行，1995 年美国高级采购研究中心的关于采购部门的组织作用和责任的调查反映了这一点。研究发现，采用复合型采购组织机构的企业从 1988 年的 61%上升到 1995 年的 68%，采用集中型采购组织机构的企业从 27%下降到 22%，采用分散采购组织机构的企业从 12%下降到 10%。但是调查结果同时发现，尽管复合型采购组织机构在理论上确实具有一定吸引力，然而实际中却有很多大公司不采用这种模式。

（4）集散型采购组织模式

所谓"集"是指集中的物资采购管理体制和信息集成，即基于高度信息集成的集中采购和供应管理体制；所谓"散"是指服务分散，即灵活便捷、快速响应的服务机制；所谓"集散"就是通过集中采购供应的体制和分散服务的机制相结合，达到提高经济效益的目的。"集散型采购组织模式"实际上也是集中采购模式的一种形式，但是集中的采购必然会

---

① 曹征，贾惠敏，陈爱祖.大型企业采购组织研究[J]. 河北工业科技，2005（7），第 347～350 页。

带来企业组织机构和运行机制的僵化，为了避免这些弊端，在集中采购后引入了分散服务，通过在企业内部推行市场链和价值链的思想，使集中采购和分散服务达到有机结合。

　　"集散型采购组织模式"的总目标就是建立一个将集中采购与分散服务有机结合的新型采购组织。其组织结构见如图 6-2 所示。

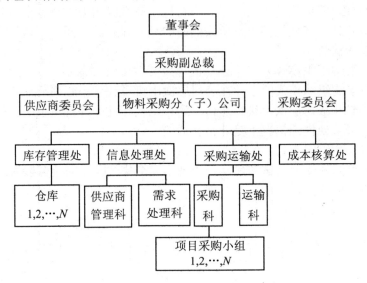

图 2　集散型采购组织模式理论模型[①]

（Organization structure chart of DCS purchasing mode）

　　任何一种采购组织模式都会存在缺点和漏洞，但是"集散型采购组织模式"是在结合了原有的三种采购模式的基础上提出的，其特点更加突出，同时也尽可能地避免了其他采购模式的缺陷，表 6-1 列出了这 4 种采购模式各自的优缺点：

表 6-1　采购组织模式的比较（Tab.1 Comparison of purchasing modes）

模　式	优　点	缺　点
分散型采购组织模式	① 对利润中心直接负责； ② 对于内部用户具体更强的顾客导向；	① 分散的采购能力，缺乏规模经济； ② 缺乏对供应商统一的态度； ③ 对运营的关注超过了策略；
分散型采购组织模式	③ 较少的官僚采购程序； ④ 更好需要内部协调； ⑤ 与供应商直接沟通； ⑥ 较快的反应速度。	④ 容易隐蔽供应成本； ⑤ 忽视为更大的组织考虑； ⑥ 各部门交流困难。

---

① 曹征，贾惠敏，陈爱祖.大型企业采购组织研究[J]河北工业科技，2005（7），第 347～350 页。

（续表）

模　式	优　点	缺　点
集中型采购组织模式	① 采购更加专业化； ② 接近机构的主要决策者； ③ 采购成本低； ④ 有效的计划与调查； ⑤ 政策与过程的协调与控制。	① 缺乏灵活性； ② 缺乏对部门的关注； ③ 缺乏对特殊需要的认可； ④ 将焦点集中在集团需要上，而不是放在事业部策略的需要上。
复合型采购组织模式	① 便于各职能部门之间的协调； ② 便于集团与各个子公司间的协调； ③ 用人权更加集中； ④ 理论上结合了分散型模式与集中型模式的优点。	① 组织机构庞大，人员过多； ② 采购缺乏规模效益； ③ 存在购务监管的漏洞； ④ 集团采购战略与分公司采购战术冲突然； ⑤可能出现多头领导。
集散型采购组织模式	① 采购成本更低； ② 审计与财务监管更加严格； ③ 便于采购战略的实施； ④ 便于对供应商的统一管理； ⑤ 服务分散，供应便利； ⑥ 有较强的灵活性。	① 人员可能较多； ② 集团采购部门可能与分公司发生矛盾； ③ 库存比较分散。

6.1.3　采购流程

采购流程是企业业务流程的重要组成部分，企业用在采购业务上的资金一般占销售额的 40%～60%，因此，通过改善采购流程的绩效来降低成本、提高利润，对企业来说是十分重要的。

企业的物资采购是一项复杂的活动，它包含了从提出采购申请到验收入库支付货款的整个过程，除了专门的采购部门以外，还需要其他部门的介入与配合，这些部门不仅包括企业内部的财务、质检、生产制造等部门，还包括企业外部的供应商。

1. 采购的基本流程

企业的采购流程[①]，通常是指有生产需求的企业选择和购买生产所需的各种原材料、零部件等物料的全过程。在这个过程中，购买方首先要寻找合适的供货商，调查其产品在数量、质量、价格、信誉等方面是否满足购买要求；然后，在选定了供应商后，要以订单方式传递详细的购买计划和需求信息给供应商，并商定结款方式，以便对方能够准确的按照客户要求的性能指标进行生产和供货；最后，要定期对采购物料的管理工作进行评价，寻

---

① 梅绍祖，阮笑雷，巢来春译．WEELE ARJAN J. 采购与供应链管理——分析、规划及其实践[M]．北京：清华大学出版社，2002 年，第 56 页。

求提高效率的采购流程模式，如图 6-3 所示。

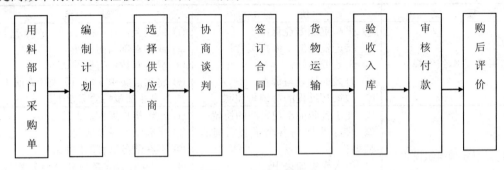

图 6-3　采购流程图

具体的采购流程可以分为 9 个步骤，如图所示：

（1）用料部门申报材料需求。用料单须有用料的详细说明，如物料的名称、规格、型号、数量、交货日期及其他特殊要求。

（2）汇总申报单形成采购计划。采购部门对申报采购的物料，根据需要与可能汇总平衡后，做出采购决策。包括品种决策，即品种、规格、型号及功能等；数量决策，即计划期内应当采购的数量；批量决策，即每次进货的批量是多少；时间决策，即每批物料进货的时间；采购方式决策，即采用何种方式采购，是集中采购还是分散采购，是传统采购方式还是现代采购方式采购，是国内采购还是国外采购，最后形成采购计划。

（3）供应商的选择。供应商选择是采购的基本环节，优秀的供应商群体是采购目标实现的基础。要通过供应商的调查，供应商的审核认证，供应商的考核，选择优秀的供应商合作伙伴。

（4）采购谈判。无论采取何种采购方式，都离不开与供应商的谈判。谈判要坚持正确的原则，要讲究谈判策略，大宗货物的采购谈判要由有经验的谈判者承担。谈判关乎采购的全局，不可有任何闪失。

（5）合同的签订。谈判的成果、供需双方的权利义务及所达成的其他共识，要通过合同的形式确立下来，以提供法律上的保障。

（6）货物的运输。货物的运输通常有供应商组织，有时由采购方自行组织。在采购方自行组织的情况下，有多种运输方式可供选择，如公路运输、铁路运输、水路运输、航空运输、联合运输等。究竟选择何种运输方式，要依据货物的性质、运费的高低、时间的急缓、货损的大小、运输的安全等进行综合考虑，做出正确决策。

（7）货物验收入库。货物验收入库是采购业务操作的最后一个环节，也是一个关键性环节。验收包括品种、规格、质量、数量等方面的内容。对验收中发现的问题要依照规定妥善处理。

（8）货款的支付。货物检查合格入库后，必须按合同的规定及时支付货款。货款结算的方式有支票、汇票、本票、异地托收承付、委托银行收款和信用卡支付等多种。市场经济要讲究诚信，不讲诚信的企业必将被市场淘汰。

（9）购后评价。购后评价有两方面内容：一是对采购绩效做总结，发扬成绩，克服不足，进一步提高采购质量；另一方面是对采购人员的表现作总结，表扬先进，找出差距，做好今后工作。

2．采购流程的相关要求

（1）申购计划各部门须按公司的相关材料分类规定分类整理，并详细标明要求、用途，提供行业标准，要求到货时间等。

（2）计划单到达保管员后，保管人员根据公司的库存规定修改申购计划。

（3）询价要做到一日内传给具有一定资信的客户，两日内催促客户将报价传回，并对询价单、报价单、客户资信资料进行整理，并对后续工作采购人员的议价过程进行整理。

（4）采购人对每种或每批材料与每家供应商的议价不少于三轮。

（5）议价的结果送采购内勤整理采购审批表，审批表的附件包括：各供应商的报价、付款条件、服务承诺与技术保障及供应商的资信证明等。

（6）送交各相关部门签字确认之前须有价格复核人员的确认。

（7）合同及订购单的内容包括：品种、规格型号、技术标准、技术参数要求、材质要求、付款条件、质保金、到货时间、服务协议、保密协议等，对于设备的采购合同须与供应商签订将来维修配件的采购要求。

（8）采购内勤须对供应商送货进度进行跟踪管理。

（9）采购内勤须对合同所确定的订金、货款及质保金进行系统管理。

（10）申购人员负责按买卖双方所确认的标准验收，没有验收或验收不通过，不得入库，特殊情况提报总经理批准，谁验收谁负责。

（11）采购员、采购主管、总经理对材料采购价格负责。

（12）整个采购流程结束后，采购内勤负责建立供应商资信档案，内容包括：供应商的基础信息资料、本产品或本行业执行标准、相关部门对供应商的综合实力考察报告、产品的使用及售后服务情况跟踪。

6.1.4 采购管理

1．采购管理的含义

采购管理[①]是计划下达、采购单生成、采购单执行、到货接收、检验入库、采购发票的

---

① 梅绍祖，阮笑雷，巢来春译．WEELE ARJAN J．采购与供应链管理——分析、规划及其实践[M]．北京：清华大学出版社，2002 年，第 56～58 页。

收集到采购结算的采购活动的全过程，对采购过程中物流运动的各个环节状态进行严密的跟踪、监督，实现对企业采购活动执行过程的科学管理。采购管理包括采购计划、订单管理及发票校验三个组件。

（1）采购计划管理

采购计划管理对企业的采购计划进行制订和管理，为企业提供及时准确的采购计划和执行路线。采购计划包括定期采购计划（如周、月度、季度、年度）、非定期采购任务计划（如系统根据销售和生产需求产生的）。通过对多对象多元素的采购计划的编制、分解，将企业的采购需求变为直接的采购任务，系统支持企业以销定购、以销定产、以产定购的多种采购应用模式，支持多种设置灵活的采购单生成流程。

（2）采购订单管理

采购订单管理以采购单为源头，对从供应商确认订单、发货、到货、检验、入库等采购订单流转的各个环节进行准确的跟踪，实现全过程管理。通过流程配置，可进行多种采购流程选择，如订单直接入库，或经过到货质检环节后检验入库等，在整个过程中，可以实现对采购存货的计划状态、订单在途状态、到货待检状态等的监控和管理。采购订单可以直接通过电子商务系统发向对应的供应商，进行在线采购。

（3）发票校验

发票管理是采购结算管理中重要的内容。劳务采购的处理，非库存的消耗性采购处理，直运采购业务，受托代销业务等均是在此进行处理。通过对流程进行配置，允许用户更改各种业务的处理规则，也可定义新的业务处理规则，以适应企业业务不断重组，流程不断优化的需要。

2. 采购管理的层次

（1）交易管理（Transaction）

交易管理是较初级的采购层次，交易管理是对各个交易的实施和监督活动。其特征为：①围绕着采购订单（PO，Purchase Order）；②与供应商较容易的讨价还价；③仅重视诸如价格，付款条件，具体交货日期等一般商务条件；④被动地执行配方和技术标准。

（2）采购过程管理（Procurement）

随着对前期大量订单的经验总结和汇总以及管理技能的提高，管理人员意识到供应商管理的重要性；同时，根据自身的业务量分析（ABC法），整个Logistics系统的要求，合理分配自身的资源，开展多个专案管理。这个阶段的特征为：①围绕着一定时间段的采购合同，试图与供应商建立长久的关系；②加强了对供应商其他条件的重视，如订单采购周期（Lead Time）、送货、经济批量、最小订单量和订单完成率；③重视供应商的成本分析；④开始采用了投标手段；⑤加强了风险防范意识。

（3）策略性采购即供应链管理（Strategic Sourcing-Supply Chain Management）

供应链管理是目前比较新的概念策略性采购，其特征是：①与供应商建立策略性伙伴关系；②更加重视整个供应链的成本和效率管理；③与供应商共同研发产品及其对消费者的影响；④寻求新的技术和材料替代物，OEM 方式的操作；⑤充分利用诸如跨地区，跨国家的公司（工厂）的集团力量集中采购；⑥更为复杂，广泛的应用投标手段。

3. 采购管理的重点

（1）定位管理

卖场的定义简言之，就是贩卖商品的地方。而定位管理则是使商品按照卖场配置（layout）及商品陈列表（facing list）的规定"各就各位"，以创造最佳的业绩。商品的位置好比商品的住址，如果能确实掌握及执行，对进、销、存管理及分析将大有助益。否则，商品"居无定所"，不但影响订货、进货，更易造成缺货，使顾客不满，进而导致销售分析的失真，而影响商品决策品质，故采购者对商品在卖场中的实际陈列位置，应随时加以了解。

（2）数字管理

商品是用以创造业绩和利润，因此店内的商品须是易卖又易赚钱的畅销品。而衡量商品好坏的指针有下列几项：

① 销售量：最易判断商品销售好坏的资料即销售量，通常在一定期间内（1 个月或 3 个月）没有销售交易的商品即呆品（Error Product），应优先考虑淘汰。

② 回转率：回转率=平均销售额÷平均存货额，而平均存货额=（期初存货额+期末存货额）÷2。商品回换率的高低，可判断其销售的快慢，并作为与否的参考。便利商品回转率以每月或每季计算，正常之回转率为每月 4 次（即商品每周约回转 1 次）。不过，目前国内便利商店之水准约为 1～2 次，若商品回转率是在 1 次以下者，即可列为优先淘汰的商品。

③ 交叉比率：交叉比率=回转率×毛利率，通常以每月或每季为计算期间。以交叉率衡量商品好坏，只基于商品对店铺整体贡献的多寡，故应同时考虑销售快慢及毛利高低等因素，才较具客观性。便利商店国外标准的交叉比率为 100 以上，而目前国内便利商店之交叉比率水准约为 30～50 之间，若交叉比率在 30 以下者，则可列为优先淘汰之商品；反之，则可加强高交叉比率商品之销售，以扩大店铺整体之利益。

（3）品质管理

目前便利商店的形态为食品型的便利商店，食品类占销售比重 70%，故品质良否影响顾客健康及商店形象至巨。在食品采购方面，采购人员除应定期与不定期至门市检查商品品质外，更应教育第一线门市人员了解商品知识，协同做好商品管理工作，以达到便利商店评估办法之规定。

6.2 库存控制

根据我国国家标准 CB/T18354-2006《物流术语》，库存是指处于储存状态的物品。通俗地说，库存是指企业在生产经营过程中为现在和将来的耗用或者销售而储备的资源。库存按照经济用途可以分为:商品库存、制造业库存和其他辅助材料库存;根据存在的作用又可以分为:周期性库存、在途库存、安全库存、缓冲库存、投机库存、季节性库存等。

6.2.1 库存的作用与弊端

自从有了生产，就有了库存物品的存在。库存对市场的发展、企业的正常运作与发展起了非常重要的作用。

1. 库存的作用

（1）维持销售产品的稳定。销售预测型企业对最终销售产品必须保持一定数量的库存，其目的是应付市场的销售变化。这种方式下，企业并不预先知道市场真正需要什么，只是按对市场需求的预测进行生产，因而产生一定数量的库存是必需的。但随着供应链管理的形成，这种库存也在减少或消失。

（2）维持生产的稳定。企业按销售订单与销售预测安排生产计划，并制订采购计划，下达采购订单。由于采购的物品需要一定的提前期，这个提前期是根据统计数据或者是在供应商生产稳定的前提下制订的，但存在一定的风险，有可能会拖后而延迟交货，最终影响企业的正常生产，造成生产的不稳定。为了降低这种风险，企业就会增加材料的库存量。

（3）平衡企业物流。企业在采购材料、生产用料、在制品及销售物品的物流环节中，库存起着重要的平衡作用。采购的材料会根据库存能力（资金占用等），协调来料收货入库。同时对生产部门的领料应考虑库存能力、生产线物流情况（场地、人力等）平衡物料发放，并协调在制品的库存管理。另外，对销售产品的物品库存也要视情况进行协调（各个分支仓库的调度与出货速度等）。

（4）平衡流通资金的占用。库存的材料、在制品及成品是企业流通资金的主要占用部分，因而库存量的控制实际上也是进行流通资金的平衡。例如，加大订货批量会降低企业的订货费用，保持一定量的在制品库存与材料会节省生产交换次数，提高工作效率，但这两方面都要寻找最佳控制点。

2. 库存的弊端

库存的作用都是相对的，无论是原材料、在制品还是成品，企业都在想方设法降低其库存量，库存的弊端主要表现在以下几个方面：

（1）占用企业大量资金。通常情况下，库存占企业总资产的比重大约为 20%-40%，库存管理不当会形成大量资金的积压。

（2）增加了企业的产品成本与管理成本。库存材料的成本增加会导致产品成本的增加，而相关库存设备、管理人员的增加也加大了企业的管理成本。

（3）掩盖了企业众多管理问题。如计划不周、采购不力、生产不均衡、产品质量不稳定及市场销售不力。

6.2.2　库存控制的必要性

库存控制是对物流过程中数量、时间、结构、地区分布等进行计划、协调和控制的物流作业活动。对于企业的管理者而言，库存控制问题一直是企业物流管理甚至是供应链管理的难题之一。

1. 库存控制是物流管理的核心内容

库存控制之所以重要，首先在于库存领域存在着降低成本的广阔空间，对于中国的大多数企业尤其如此。所以对于我国企业来说，物流控制的首要任务是通过物流活动的合理化降低物流成本。例如：通过改善采购方式和库存控制方法，降低采购费用和保管费用，减少资金占用库存；通过合理组织库存内作业活动，提高装卸搬运效率，减少保管装卸费用支出等。

2. 库存控制是提高顾客服务水平的需要

在激烈的市场竞争中，不仅要有提供优质商品的能力，而且还要有提供优质物流服务的能力。再好的商品如果不能及时供应到顾客手中，同样会降低商品的竞争能力。要保证用户订购时不发生缺货，并不是一件容易的事情。虽然加大库存可以起到提高顾客服务效率的作用，但是，加大库存不仅要占用大量资金，而且要占用大量存储空间，会带来成本支出的上升。如果企业的行为不考虑成本支出，则是毫无意义的。对经营成本并不会起到支持作用，在过高成本下维持的高水平服务业不会长久。因此，必须通过有效地库存控制，在满足物流服务需求的情况下，保持适当的库存量。

3. 库存控制是回避风险的需要

随着科学技术的发展，新商品不断出现，商品更新换代的速度不断加快。如果库存过多，就会因新商品的出现使其价值缩水，严重的情况可能会一钱不值。从另一个角度看，消费者的需求在朝着个性化、多样化方向发展，对商品的挑剔程度在增大，从而导致商品的花色品种越来越多，这给库存管理带来一定难度，也使库存的风险加大。一旦消费者的需求发生变化，过多的库存就会成为陷入经营困境的直接原因。因此，在多种小批量的商品流通时代，更需要运用现代化库存管理技术科学地管理库存。

6.2.3　库存控制的方法

人们在生产实践中总结提出了许多卓有成效的管理思想、方法和模式，形成了先进实用的生产管理系统。国内外的学者和企业不断提出了各种生产管理思想，如制造资源计划（Manufacturing Resource Planning，MRP），准时化生产（Just In Time，JIT）、最优生产技术（Optimized Production Technology，OPT）、约束理论（Theory of Constraints，TOC）等。这些先进的管理思想对库存控制方法的研究具有一定的借鉴作用。

1. 经济订货批量（Economic Order Quantity，EOQ）

经济订货批量模型[①]（Economic order quantity，EOQ）就是通过平衡采购进货成本和保管仓储成本，确定一个最佳的订货批量来实现最低总库存成本的方法。经济订货批量模型的目标，是要使所考虑物料的相关年总成本最小。经济订货批量（EOQ），即 Economic Order Quantity 是固定订货批量模型的一种，可以用来确定企业一次订货（外购或自制）的数量。当企业按照经济订货批量来订货时，可实现订货成本和储存成本之和最小化。

假设 A——全年需要量；Q——每批订货量；F——每批订货成本；C——每件年储存成本；则：订货批数＝A/Q；平均库存量＝Q/2；全年相关订货成本=F×A/Q；

全年相关储存总成本＝C×Q/2；全年相关总成本＝F×A/Q+C×Q/2；当全年相关总成本最小时对应的订货量就是经济订货批量，即：经济批量 $EOQ=(2AF/C)^{1/2}$

经济订货批量模型又称整批间隔进货模型，是目前大多数企业最常采用的货物定购方式。该模型适用于整批间隔进货、不允许缺货的存储问题，即某种物资单位时间的需求量为常 D，存储量以单位时间消耗数量 D 的速度逐渐下降，经过时间 T 后，存储量下降到零，此时开始订货并随即到货，库存量由零上升为最高库存量 Q，然后开始下—个存储周期，形成多周期存储模型。

2. 制造资源计划（Manufacturing Resource Planning，MRP）

MRP[②]是在物料需求计划 MRP 的基础上扩展形成的。MRP 是 20 世纪 60 年代发展起来的一种计算物料需求量和需求时间的系统。所谓"物料"泛指原材料、在制品、外购件以及产品。20 世纪 80 年代发展起来的制造资源计划 MRP Ⅱ不仅涉及物料，而且涉及生产能力和一切制造资源，是一种资源协调系统。它代表了一种新的生产管理思想，是一种新

① 张晴，金荣学. 生产企业库存控制方法的探讨[J]. 机械制造. 2005 年 1 月，第 49～50 页。
② 同上。

的组织生产的方式。它的基本思想是，围绕物料转化组织制造资源，实现按需要准时生产。当今的 MRP 己进一步从市场预测、生产计划、物料需求、库存控制、车间控制延伸到产品销售的整个生产经营以及与之有关的所有财务活动中。

3. 准时化生产（Just In Time，JIT）

准时化生产[①]（Just In Time，JIT）是 20 世纪 70 年代日本创造的一种生产方式，这种生产方式在日本丰田汽车公司首先采用并获得巨大的成就。它的含义是不投入多余的生产要素，只在适当的时候生产必要数量的、市场急需的产品（或下道工序急需的物料），并且所有经营活动都要有效益，具有经济性。其基本思想是在需方需要的时刻、在需方要求的地点，将需方所需的产品按需方要求的数量和质量，以合理的价格，供给需方，其最终的追求是零库存、零缺陷、零调整准备时间和零浪费。

4. 最优生产技术（Optimized Production Technology， OPT）

OPT[②]是以色列物理学家、企业管理顾问 Eli Goldratt 博士于 20 世纪 70 年代提出的。最初它被称作最优生产时间表（Optimized Production 'Timetable），20 世纪 80 年代才改称为最优生产技术。后来 Eli Goldratt 又进一步把它发展成为约束理论（Theory of Constraints，TOC）该理论是一种在能力'管理和现场作业管理方面的哲理，它把重点放在瓶颈工序上，保证瓶预工序不发生停工待料；提高瓶颈工作中心的利用率，从而得到最大的有效产出；根据不同的产品结构类型、工艺流程和物料流动的总体情况，设定管理的控制点。TOC 把主生产计划（MPS）比喻为"鼓"，根据瓶颈资源的可用能力确定物流量，作为约束全局的"鼓点"，控制在制品库存量；所有瓶颈和总装工序前要有缓冲，保证起制约作用的瓶颈资源得以充分利用，以实现企业最大的产出；所有需要控制的工作中心如同用一根传递信息的绳子牵住的队伍，保持一定间隔，按同一步伐行进，也就是在保持均衡的在制品库存和均衡的物料流动条件下进行生产。

库存控制是生产管理的一个重要内容。表 6-2 对这三种先进的生产管理思想中的库存控制方法进行了具体的分析和比较。

表 6-2　MRPⅡ、JIT 和 TOC 库存控制手段的比较

比较项目	MRPII	JIT	TOC
追求目标	有效合理地利用资源，改善计划，压缩库存	追求尽善尽美，消灭一切浪费	增加有效产出、降低库存、降低运行费用

---

① 张晴，金荣学. 生产企业库存控制方法的探讨[J]. 机械制造. 2005 年 1 月，第 49～50 页。
② 同上。

（续表）

比较项目	MRPII	JIT	TOC
库存的控制方式	一般设有各级库存，强调对库存控制的明细化、准确化。库存执行的依据是计划与业务系统产生的指令，如：加工领料单、销售领料单、采购入库单、加工入库单等。	生产过程中一般不设在制品库存，只有当需求产生时才供应物料，所以库存基本没有或只有少量	合理设置时间缓冲和库存缓冲，以防睛随机波动，使约束环节不至于出现行等待任务的情况。缓冲器的大小由观察与实验确定，再通过实践，进行必要的调整。
原材料库存	为应付生产与供给的波动，必须有一定量的安全库存	不利于降低成本，应尽量减少	原材料库存数量与投放速度邮"绳子"来控制，与约束环节的"鼓点"相协调
在制品库存	只允许存在用以保证连续生产的少量库存	属于浪费，应当消灭	合理设置"缓冲器"，以配合约束环节的"鼓点"
成品库存	尽量满足客户需求，平衡生产能力，压缩成品库存	生产直接面对客户，追求零库存	取决于约束环节的位置。例如，如果成品运输是约束，则应允许储备适量的成品作为缓冲

6.3　仓库的种类

　　仓库[①]（Warehouse）是保管、储存物品的建筑物和场所的总称。物流中的仓库功能已经从单纯的物资存储保管，发展到具有担负物资的接收、分类、计量、包装、分拣、配送、存盘等多种功能。从不同的侧面来分析，仓库可以有不同的分类标准，下面我们主要从以下几个方面来讨论仓库的分类。

6.3.1　按仓库用途来分类

　　仓库按照它在商品流通过程中所起的作用可以分为以下几种：

---

① 刘志学. 现代物流手册[M]. 北京：中国物资出版社. 2001 年，第 211 页。

1. 采购供应仓库

采购供应仓库主要用于集中储存从生产部门收购的和供国际进出口的商品，一般这一类的仓库库场设在商品生产比较集中的大、中城市，或商品运输枢纽的所在地。

2. 批发仓库

批发仓库主要是用于储存从采购供应库场调进或在当地收购的商品，这一类仓库一般贴近商品销售市场，规模同采购供应仓库相比一般要小一些，从事批发供货，也从事拆零供货业务。

3. 零售仓库

零售仓库主要用于为商业零售业做短期储货，一般是提供店面销售，零售仓库的规模较小，所储存物资周转快。

4. 储备仓库

这类仓库一般由国家设置，以保管国家应急的储备物资和战备物资。货物在这类仓库中储存时间一般比较长，并且储存的物资会定期更新，以保证物资的质量。

5. 中转仓库

中转仓库处于货物运输系统的中间环节，存放那些等待转运的货物，一般货物在此仅做临时停放，这一类仓库一般设置在公路、铁路的场站和水路运输的港口码头附近，以方便货物在此等待装运。

6. 加工仓库

前面在讲仓库的功能之后介绍了仓库的加工延迟功能，一般具有产品加工能力的仓库被称为加工仓库。

7. 保税仓库

保税仓库①是指为国际贸易的需要，设置在一国国土之上，但在海关关境以外的仓库。外国企业的货物可以免税进出这类仓库而办理海关申报手续，而且经过批准后，可以在保税仓库内对货物进行加工、存储等等作业。

以上是通常的几类仓库，生产出来的产品首先是被储存在采购供应仓库，然后流向批发仓库，接着是零售仓库，最后商品进入卖场，在那里向最终用户销售。

---

① 刘志学. 现代物流手册[M]. 北京：中国物资出版社. 2001 年，第 213 页。

6.3.2 按保管货物的特性分类

1. 原料仓库

原材料仓库是用来储存生产所用的原材料的，这类仓库一般比较大。

2. 产品仓库

产品仓库的作用是存放已经完成的产品，但这些产品还没有进入流通区域，这种仓库一般是附属于产品生产工厂。

3. 冷藏仓库

它是用来储藏那些需要进行冷藏储存的货物，一般多是农副产品、药品等等对于储存温度有要求的物品。

4. 恒温仓库

恒温仓库和冷藏仓库一样也是用来储存对于储藏温度有要求的产品。

5. 危险品仓库

危险品仓库从字面上就比较容易理解，它是用于储存危险品的，危险品由于可能对于人体以及环境造成危险，因此在此类物品的储存方面一般会有特定的要求，例如许多化学用品就是危险品，他们的储存都有专门的条例。

6. 水面仓库

像圆木、竹排等能够在水面上漂浮的物品来说，可以储存在水面。

6.3.3 按场库的构造来分类

1. 单层仓库

单层仓库是最常见的，也是使用最广泛的一种仓库建筑类型，这种仓库只有一层，也就当然的不需要设置楼梯，它的主要特点是：
（1）单层仓库设计简单，所需投资较少；
（2）由于仓库只有一层，因此在仓库内搬运、装卸货物比较方便；
（3）各种附属设备（例如通风设备、供水、供电等）的安装，使用和维护都比较方便；
（4）由于只有一层，仓库全部的地面承压能力都比较强。

2. 多层仓库

有单层仓库，必然对应的有多层仓库，多层仓库一般占地面积较小，它一般建在人口稠密，土地使用价格较高的地区，由于是多层结构，因此货物一般是使用垂直输送设备来搬运货物，总结起来，多层仓库有以下几个特点：

（1）多层仓库可适用于各种不同的使用要求，例如可以将办公室和库房分处两层，在整个仓库布局方面比较灵活；

（2）分层结构将库房和其他部门自然的进行隔离，有利于库房的安全和防火；

（3）多层仓库作业需要的垂直运输重物技术已经日趋成熟；

（4）多层仓库一般建在靠近市区的地方，因为它的占地面积较小，建筑成本可以控制在有效范围内。

所以，多层仓库一般经常用来储存城市日常用的高附加值的小型商品。使用多层仓库存在的问题在于建筑和使用中的维护费用较大，一般商品的存放成本较高。

3. 立体仓库

立体仓库又被称为高架仓库，它也是一种单层仓库，但同一般的单层仓库的不同在于它利用高层货架来储存货物，而不是简单地将货物堆积在库房地面上，在立体仓库中，由于货架一般比较的高，所以货物的存取需要采用与之配套的机械化、自动化设备，一般在存取设备自动化程度较高时也将这样的仓库成为自动化仓库。

4. 筒仓

筒仓就是用于存放散装的小颗粒或粉末状货物的封闭式仓库，一般这种仓库被置于高架上，例如筒仓经常用来存储粮食、水泥和化肥等。

5. 露天堆场

露天堆场是用于在露天堆放货物的场所，一般是大宗原材料，或者不怕受潮的货物。

6.3.4　按仓库的管理体制分类

根据仓库隶属关系的不同，可以分为以下几类：

1. 自用仓库

自用仓库就是指某个企业建立的供自己使用的仓库，这种仓库一般由企业自己进行管理。

2. 公用仓库

这是一种专业从事仓储经营管理的，面向社会并独立于其他企业的仓库。一般自用仓库称为第一或二方物流仓库，而公用仓库被称为第三方物流仓库。

6.3.5 按定位的方式分类

1. 以市场定位的仓库

以市场定位的仓库通常用来向客户提供库存补充。一个仓库定位于接近主动脉的客户地点，可获得最大的长距离的从制造点的集运，而向客户的第二次运输则相对较短。由市场定位仓库服务的市场区域的地理面积的大小取决于被要求的送货的速度、平均订货多少，以及每个单位当地发送的成本。以市场定位的仓库是由零售商、制造商与批发商运作的。他们共同存在并向客户提供库存补充，这不论从服务能力基础或是作为提供物流支持的最低成本方法来看都是合理的。以市场为定位的仓库，通常用来作为从不同源地和不同供应商那里获取商品并集中装配商品的地点。通常商品分类很广泛，而任何特定商品的需求和进出仓库的总量相比是很小的。一个零售商店通常不会有足够的需求来向批发商或制造商直接订购大量的货物，零售要求由许多不同的或广泛分散的制造商生产的不同产品的集合。为了以低的物流成本对这样的分类库存的快速补充，零售商可以选择建立仓库，或者使用批发商的服务。

以市场为定位的仓库的例子可见于食品与大商品工业。现代食品分销仓库，在地理上通常坐落在接近它服务的各超市的中心。在这种情况下，由于商品不再需要长距离运输，因此从这个中心仓库位置可以完成迅速到达零售店的经济性运输，所服务的最远距离的零售分销店一般约离仓库350英里。其他以市场定位分销仓库的例子可见于制造物流支持中，在那里部件与零件被陈列着，以实现"适时"战略。 以市场定位的仓库在产业中很容易被观察到，仓库位于邻近被服务的市场，可以以最低成本方法迅速补充库存。

2. 以制造定位的仓库

以制造定位的仓库通常坐落在邻近生产工厂，以作为装配与集运被生产的物件的地点，这些仓库存在的基本原因是便于向客户运输各类产品。物品从他们所生产的专业工厂被转移到仓库，再从仓库里将全部种类的货品运往客户，坐落位置用来支持制造厂，可以集运费率将产品混合运往客户。这种产品分类的集运促进大量购买产品。以制造定位的仓库的优点在于，它能跨越一个类别的全部产品而提供卓越的服务。如果一个制造商能够以单一的订货单集运的费率将所有交售的商品结合在一起，就能产生竞争差别优势。事实上，一个制造商提供这种服务可能是被选为顾客喜爱的供应商。

好几个主要的公司现今仍以制造定位的仓库运作，最主要的例子是 General Mills，Johnson & Johnson，Kraft，General foods 和 Nabisco foods。在 Johnson & Johnson 公司，支持医院和消费商业部门的仓库，作为集运者服务于各种不同的商业单位。这样，跨越单个商业单位的所有的各类产品可用一张订货单、一个交通工具就可向客户提供。所有主要产品的库存在每一个分库中被保持着，以便为客户提供充分的运输服务。

【复习思考题】

1．什么是采购？
2．采购组织有哪些职能？
3．简述采购组织的模式。
4．简述采购的基本流程。
5．简述库存控制的必要性。
6．简述库存控制方法。
7．按不同标准仓库可以分为哪些类型？

CHAPTER7   MARKETING

Marketing is a main functional area, comprising several activities. Each activity may become a sub-department, or section, of the functional area but the marketing director or manager will oversee all the activities in order to ensure that company policy is implemented and sales increased.

7.1   MARKET AND CONSUMER RESEARCH

Market research investigates prospective new markets and anticipates changes in those markets.

Consumer research analyzes the preferences of the customer and the prospective customer.

These activities are often undertaken on behalf of an organization by a specialist company and involve approaching members of the public, either in the general market-place or within a particular store or even in a customer's home, in order to ascertain tastes and preferences.

If the questions being asked will take up more than a few minutes of the customer's time, a thank-you in the form of a small gift or sample product may be given. If information is required from a particular locality, it may be wise to employ a specialist agency in that area, whose staff will be able to use their local knowledge.

A market research project

The steps followed in market research are:

（1）Define the objectives of the research:

-Where are the markets for our products/services?

-What are their needs and wants?

-How big are they?

-What opinion do they have of our existing products/services?

-How does this opinion compare with that of our competitors?

（2）Design the research project:

-Begin with a pilot project to test method

-Considerations: segment, i.e. class, income, age groups, etc.

-Test by: free samples, door-to-door questionnaires

-Analyze effectiveness, and report

（3）Implement full research project

The methods of research:

-questionnaire by mailing

-telephone questions

-interviews

-hall tests by inviting people to attend

-omnibus panels, where families try out goods in their homes

（4）Refer to existing data. Sales records, government reports, and trade journals may all prove useful.

Market Factors

（1）Segmentation

-geographical

-personality

（2）Brand loyalty

Why do people stay loyal to one brand? How can new brands penetrate the market?

-improve packaging

-provide wider variety

-reduce the price

-increase the price (some people believe that higher prices indicate better quality products)

-promotional offers

Planning

- Diagnosis –What position does the organization have in the market at present?
- Analysis – How adequately is present policy related to the market?
- Objectives – Where should the company be heading, in terms of markets?
- Strategy – How should the organization go about achieving its aims?
- Tactics – What specific actions are required?

Pricing

Pricing must obviously be based firstly *on cost* and while there are cost advantages to be gained from large-scale production, there is also the problem of increased replacement, maintenance and repair costs.

There are psychological points, too, which help to determine the price, such as those set just below a round figure, e.g. $19.99 instead of $20.00. Even $1999 sounds better than $2000!

However, pricing must obviously be competitive and allow for discounts.

The pricing policy should dictate that process is competitive, even to the extent of selling at a loss to establish a position in the market or fight competition.

The sales representatives must be allowed some room for negotiation with customers, but not to the extent of eroding profitability.

7.2　PRODUCT STRATEGY

"Product" means everything which is used by a firm to provide consumer satisfaction. A product can be a physical commodity, or a service, a group of either of these, or a product-service combination.

It is important to bear in mind exactly what a product is to the consumer. It is really a package of satisfaction. The consumer's image of the product is frequently more significant than the physical description of the product itself. It is what it means to the consumer, not what it means to the seller, that is the key to product policy.

When the outputs of factories are virtually identical, and within a given price range, the conversion of an indifferent (even apathetic) potential consumer into a buyer needs effort. Irrespective of whether the product is a toy, a pair of shoes, a lipstick or management consultancy, the existence of competition often means that the successful seller offers more than the actual product itself. The product must be surrounded by value satisfactions which differentiate his product from others.

Developing your product line has to be based on a thorough understanding of the consumer, the market and all the various forces that make an impact upon them. The steps taken to achieve this are, broadly:

（a）appraising the products and their trends, in relation to those of competitors, as viewed by the consumer;

（b）analyzing consumer needs and habits and evaluating them with respect to both present and possible future markets;

（c）preparing product specifications of performance, physical characteristics, quality level, dependability, serviceability, safety features, product identification, packaging and appearance;

（d）formulating prices with the targets of volume and profit in mind;

（e）controlling product-lines by developing and administering policies, programs and plans;

（f）processing product ideas to make plans for innovation;

（g）providing product information for manuals, advertising, etc.;

（h）recommending design and redesigning;

（i）coordinating the plans and product programs for the various chief management functions :

（i）sales;

（ii）finance;

（iii）production.

Defining the product

The way the product is defined (described, explained) is important because the product has to have something extra. This is very clearly seen in the example of cosmetics. The buyer does not just buy a lipstick of a face cream - she also buys the hope that somehow these will help her to improve her attractiveness. Rolls-Royce does not only sell motor-cars, they sell status as well.

But the definition must suggest a definite course of action to the potential customer. It must contain features which produce results in this way. In some cases the things which surround a product are so fundamental to its success that we overlook them completely. For example, in clothing, it is style and color (not covering for warmth); in cars it is size, comfort, running costs, styling, performance and accessories (not mere transportation).

It follows that there are a number of special points we now have to consider relative to the firm's product-policy.

The basic marketing question is: what needs do the firm's product/services actually satisfy? Thinking about needs satisfied by the product leads to consideration of the ways in which alternatives could present themselves to satisfy that same need.

So, the question that follows is: could the market need be satisfied by other products currently available or potentially available as a result of foreseeable developments? It has been pointed out that ocean-going liners competed with each other to cross the Atlantic in the shortest time, yet their real competitors were the airlines. So to concentrate a study merely on existing competitive products is a mistake.

The product life-cycle

A great deal has been written and said about the fact that the life story of any product is on of passing through successive, clearly discernable stages.

Stage 1—Product development

This is when there are only outgoings since money is invested in design costs and the production of prototypes. After this comes the product launch which may involve less risk/less cost pilot sales before the higher cost/higher risk full-scale launch begins.

Stage 2—Market development

There is not yet a proven demand for it, sales are low and develop slowly. The cash flow is still negative as a rule.

Stage 3—Market growth

Demand begins to accelerate and the total market size begins to expand quickly. This could be called "take of stage". Unit production costs fall (due to increased volume of output) and the product begins to generate profits.

Stage 4—Market maturity

Demand levels off and increases usually only at replacement rate and new-family formation rate. Profits are still satisfactory, yet at the end of this stage further growth is inhibited by competitive products.

Stage 5—Saturation

More products are available than the market can absorb. Competition is intensified and prices fall.

Stage 6—Decline Stage

Here few companies can cope with competition and chronic overcapacity (apparent during stage 4 to some extent) occurs widely. This may be when managers are proposed. Production of the product is concentrated into fewer and fewer hands. Prices and profit-margins are depressed.

Being aware of the fact that a product has a life-cycle can become the foundation for policies and practices aimed at building up the market. The best advantage it gives is in the launching of a new product. But of course, this curve of sales revenue may well be distorted by a number of influences:

（a）new uses may be discovered for old products;

（b）a new group of users may emerge because of movements in fashion or social attitude, or the geographical extension of the market;

（c）legislation could be introduced enforcing product charge (e.g. safety or pollution factors);

（d）changes in the exchange rate may make foreign products more or less attractive.

The point is that the curve of the life-cycle is a general one and only the experience of the marketing managers can possibly identify the stages of a given product's life-cycle. It must be added that as well as the individual product's life-cycle, a product category as a whole has a particular life-cycle.

The product category of 35 mm range-finder cameras began 40 years ago, reached the peak of success 20 years later and now shows considerable decline because of competition from new technology. During the 40 years a number of individual products experienced their own life-cycles and contributed to the product life-cycle.

7.3   SALES PROMOTION

This has many faces : the "buy one get one free" offer, the money-off coupon, the straightforward discount for a limited period only, the free gift attached to the purchase of another product, a free sample, free testing in supermarkets, offers of entries to prize draws when buying the product and filling in the coupon … and so on. In fact, all these examples are methods of advertising, because advertising takes place in order to inform people that the product or service exists, and to encourage them to try it out; and once having tried it, to continue to use it—and even encourage others to do so … think of "recommend a friend and we'll send you a free gift".

The purpose of advertising in all its forms, therefore, is firstly to inform, then to persuade.

If an organization is large enough, its advertising section may employ writers, artists, photographers, and executives with contacts in the media, - television, newspapers, and radio. However, most organizations are content to recruit someone to guide advertising agency staff as to the company's policy, to act within budget limitations and to produce information on the impact of each advertising campaign.

The undesirable effects of advertising

Stagnation—competitors are reluctant to penetrate the market because existing advertising campaigns are so vigorous.

Monopoly—customers become so loyal to the brand that a monopoly may be created, whereby competition is eradicated.

Temptation—People who cannot really afford the products are persuaded to buy them, perhaps in the hope of improving image or status.

Profit erosion—if the market is highly competitive, organizations may overstretch themselves on advertising costs and develop financial problems.

Risk—there is no guarantee that the advertising campaign, no matter how costly, will bring any rewards.

7.4   SALES AND DISTRIBUTION

If the goods being manufactured are perishable, the task of distribution becomes all important, because transport containers may have to be maintained at certain temperatures or humidity and time will be critical. This is even more alarming if the products are being exported, because delays can occur at the borders with other countries for so many reasons – language barriers, completion of paperwork, confusion over whether the product may be imported, and so on.

Sales clerks within a sales department will process orders, keep customer records and record actual sales. They must work closely with sales representatives, who will each have their target sales figures and their own geographical area within which to achieve these.

Many companies now provide their sales representatives with a computer terminal at home, where they can input their daily orders and establish current stock levels, as well as pick up messages from base. This removes some of the limitations of office opening hours and may cut down on travelling time for representatives.

7.5   AFTER-SALES SERVICE

This is in itself a form of advertising. Its existence should reassure the customer that should any fault occur with the product, help is at hand and, if regular maintenance is required, the experts are available to provide this.

Exercises:
Question 1
Differentiate market research from consumer research.

Question 2

What are the steps to be followed in market research?

Question 3

What are the factors to consider in marketing a product?

Question 4

How should "pricing" be done?

Question 5

Define "by product".

Question 6

What are the steps to be taken in developing a product line?

Question 7

Explain the following stages of the "product life-cycle":
- Product development
- Market development
- Market growth
- Market maturity
- Saturation
- Decline stage

Question 8

What are the undesirable effects of advertising? Explain each.

Question 9

What do you mean by "after-sales service"?

第7章　市　场　营　销

7.1　市场和顾客调查

市场调查和顾客调查是市场营销部门开展工作的基础，本节将从市场调查和顾客调查的概念、程序、方法等方面详细介绍相关技巧。

7.1.1　市场调查

1．市场调查的定义及特点

（1）市场调查的定义

市场调查（Marketing Research）也可译作营销研究或市场研究。市场调查的定义很多，其中最有代表性的是美国市场营销协会以及菲利普·科特勒博士（Philip Kotler）关于市场调查的定义。美国市场营销协会（American Marketing Association，AMA）认为市场调查是对商品及服务市场相关问题的全部数据进行系统的收集、记录、分析的过程。菲利普·科特勒（Philip Kotler）博士认为市场调查是系统地设计、收集、分析和报告与公司所面临的具体市场形势有关的数据和发现的过程。本教材认为市场调查就是对商品及劳务的相关信息进行系统的设计、收集、记录、分析和报告的过程。

（2）市场调查的特点

在市场调查的所有定义中，有四个词经常出现，即：系统性、客观性、信息性和决策性。每一个词都揭示了市场调查本质内容的一个方面。

① 系统性

市场调查必须针对某一问题进行，目的明确；必须先行设计、经过认真的策划和实施；必须收集充分的、有代表性的数据，并加以精确计算。

② 客观性

市场调查必须采用科学的方法；必须不带偏见，不受感情的影响；对事实、证据的阐述必须排除主观性，进行合乎逻辑的推断。

③ 信息性

市场调查帮助提高对市场的理解水平；是扩展决策的基础。

④ 决策性

市场调查帮助降低决策的风险程度；能帮助企业领导在仔细考虑备选方案后，做出合理的选择。

2. 市场调查的程序

市场调查的程序包括四个步骤，即确定调查的问题和调查目标、制订调查方案、实施调查及调查结果处理。

（1）确定调查的问题和调查目标

市场调查是为了探测市场营销活动中存在的问题，寻求解决问题的方法和途径，因此，市场调查的第一步是进行初步情况分析，确定调查的问题和范围，并提出调查目标。初步分析应在掌握企业内外部相关资料的基础上进行，着重分析以下问题：①企业当前面临的营销问题是什么？②在众多影响营销的因素中，哪些应作为调查的重点？③未来的市场如何变化？

在明确营销问题的基础上，提出希望通过市场调查来分析研究的问题，进而明确市场调查应达到什么目标。

调查目标可分为三类：一是试探性的，即收集初步信息，分析出问题的性质，从而提出推测或假设；二是描述性的，即通过调查，对某一问题作一个详细的说明；三是因果性的，即通过调查，检验推测和假设的正确性。

确定问题和调查目标往往是整个市场调查过程中最难的一步，正确地确定要调查的问题，明确调查的目标，可以大大节省用于调查的时间和费用。

（2）制订调查方案

市场调查的第二阶段是制定出最有效的收集信息的计划。它包括以下几个方面：

① 选择收集资料的方法

市场调查的资料来源可分为原始资料和二手资料。原始资料是指调查人员通过实地调查所获取的资料；二手资料是指调查人员通过查阅、索取、交换、购买等方式获得的经过他人搜集整理的现成资料。如公司内部资料、政府出版物、杂志和书籍、咨询公司出售的商业性资料等都是二手资料的来源。对调查人员来说，首先要考虑能获得多少与调查相关的二手资料，因为二手资料的获得要比原始资料来得快而且成本低；然后再决定哪些是需通过调查来获取的原始资料。这样就可以避免不必要的重复和浪费，减少实地调查的范围和工作量。

② 选择调查方法

调查方法是指搜集原始资料的具体方式和方法。包括问卷调查表的设计方式、实地调查的具体方法、调查资料的整理分析方法等。

③ 制订调查方案

调查方案是指对调查的各项内容做出细致的安排，为市场调查提供行动纲要。包括调查的组织、调查的工作进度、调查的经费预算等内容。周密的调查方案可以保证市场调查工作正常地、有序地开展。

（3）实施调查

市场调查的第三阶段是实施调查，就是到现场实地收集资料。现场调查工作的好坏，直接影响到调查结果的正确性。在整个市场调查过程中，这一阶段是成本最高也是最容易出错的阶段。因此，调查人员应密切关注调查现场的情况，尽量避免类似于调查对象提供不诚实或有偏见的信息等现象出现，以保证调查的正确执行。

（4）调查结果处理

市场调查的第四阶段是整理分析资料，并编写调查报告。

① 整理分析资料

即指对现场实地调查所获得的资料进行筛选、分类、统计和分析。

- 筛选是指将调查资料中一些不完整的、前后相矛盾的资料剔除，以保证资料的真实性。
- 分类是指把筛选过的资料根据其内容进行归类并编号，以便于下一步的统计与分析。
- 统计是指对经过分类的资料进行统计计算，并制成各种统计图表，以便更直观地反映问题。
- 分析是指从统计所得的数据中分离出重要的、适用的信息，并得出结论。

② 编写调查报告

市场调查的最后一步是根据所得出的结论编写调查报告。调查报告的主要内容一般包括调查过程概述，调查的目的，调查资料的来源和收集方法，调查的结论和建议。

调查报告提交以后，调查人员还应注意追踪了解决策部门是否接受了调查报告的结论，是否采纳了调查报告中提出的建议，并进一步了解这些建议被采纳以后的效果，以便总结经验，不断提高市场调查的质量。

3. 市场调查的方法

市场调查的方法有很多，在实地现场调查中常用的调查方法可分为询问法、观察法和实验法三类。

（1）询问法

询问法是由调查人员以询问的方式进行调查，从被调查者的回答中获取所需资料。按调查人员与被调查者之间的接触方式的不同，询问法可分为访谈调查、信函调查、电话调查和网上调查四种形式。

① 访谈调查

访谈调查是调查人员通过走访被调查者，用事先拟定的调查提纲或调查问卷，当面向被调查者询问有关问题，以获得所需资料。根据被调查者人数的多少，访谈法可采用个别访谈和小组座谈等形式。

访谈调查的优点：一是灵活，访谈时，可以按问卷提问，也可自由交谈，还可以根据情况灵活掌握提问次序；二是真实，访谈时，调查人员可以直接观察到被调查者，能从中判断出被调查者回答的问题是否正确；三是深入，访谈时，双方可以对一些较为复杂或重要的问题进行讨论，能够作较为深入的调查。

访谈调查的缺点：一是调查费用高；二是受调查人员的影响大，因为被调查者有时会受调查人员的态度、兴趣等影响而产生偏见。

访谈调查适用于调查范围较小而调查项目较复杂的调查。

② 信函调查

信函调查是调查人员将所拟定的调查问卷邮寄给被调查者，请被调查者填妥问卷后寄回，从而获取调查资料。

信函调查的优点：一是调查区域广；二是调查费用低；三是被调查者回答问题时不受调查人员的影响，并且有充分的时间思考问题，答卷质量较高。

信函调查的缺点：一是调查时间较长；二是回收率低；三是答卷者可能不是被调查者本人，影响调查的代表性。

为了弥补信函调查的缺点，可采用留置问卷调查的方法。留置问卷调查是调查人员将调查问卷当面交给被调查者，进行说明和解释后留给被调查者，由其自行填写，再由调查人员按约定的时间上门收回，从而获取调查资料。信函调查和留置问卷调查适用于较大范围和较复杂问题的调查。

③ 电话调查

电话调查是调查人员根据调查提纲或调查问卷，用电话与选定的被调查者交谈，从而获取调查资料。

电话调查的优点：一是快速，可以在较短的时间内访谈较多的被调查者；二是对有些不便面谈的问题，在电话访谈中可能得到回答。

电话调查的缺点：一是调查广度受到限制，只能限于有电话用户；二是调查时间不可能太长，难以询问比较复杂的问题。

电话调查适用于调查项目单一，问题相对简单，并需要及时得到结果的调查。

④ 网上调查

网上调查是调查人员将调查问卷放在网页上，由上网者自己填写，从而获取调查资料。

网上调查的优点：一是区域广，不受地域限制；二是匿名，被调查者能回答内心真实的想法和看法。

网上调查的缺点：一是时间长；二是调查样本的代表性差，因经常上网的大多是年轻人。网上调查适用于对一些较为流行的、热门的、敏感的问题的调查。

（2）观察法

观察法是调查人员用自己的眼睛或借助于器材，在调查现场直接观察和记录被调查者的行动，以获取所需调查资料。

采用观察法调查有多种形式，按调查人员在观察过程中是否暴露身份，可分为公开观察和隐蔽观察；按事先是否有目的、有计划、有安排，可分为结构性观察和非结构性观察；按是否借助于器材，可分为用设备观察和人工观察等。不同形式的观察，对调查人员和被调查者的要求不同，其调查结果的真实性也会不同。应根据调查的内容和调查现场的情况，采取相应的观察形式。

观察法的优点：一是调查资料准确性较高，因是调查人员直接观察或记录被调查者的有关事实，因此所获取的调查资料较为可靠和直观；二是调查资料较为客观真实，观察调查一般不与被调查者直接接触，可以排除人际交往和语言交流中可能发生的各种干扰；三是调查的时效性较高，因观察调查可以借助于器材进行随时随地、连续不间断的观察。

观察法的缺点：一般只能获取被调查者的外部特征，无法观察到被调查者的态度、动机、成因等内在因素。

（3）实验法

实验法是调查人员根据调查的目的，选择一两个实验因素，将它们置于一定的市场条件下进行小规模的实验，通过对实验结果的分析来获取调查资料。如选择对商品销售量有明显影响的价格和包装两个因素作为实验因素，在其他因素不变的情况下，进行销售实验，从销售量的变化中，便可表明价格和包装对销售量的影响。像一些企业早已采用的商品试销、试用、展销等都属于实验法。

实验法的应用范围很广，当某种商品的品种、设计、价格、包装、商标、广告、陈列方式及某种营销活动等因素改变时，都可以用实验法进行小规模和小范围的销售实验，以分析某一实验因素变化与销售量变化之间的关系。

实验法的优点：调查方法较为科学，实验数据能真实地反映情况。

实验法的缺点：因市场上不可控因素太多，且有些变动因素难以把握，实验数据会受当地当时市场条件的影响，实验结果缺乏纵向可比性。

7.1.2 顾客调查

一般的顾客调查方案包括调查目的、调查内容（指标`）、调查方法、调查对象、问卷设计、调查组织实施、调查数据处理、调查报告撰写等环节和步骤。

1. 顾客调查目的的设定

顾客调查的主要目的是从战略的高度主动迎接现代商业挑战，以公司服务对象——消费者即顾客（customer）入手，调查、测试顾客"质"与"量"的现状和趋势，为公司制定和调整经营策略、公关策略、促销策略、价格策略、商品进货选择、商场布局、服务方式和内容等提供客观、科学的依据等。

顾客调查的具体目的包括：

（1）调查测试顾客流量和结构现状，分析其变化趋势和原因；

（2）为企业制定和调整经营目标、经营计划提供依据；

（3）为商场制定经营策略、竞争策略、促销策略提供依据。

2. 顾客调查的内容和指标

顾客调查内容主要根据调查的目的而定，并围绕调查目的而展开。这是设计调查内容和指标的基本原则和方法。通过调查内容和指标来设计顾客调查方法和顾客调查问卷。一般顾客调查的内容和指标主要包括以下几个方面：

（1）客流量

客流量指标，指以观察、记录的方式调查测试的顾客流量的内容和指标。包括以下两个子指标：

① 定时定点客流总量：以定点（以某卖场进出口'）和定时（规定的测试时间'）的方式所测试的客流总量；

② 定时定点客流构成结构：客流总量中有关性别、年龄等因素的比例。

（2）抽样调查相关内容

抽样调查指以问卷抽样调查的方式所应获得的调查内容和指标。主要包括：

① 被访者的背景资料：被访者的职业、性别、年龄、地区分布、收入、文化的结构特征；

② 消费者意向调查：商场的选择习惯和倾向（耐用商品类与日用商品类'）、商场服务满意度、购物环境满意度、售后服务满意度、各柜组（或楼层'）满意度、公关活动影响度、促销方式的接受度、入场顾客购买率（购买商品占总数的比例'）。

3. 调查方法

（1）观察记录法

此法拟采取调查人员在商品卖场的进出口处定点、定时记录进或出的客流量。其中有关定点、定时和记录方法的确定为关键为实现本方法有效性的关键。

① 定点确定：以商场为整体划定的商场与外界的进出口为调查测试点，以观察记录客流量分布；

② 定时确定：一般一周作为测试调查的一个完整周期，以消除休息日与工作日存在的差异。每天确定六个测试时间阶段。如以十五分钟为一个时间阶段；

③ 调查测试方法与技巧；每一测试调查点由两人进行观察记录。其中一人记录女性顾客，另一人记录男性顾客，以便及时、准确掌握顾客信息。

（2）随机抽样问卷访法

此法采用在商场内，以随机抽样的方式选择 200 名消费者做问卷访问调查（中等深度），以调查测试消费者的其他规律和特点。

①　访问地点确定：在商场内和商场外（注:在商场外则必须以出场顾客为对象`）选择较宽敞、安静的十个地点作调查访问地点；

②　访问时间确定：一般以 9：30—11：30，14：00—16：30 时间段作为问卷访问调查的时间；

③　调查技术关键点：①以随机抽样为原则，同时专门指定访问一定数量的已在商场购物的消费者，并在统计时作特殊分类分析；②以公司公关部征求广大顾客意见的名义、并作为商场的一次公共关系活动的方式进行；③询问时应该注意提问的语气、方式和技巧，避免引导性提问。

4．其他注意事项

（1）问卷设计尽可能简洁、明确、易懂，尤其要围绕调查目的和调查内容进行设计，同时，还必须注意将专业术语转化为消费者能理解的语言；

（2）调查访问人员的组织方式，一般采取"两人一组，每组一男一女"的人员搭配方式，以便提高调查成功率；

（3）调查的程序，通常包括从下达调查任务开始，到调查策划、调查组织实施、撰写调查报告以及调查报告验收等环节。其中调查组织实施具体包括：①问卷设计、抽样设计、人员培训；②试调查；③调整计划；④质量监督与组织实施；⑤数据处理。

（4）注意区分"调查的意向率"与市场的"实际行为率"的关系。调查获得的各种意向率与实际行为率之间存在差异，差异率大约为上下 20%的幅度。在进行信息分析和决策时，尤应注意两者的区别和联系。

（5）注意区分调查的样本与客观市场（母本）的关系。在整个调查过程中，尽管始终注意从调查范围、调查地点、调查时间、调查对象等因素进行选择和控制，最大限度使调查抽样具有随机抽样的特点。但是，调查样本与总体之间总是存在一定程度的误差。在进行信息的分析和决策时，也应该考虑这一客观存在的误差。

7.2　产　品　策　略

7.2.1　传统的产品策略

1．产品与产品生命周期

（1）产品的概念

产品是指向市场提供的、能满足人们某种需要和利益的物质产品和非物质形态的服务。市场观念下现代的产品概念可简述为：产品=实体+服务。这种对产品的理解，叫做产品的整体（组合）概念，它具有三个层次的含义，即核心含义、形式含义和延伸含义。产品的核心含义是指产品提供给顾客的基本效用或利益，是消费者需求的中心内容；产品的形式含义指产品向市场提供的实体和劳务的外观，是扩大化了的核心产品，由产品的质量、款式、特点、商标及包装等五个要素构成；产品的延伸含义指顾客消费时所得到的其他利益总和，是由企业另外附加到产品上去的，能给顾客带来更多的利益和更大的满足，如维修、咨询等。

（2）产品生命周期

产品生产周期是指某一产品从完成试制、投放市场开始，直到最后被淘汰退出市场为止的全部过程所经历的时间。典型的产品生命周期分四个阶段：投入期、成长期、成熟期、衰退期。

① 投入期。一般地讲，产品在投入期宜采用的营销策略有以下几种：迅速撇油策略——高价格、高水平促销；缓慢撇油策略——高价格、低水平促销；迅速渗透策略——低价格、高水平促销；缓慢渗透策略——低价格、低水平促销。

② 成长期。产品在进入成长期后，在营销策略上应突出"快"字，以便抓住市场机会，迅速取得最大的经济效益，同时迅速扩大生产能力。

③ 成熟期。主要营销策略有：市场改进策略——开拓更广泛的市场；产品改进策略——对产品特性、质量、功能等方面做某些改变；市场营销组合策略——对产品设计、定价、分销渠道和促销这四个因素进行综合改进。

④ 衰退期。主要营销策略有：维持或缩小策略；延长寿命策略；彻底淘汰策略。

2. 新产品开发策略

所谓新产品，是对企业而言是一切新开创的产品，包括全新产品、部分新产品、改进新产品、仿制新产品。企业必须根据市场需要、竞争动态和自身能力，正确选择开发新产品的策略，主要有：对现有产品进行改进；扩大现有产品或劳务的花色品种；扩大产品线；仿制；多样化新产品策略。

3. 包装和品牌

包装有两层含义：一是静态方面的含义，指产品的容器和其他包扎物；二是动态方面的含义，指盛装或包扎产品的活动。从市场营销学角度来看，包装是产品整体中的形式产品，是一种促进销售的活动。通常采用的包装策略有：类似包装策略；综合包装策略；等级包装策略；再使用包装策略；附赠品包装策略；创新包装策略。

品牌是个名字、词语、符号或设计，或是他们的综合运用，其目的是用以辨识某个企业的产品或劳务。品牌策略通常有：统一品牌策略；个别品牌策略；扩展品牌策略；品牌创新策略。

4．产品组合策略

产品组合是指一个企业所经营的全部产品　线的组合方式，包括三个因素：产品组合的宽度、深度和关联度，这三个因素的不同构成不同的产品组合。产品组合策略是指根据企业的经营目标，对产品组合的宽度、深度和关联度进行最优决策。

产品组合策略主要包括以下几种：①全线全面型策略即增加产品组合的宽度，经营更多的产品以满足市场的需要；②市场专业型策略即向某一专业市场提供所需的各种产品，而不在乎产品线之间的关联程；③产品系列专业型策略即企业专门经营某类产品的生产，并将其产品推销给各类顾客；④有限产品系列专业型策略即企业根据自己的专长，集中经营有限的甚至单一的产品线以适应有限的或单一的市场需求；⑤特殊产品专业型策略即企业根据自己的专长，生产某些在市场上有竞争力的特殊产品项目。

7.2.2　知识经济时代企业的产品策略

知识经济时代，随着消费者新特征和产品新特征的出现，企业产品策略表现出新的趋势，企业产品策略调整与创新势在必行，产品创新策略、产品品牌策略、绿色产品策略等成为新经济时代企业重要的产品策略。

1．产品创新策略

管理大师比得·德鲁克说过：在这个需要创新的时代中，一个不能创新的已有公司是注定要衰落和灭亡的。产品创新是企业营销创新的核心。由于科学技术的迅速发展和消费者需求变化的加快，产品的生命周期变得越来越短，企业只有不断地推出新产品，才能在竞争中立于不败之地。

第一，企业必须认识到产品创新的动力是消费者需求。企业在产品创新的初始阶段，应认真调研顾客的需求变化，预测产品创新的方向。在理性消费时代，消费者更加注重产品价值的最大化，在购买产品和接受服务时要觉得物有所值，因此，企业必须重视产品价值创新，以获得顾客的偏爱；第二，企业必须以技术创新来推动产品创新，以使产品创新具有连续性。没有技术创新，产品创新就成了无源之水，无本之木。知识经济时代产品创新的另一个特点是通过供给来创造需求，强调通过开发高知识含量的产品，运用消费者教育，变消费者潜在需求为实际需求，不断开发新市场。

2．产品品牌策略

知识经济时代，市场竞争日益激烈，价格战和广告战不是企业占领市场的最佳途径，最有效的策略就是打造自身的产品品牌，通过强势品牌取胜。

第一，产品品牌要有独特的个性。理性消费者对自己具有明确的认知，他们在选择品牌时会考虑某个品牌是否符合"自我形象"，他们倾向于购买有助于加强他们形象的品牌，他们希望品牌能体现自己的个性；第二，产品品牌要有明显的标志。信息时代，消费者每天面对的信息浩如烟海，他们购买某种产品或服务往往面临多种品牌的选择，具有醒目标志的品牌容易吸引消费者的注意，这一点对于服务行业显得更为重要；第三，产品品牌要能增加产品的附加值。消费者消费名牌产品或服务，以此来获得心理上的满足和得到社会的肯定，进而满足其社会需要和尊重需要。

3. 绿色产品策略

绿色产品策略是绿色营销的重要内容，它是企业生存发展的需要，体现了企业对社会的责任和对消费者的责任。首先，企业应树立社会营销理念。企业不仅要考虑自身利益，更要考虑消费者利益和社会利益，树立以消费者为核心，服务于社会的经营宗旨；其次，企业应制定绿色产品及服务策略。企业可选择绿色产品种类，推行绿色产品设计，实行绿色包装与绿色标志，实现绿色产品组合，为消费者提供绿色服务。知识经济时代，绿色产品是社会和消费者对企业的要求，绿色产品策略也是企业的可持续发展策略。

7.3　促　　销

7.3.1　促销概述

1. 促销的定义

促销即促进销售，是企业为了激发顾客的购买欲望，影响他们的消费行为，扩大产品的销售，而以人员或非人员的联络方式进行的一系列联系、报道、说服等促进工作。其主要作用有以下几方面：激发需求、促进购买、传递信息、扩大流通、有利竞争、改善服务。

2. 促销的原则

促销的原则主要有：遵守法律规章，即在合法的前提下开展促销活动；遵守商业道德，即在合法的范围内还要遵守商业道德；讲究策略艺术，以产品为核心，即促销组合必须以产品本身的表现为核心；实事求是，以理服人，即必须遵守信息传播的基本原则，传播真实的信息。

3. 促销的方式

促销方式包括人员推销和非人员推销两种，后者又包括广告、营业推广和公共关系三种具体形式，还可以包括服务促销方式。两种促销方式各有特点：人员推销传播面窄、费用大，但信息可以双向传播，意见可以直接反馈，有利于买卖双方直接交流；非人员推销传播面广、速度快，但它属于信息的单向沟通，意见不能直接反馈，只能间接反馈。

7.3.2　促销组合

促销组合就是根据营销目标的要求，将上述几种促销形式进行搭配、调整，形成一套针对选定目标市场的促销策略。促销组合具有以下特点：必须包含上述几种形式之中的两种或两种以上手段的综合运用，必须是作用于选定的目标市场，具有很强的可变性。促销组合的作用在于提供信息，增加需求，增强企业和产品竞争力，保持销售稳定。促销组合应考虑的因素主要有：产品的性质和特点、产品所处的生命周期、市场特点、顾客对各种促销方式的接受程度、企业能力。

7.3.3　人员推销的技巧

探测性推销——用于初次接触的顾客，利用"刺激—反应"模式，按计划同顾客进行交谈，以观察顾客的反应，然后逐步根据顾客的反应调整谈话内容，引导顾客的兴趣向产品转移，促成购买行为的实现。

创造性推销——直接将产品的某些特性有效地向顾客宣传，使其产生兴趣，诱导顾客的潜在需求，促使顾客购买产品行为的发生。

针对性推销——对有初步了解的顾客，根据自身产品特性，有目的地进行推销。

教育式推销——对新产品和初次接触企业产品的顾客，用培训教育、示范操作等方法向顾客传授产品知识，打消顾客的顾虑，促使其做出购买选择。

7.3.4　广告

在现代社会中，只要是对人的感官产生影响的物体都可成为广告媒体。但通常，人们使用最频繁的仍是以下几种媒体：报刊、广播、电视、广告函件和户外广告等。要使广告产生良好效果，首先必须对媒体进行综合分析研究，包括对广告活动的主观环境和客观环境的研究。前者是指在广告活动中如何从自我支配因素中找出实现营销策略和广告策划的传播途径及方法，包括对产品和市场的研究，对策划创意的研究，对广告时机的研究，对企业经济实力的研究等；后者是指通过对广告信息传播条件的研究，寻找适应广告策略的媒体，包括对载体（传播量、受众数量）的研究，载体对信息亲和性（受众的关心程度）的研究，各种载体的总体广告发布量和广告发布密度的研究等。

要使广告达到一定的促销效果，在对广告媒体进行研究的基础上，选择时应考虑以下因素：

（1）产品的种类和特点。针对不同类型的产品采用合适的广告媒体，比如新产品或高科技产品可利用广告函件做广告，以便详细说明或有目的地选择顾客。

（2）目标市场的特点。必须根据目标市场的特点来选择媒体，比如儿童用品多用电视广告等。

（3）广告媒体的覆盖面和影响力。要考虑广告的传播范围、接触频度和作用强度，一般来说，媒体的传播范围应与市场范围相一致。

（4）广告的目的和内容。同一种产品，可以因为广告的目的或内容的不同而选择不同的媒体，如推销性广告要求大众化、瞬时印象深，适于用电视媒体，而说服性广告则可利用报刊、广告函件的可保存性以加深顾客的接触率。

（5）广告成本。企业应对广告成本进行分项核算，掌握好效果与成本的关系，提高广告的经济效益。

7.3.5　营业推广

营业推广又称为销售促进，是指以激发顾客购买和促进经销商的经营效率为目的，采取诸如陈列、展览、表演、赠物等非常规的、非经常性的，不同于人员推销、广告和公共关系的促进销售活动。

根据市场特点、销售目标、推广目的的不同，营业推广大致可分为对顾客的营业推广（目的在于激发顾客的购买欲望，提高重复购买率，推动新产品销售，扩大市场占有率等）、对中间商的营业推广（是为了鼓励中间商大量进货、代销，加速货款回收）、对推销人员的营业推广（旨在鼓励推销人员积极工作，努力开拓市场，增加销售量）三种类型。

营业推广的方式很多，主要有：赠送样品、折价优惠、以旧换新、抽奖、发奖券、免费提供陈列样品、推广资助、推销竞赛等，各企业可根据本企业和经销产品的特点来决定采取何种方式进行营业推广。

7.3.6　公共关系

公共关系是指企业为刺激顾客对产品或服务的需求，并改善企业与公众的关系而采取的一种系统活动，其目标是树立企业特定形象，强化企业社会关系，加深产品印象，激励全体员工，增强企业内部凝聚力。公共关系的对象主要是顾客、新闻媒体、各有关机构、协作单位、竞争者和本企业职工等。

公共关系的活动方式大致有以下几种：赞助和支持社会各项公益活动，新闻宣传，听取和处理公众意见，建立与有关机构的友好联系，积极参加社会活动，建立企业内部良好的员工关系。各种促销方式的比较如图 7-1 所示：

促销方式	优点	缺点
人员推销	直接面对顾客,有利于交流与沟通,便于解答顾客提出的各种问题,促成及时成交	成本高,对推销人员的素质要求高
广告	辐射面广,可根据产品特点和消费者情况灵活地选择广告媒体,并可多次重复宣传	信息量有限,说服力较小,消费者对产品的反馈情况不易掌握,购买行为滞后
营业推广	刺激强烈火迅速,吸引力大,能起到改变消费者购买习惯的作用	刺激时间较短,有时会导致消费者的顾虑和不信任,产生逆反心理
公共关系	易获得公众信任,建立企业和产品的形象和信誉	见效缓慢,需经常推动
服务促销	有利于解除用户的后顾之忧,及时反馈产品使用信息	需等到用户购买,使用后,才能见到效果

图 7-1　各种促销方式比较

7.4　销售和运输

7.4.1　销售

只有疲软的产品,没有疲软的市场。市场赐给我们每个企业的机遇是相等的,关键在于如何运用如何开拓。作为企业领导和业务销售人员,要在实践中不断提高自身的销售措施和销售策略,销售可以分为三大类型:

1. 人员销售

可以说,人员销售是经济发达地区最常见、最有效的销售方式。它能向消费者传播生产信息和产品信息,招徕顾客,加深感情,变新顾客为老顾客;了解市场,为企业修正策略,提供信息;根据市场需求,为企业发展新产品提供信息,发展新市场,开拓新市场。人员销售经常用于竞争形势激烈的时候,销售价格昂贵、性能复杂的商品。只有训练有素的销售员,才能解答购买者提出的疑难问题。企业要加强对零售人员的业务培训,可以建立销售人员培训机构,定期、不定期地对销售人员进行经营知识、产品知识、推销技巧和能力等培训。

一名合格的销售人员应具备的素质主要有以下六个方面:(1)树立正确的销售思想。既要竭诚为本企业服务,又要正确处理企业利益与顾客利益之间的关系;既代表企业说活,又处处为顾客着想。(2)具有优良的道德品质。销售人员要处处讲究职业道德,销售的产品绝不夸夸其谈,更不能说假话,欺骗人,从中牟取非法收入。(3)具有丰富的经营知识。这里主要包括对产品的结构、规格、性能、特点以及工商、法律、财务知识,对市场信息的收集、加工以及反馈技术等,都要了如指掌,灵活运用。(4)精通销售业务。作为销售人员,要不断地研究消费者的心理、市场行情的变化、新产品的开发,以及人际关系、地域特点等等。（5）掌握销售技巧。销售是一门艺术，有许多技巧需要掌握。销售人员要有与顾客交际的本领，通过交往，了解购买动机，加深感情，同时，又要具有文明谦逊的风度，朴实大方的行为，诚实机智的谈吐，以理服人的口才。（6）要有毅力，能吃苦。

除了做到以上六个方面外，还要抓好对销售人员的管理与考核。特别是负责生产经营的领导，要定期组织生产经营联席会，沟通生产销售之间的信息。要对经销工作实行动态管理。可以实行销售人员承包责任制，采用销售数量到人，销售市场到点，销售收款到位，奖罚分明等措施，调动销售人员的积极性。对销售人员的考核应该实行综合定额考核，除销售产品数量外，还要有相关的附加任务，如对需求行情的调查，不同目标市场需求偏好的了解，竞争势态的分析，机会与威胁分析，新市场开拓建议，经营策略各方面的改进意见等。

2. 广告销售

销售人员应充分运用广告这一宣传手段把自己的产品介绍给消费者，让顾客了解产品，提高产品知名度；再者就是公关宣传，它是充分利用各种传播媒介，如新闻工具、展销会、参加集会等向社会宣传企业及产品，树立企业声誉，增进公共关系，争取公众的支持、理解，为企业销售产品争取一个良好的社会环境；也可以经常走访用户或把顾客请进来参观生产现场，取得用户的理解与支持，增进感情，巩固用户。

3. 特种销售

特种销售是主要销售方法的补充。特种销售主要有：（1）加工销售法。对一时滞销的产品，经过深加工或改造后再投放市场销售。（2）方便销售法。可以实行降低出厂价起点，小批量、小包装销售，实行预约挂钩，办理信函销售；主动送货上门，深入农村、工厂、街道销售；允许用户自由选购、试用、退货、调换。（3）服务销售法。为用户和消费者提供免费或有偿服务，包括安装、修理、举办讲座或培训班、实地现场技术咨询传授技术，销售前期、中期、后期服务等。（4）让利销售法。本着不赔不赚的原则，对滞销产品适时降价处理；对一般产品本着微利少赚的原则，实行薄利多销，扩大销售额，减少产品积压或资金占用。（5）分散摊销法。产品积压严重的企业，可发动全体职工搞销售，定任务，定报酬。

7.4.2　运输

运输是实现产品从生产地到消费地转移的活动，运输创造了产品价值的空间效用。通过运输，产品从一个地方运输到一定距离外的另一地方，快速高效的运输可以提高客户的满意度，反之则会产生严重的负面效应，如销售量降低、客户不满意及生产线停顿等。由于运输成本是可变成本，为了补偿成本、获得利润，必须在产品定价时慎重考虑运输成本，无效的运输过程和额外成本都会迫使企业提高产品价格。另外企业目标市场的选择，原材料的采购以及生产厂、仓库等设施的选址也必须给予运输方式的有效性、运输成本、准确交付能力等运输相关因素以充分考虑，并达到服务水平与运输成本的合理平衡。

1. 公路运输

公路运输可提供快速、可靠的运输服务，在运输过程中产生货品损坏的情况也比较少，运输距离小于 500 英里时最适合使用公路运输，具备弹性大和多变化的特性。公路运输富有机动性，可运送空运少量的货物或是铁路运输、海运大量的货物，提供货主点对点的运输服务，因此对物流系统来说极为重要。

（1）公路运输的优点

① 机动性高。可以临时安排运送路线与时间，进行紧张运送，富有弹性与方便性。

② 运送速度快。就短程运输来说，公路货运无须搭配其他运具，就可以提供从起点到终点整体旅行时间最短的运输服务。

③ 普及性高。只要有公路到达的地方，就可以进行运送，很少受地形与气候的限制影响。

④ 经营容易。因资本投入低，可弹性调整经营规模与服务范围。

（2）公路运输的缺点

① 载运量小，不利长途运输。货运载运量远小于火车与轮船，每台车即需配有一个驾驶员或需再加上助手，不仅运输量小，也不利于长途运输。

② 交通安全性低。公路运输受限于路况、车辆性能、驾驶员素质等影响，容易发生交通事故，安全性较低。

2. 铁路运输

各国铁路运输，主要以公共运送人方式经营，不拒绝任何客户，极少部分为契约运送人或私有运输。在澳大利亚、美国、中国这些大陆形态国家中，铁路运输是最重要的运输方式，铁路运输最适合平均运送距离是 463 英里，但受限于固定的轨道设施仅提供车站之间的运送服务，而无法提供门到门服务，与公路运输相比成本较低，但是运送时间则较长。

（1）铁路运输的优点

① 适合长途大量运输。因铁路可以以编组方式连挂车厢，发挥机车拖力和车厢载重力强的特性，进行长途大量运输。

② 运费低廉。铁路运输具有长途成本递减的现象，运费低廉。

③ 受气候影响小，安全性高。因具备专用轨道与自动控制，故安全性较高。

（2）铁路运输的缺点

① 缺乏机动性。铁路运输需行驶于固定的轨道上，短期内不能变更其路线。且因编组

费时，营运班表固定，班次与运量也难随时调整。

②　需在货车调度场进行编组。铁路车厢无法自行移动，必须利用机车拖引，故需设置占地面积大的货车调度场加以编组，费时费力。

③　维修不易，成本高。铁路需有完善的设备与技术来维护其轨道、桥梁、场站、车辆、标志与控制系统，因而维修不易且成本高。

④　易遭破坏。由于铁路轨道长，若局部被破坏不易及时发现。

3．航空运输

航空运输运送的延吨公里数占各运具总延吨公里数只约 1%，这是因为其运送成本相当高，所以仅在紧急及需短时间内运送的情况下才会使用，而最适合的运送距离是 800 英里以上，航空货运适合运送高经济价值的产品，快速与可靠是航空运输的最大特性。

（1）航空运输的优点

①　长途运输的速度最快。

②　不受地形限制。

③　航线选择较海运自由。

（2）航空运输的缺点

①　运费高昂。飞机的购买与营运成本高，耗油量大，运量小，导致运费高昂，是运费最高的运具。

②　运量小。一台全货机仅能载运 100 吨上下的货物，运量逊于海运与铁路。

③　易受气候影响。

④　普及性低。飞机仅能降落在机场，故需搭配其他运具才能完成及门运输服务。

4．水路运输

水路运输可分为：河流、运河的内陆水道；湖泊；近洋海运；远洋海运，国际运输以海运为主。由于经由海运运送大量、低价值产品的运送成本非常低廉，进行国际贸易时，大部分的商品原物料和半成品都经海运运送。

（1）水路运输的优点

①　运量大，运费低廉。海运的运量远胜于其他国际运输运具，因为运量庞大，分摊后以单位成本来说，海运最低。

②　续航力强。因船舶有各种设备，如发电机、造水、粮仓、油柜等若补给充足，船舶可航行数十日，非其他运输工具可比。

（2）水路运输的缺点

①　速度慢。水路运输的速度是所有运输工具中最低的。

②　易受气候影响。暴风雨与浓雾等气候问题，都会影响船舶航行。

③　可及性低，受港口限制。与航空运输相似，海运仅能停靠港口装卸货，故需搭配其

他运具才能完成及门运输服务，而且会受港口水深与设备的限制，影响入港作业。

5. 管道运输

管道运输起源于美国，第一条原油管路于 1859 年在美国宾州建立，距今已有一百多年的历史。天然气、原油的运送大都由管道运输进行，而管道运输可以透过计算机加以实时监控，而且不易受到气候因素的影响，运送中产生损失的情况也较为少见，通常平均的运送距离是 500 英里以下。

（1）管道运输的优点

① 运输量大，运费低。可以无限期不间断的运送，运得越多，越能分摊固定成本，大量运输的成本低廉。

② 不受气候影响。货物在管道内运输，不受任何气候影响。

③ 不需包装。直接运输，不需包装也无须搬运媒介。

（2）管道运输的缺点

① 只能运送液体、气体。受限于管道运送特性，仅能运送液体、气体，若要运送粉状物质，也需结合液体溶成泥状运送。

② 运输速度慢。运输速度仅约 3—5 英里/小时。

③ 维修维护不易。长程管道运输的维修维护不易，尤其是埋设在地面下的管道，也容易遭到偷窃。

各种运输方式的综合比较如表所示 7-1 所示：

表 7-1　运输方式的综合比较图

	公路运输	铁路运输	航空运输	水路运输	管道运输
成本	中	低	高	低	低
服务区域	点到点	站到站	站到站	站到站	站到站
竞争程度	高	中	低	中	低
产品单位价值	所有类型	低	高	低	低
距离（公里）	短-长	中-长	中-长	中-长	中-长
设备载重（吨）	5～20	50～12000	5～125	1000～60000	30000～250000
速度	中	慢	快	慢	慢
利用率	高	中	中	低	低
时间准确率	高	中	高	低-中	高
货损货差	低	中-高	低	低-中	低
灵活性	高	中	低-中	低	低

7.5　售　后　服　务

7.5.1　售后服务的概念及重要性

1. 售后服务的概念

售后服务[①]就是当产品售出后，厂家负责为用户免费安装、调试，使用户可以正常使用该产品，并在产品的保修期内免费对产品的质量问题和用户使用问题做出解决，对超过保修期的产品问题进行合理收费并给予解决。

2. 售后服务的重要性

（1）售后服务是整体产品（Total product`）的一个重要组成部分

依据整体产品的原理，要求企业推销人员重视核心产品、形式产品，更要重视延伸产品所提供的附加利益，从提升产品的附加价值来维持、稳定并扩大顾客，促成顾客的忠诚及购买，夺取竞争的优势。

（2）服务是产品价格的重要组成因素

在购买者所支付的产品价格中，本身就包含了服务的费用。顾客有权享用，也应当得到完善的服务享受。服务的范围、程度要看推销品的技术复杂程度、销售额大小、长期合作的可能性而定。

（3）售后服务是顾客对产品正常使用的必备条件

不管所售产品是什么，只要购买者有售后服务的要求，需要运输与安装、调试、示范及培训，需要了解有关的特殊知识和操作技巧，销售人员就有义务做好善后工作。特别是对于一项技术性能复杂、需要购买者一定知识储备及训练的产品来说，售后服务显得更加重要。

（4）售后服务是建立信任关系的基础

不管顾客是一次性购买还是多次惠顾，如果想与顾客发展长期合作的关系，经常取得对双方均有利可图的交易，就必须以良好的售后服务工作赢得顾客的信任，以此为基础建立永久性合作关系。即使是一次性顾客也不能懈怠，如果未获得满意的服务，他同样会将不满传播给别人，影响到其他购买者的选购。而真正从购买中获益并解决了实际问题的顾客，通常会再次购买，并有可能向他人义务宣传企业的形象。

（5）售后服务有助于推销额的增加

销售人员获得更大的销售额有两条途径：一是找到新顾客；二是出售更多的产品给现有顾客。对于大多数产品的销售来说，顾客推荐（Customer referral）无疑是最好的，但只

---

① 王广宇. 客户关系管理方法论[M]. 北京:清华大学出版社，2004 年，第 6—8 页。

有当现有顾客对销售人员满意后，他们才会相互推荐。因而，无论是稳定老顾客还是争取新顾客，通过售后服务使现有顾客满意，才可能在保持原有客户的基础上取得新顾客的青睐，获得更好的销售成绩。

7.5.2 售后服务的内容

在达成交易告别顾客后，应抓紧时间去落实买卖合同中的各项条款，应该认识到合同中所作的服务承诺对推销人员有着道义和法律的约束作用，应不折不扣地履行所有的售后服务工作。

1. 对经常顾客的服务

经常顾客是指推销人员已经掌握其基本情况并保持相对稳定的买主。推销员的订单主要来自于两类：新顾客和老主顾，但吸引新顾客购买比保持老主顾需要花费更多的时间、精力和费用，而且推销员的大多数订单是来源于老主顾，因而，保持老主顾比开拓新客户更加重要，这就必然要求我们加强售后服务，真正使顾客满意。为此推销员必须做好以下服务工作：

（1）尽快缩短订货周期，按顾客提出的要求、运输方式及时足量地发放货物，切实按照买卖合同的条款履行职责。

（2）要求做好开箱验收工作，如果有必要推销服务人员应随同货物同时到达客户所在地，一同检查验收产品的完整性及质量要求，给顾客提供完整的产品安装调试及培训操作等一条龙服务的工作，使顾客真正把产品用起来，同时也不忘记催收货款。

（3）对于顾客在产品使用过程中发出的求助信号应立即回应，并妥善地加以解决。如：生产过程中机器设备发生故障或更换零部件等，应在第一时间抢修好机器设备，确保顾客的损失最小。

（4）做到防患于未然，不要事事等到顾客提出问题或纠纷出来时，才想办法去解决，争取主动把问题在"萌芽"状态就消化掉，预防顾客情绪的对立加大解决问题的难度，避免问题扩大化对企业及其产品的消极影响。

（5）密切监测顾客在需求数量、型号、规格等方面的变化，提前做好应变措施，防止顾客"流失"与"倒戈"。

（6）推销员在为顾客提供优良服务的基础上，要保持与老主顾的合作关系，并通过服务、时间、感情等"投资"把这种关系巩固起来，防止竞争者的"侵入"，同时在条件允许的情况下，利用一切办法扩大销售的数量和范围。

总之，应从顾客的角度来考虑和处理顾客在使用产品过程提出的一切问题，切忌撒手不管，要扩大并发展同顾客交易的关系，利用尽可能的机会加强与顾客的全面合作。

2. 对中间商的服务

一般来说，推销人员与中间商（批发商、零售商、经销商、代理商等）之间已经非常熟悉，建立起了一定的信任关系，甚至已经发展为友好的合作伙伴关系，说起话来可以开诚布公、直言相告，服务的范围、内容及双方的分工可以友好地协商解决，共同提高服务水平，使顾客达到真正满意。推销员主要应对中间商提供如下几方面的服务：

（1）帮助中间商提高售货水平。由于各个中间商从业时间长短不一，掌握的顾客也不相同，销售经验也是参差不齐，推销人员有义务向中间商提供销售建议和办法，传授业已得到证实的行之有效的销售技巧。推销人员应该牢记这样的原则：把自己所推销的产品或服务与帮助中间商解决实际问题、消除困难有机地结合起来，中间商问题的圆满解决，也意味着推销目标的完成。例如：美国 NCR 公司（国家收银机公司）在推销他们的收银机时，推销员就去帮助超级市场或杂货商店建立自动售货系统，帮助布置收款处，设计计算卖肉，卖罐头各要多大的地方，并告诉经营者，如何布置是最有效的。他们把销售收银机融入解决经销商的实际问题中。

（2）加强与中间商的合作。很多中间商的销售人员都没有太多的销售技能，也未经过严格的岗前培训，大多都是依靠自身的摸索，销售业绩的提高受到了极大的限制，推销员如果希望中间商大力加强对自己产品的销售，就应该采取合作的形式对中间商的营业员进行产品知识、销售技能等方面的培训，使之能为你的产品销售出最大的努力，为了共同的利益，应联合进行促销宣传或提供促销设备，如 POP 广告、样品目录、招贴画、海报等。

（3）保证买卖合同的执行。签订买卖合同后，中间商总是希望货物能按合同规定要求按时、按地、按质、按量地转移到他们手中，但由于货物发放过程涉及购买双方及运输环节的很多部门，任何一个环节的差错都可能延误货物的按时到达，导致中间商的不满，进而会影响到双方进一步的合作。推销员必须协调好这些可能出现麻烦的地方，处理好已经发生的问题，切实保证合同的履行。

（4）加强与中间商的沟通。中间商由于经常与最终的顾客打交道，了解顾客需求方面的各种信息，推销员必须经常与中间商保持联系，加强双方的沟通，将这些重要的顾客需求信息反馈给产品研发设计部门，使企业真正做到根据顾客需要来开发生产产品，从根本上解决销售难的问题。

7.5.3　提高售后服务水平的途径

1. 做好售后服务人员的培训

加强对售后服务人员相关的培训，包括专业知识、服务态度、服务用语、服务规范等各方面的培训。良好的培训能使售后服务从业人员具有专业的产品知识、积极的服务态度和认真敬业的服务精神，使其在工作中给顾客提供愈来愈好的服务质量，赢得顾客的满意。

2. 重视团队精神的培养

个人的力量是弱小的，每个售后服务人员对外都代表了品牌和公司的形象，售后服务各部门之间、领导和下属之间只有做到经常沟通、互相协调，才能把售后服务工作做到更好，才能把服务做到让顾客更满意。

3. 做好与顾客的沟通，一切从顾客利益出发

售后服务工作不好，通常是在售后人员刚开始与顾客沟通时就没有给对方留下好的印象，或者未能打消顾客的对公司及产品的疑问和不满。沟通并不是售后服务人员简单地说出自己的想法，而是要详细了解顾客的想法和需求，站在对方的立场和利益想问题。一个好的售后服务人员不仅要了解自己所扮演的角色，还要清楚顾客的期待是什么。只有做好了与顾客的积极沟通，并帮他解决了实际问题，他才能很乐意接受你的意见和建议。这样就既解决了服务问题，同时又赢得了顾客的好感和口碑。

4. 提供超出顾客预期或者超值的服务

在售后服务工作中，经常提供超出顾客预期或超值的服务，是赢得顾客满意的最好的途径。令顾客满意的好的服务会让顾客帮你推介产品，并能为企业和品牌做免费宣传。口碑效应所产生的销售是非常有效的，成交率和顾客忠诚度都比较高。

7.5.4 售后服务的考核

监察部门同时负责对售后服务的考核，可以将对售后服务部门的考核分为两个部分：一部分是根据售后服务时顾客直接填写的反馈表和打电话给客户时了解到的情况进行考核；另一部分是根据通过其他途径得到的顾客投诉的次数进行考核。

1. 根据意见反馈表进行考核

这一部分考核实际上就是考核顾客对售后服务的满意度，我们可以将顾客满意分为三个部分：服务及时性、维修质量和服务态度。

在监察部门将反馈表核实的基础上，人力资源部可以对售后服务进行打分考核，计分标准如下[5]：

A. 2分　　　B. 1分　　　C. 0分　　　D. -1分　　　E. -2分

每月对该月售后服务后的所有反馈表进行汇总计分，得出客户对售后服务满意度的总得分，同时计算出每月的满意度平均每项得分。

本月满意度平均每项得分=本月满意度总得分/n。其中 n 为本月维修工作项数，本月满意度总得分为这 n 次维修工作后 n 张调查表上的三项考核的分数总和。这样，就可以将满意度的考核结果与对售后服务部门的奖罚挂钩，规定凡是本月满意度均项得分减去上月满意度平均每项得分为正数的，则为奖励，而两者相减为负数的则为罚款，两者相等不奖不罚。这样可以使售后服务部门的经济效益与顾客的满意度相关，从而促使售后服务注重顾客的满意，逐步提高自己的服务水平。

2. 根据客户投诉的次数和严重程度考核

选择投诉的客户往往是满意程度最差的客户，因此，客户的投诉也应列入对售后服务部门的考核范围内。人力资源部可以根据顾客投诉的次数来考核售后服务部门的工作业绩。首先，企业可以规定一个可以接受的投诉水平，如每个月 5 次是正常的，可以接受的。但当客户的投诉超出这一正常范围，考核的结果是售后服务部门的工作不合格，企业可以对售后服务部门制定一个相应的奖罚标准，如表 7-2 所示。

表 7-2　奖罚标准

投诉次数	奖罚水平
0	+5000 元
1～5	0
6～10	−3000 元
11～15	−5000 元
25 以上	−10000 元

例如：在经济处罚的同时，如果售后服务部门受到的投诉次数实在太多，如 30 次，则还可以对售后服务部门负责人和相关人员进行相应的行政处分，如警告、调动、降级、开除等。

【复习思考题】

1. 简述市场调查的方法。
2. 区别市场调查和顾客调查的侧重点。
3. 简述产品生命周期策略。
4. 简述知识经济时代企业的产品策略。
5. 简述各种促销方式的优缺点。
6. 讨论不同运输方式的选择标准。
7. 简述售后服务对企业的重要性。
8. 简述提高售后服务水平的途径。

CHAPTER 8   THE FINANCE MANAGEMENT

8.1   COSTING

If products are to be realistically priced, the costing section must be informed of all costs incurred on behalf of the organization. Costs are often classified in one of two ways: either as

Direct costs—

Directs costs are those which can be directly charged to a particular, named job such as materials and labor

and

Overheads—

Overheads are those which cannot be charged to an individual job or project, but can be appointed, e.g. according to floor space in terms of heating and lighting.

or as

Fixed Costs—

Fixed costs are those costs which do not alter with reasonable changes in production.

and

Variable costs—

Variable costs are those costs which do alter in line with reasonable changes in production.

The cost accountant will separate the organization into cost centers, to which costs are allocated or apportioned.

8.2   BUDGETARY CONTROL

A master budget is prepared, within which departmental budget exists. These are often prepared on the basis of previous figures. They are frequently used by management to compare with actual figures and any variances are investigated in order to establish the reason for the difference.

8.3   CREDIT CONTROL

New customers may request or be offered credit facilities and existing customers may have their credit limit raised or lowered according to past payment record. If the customer has reached his credit limit, a fresh order from him may be withheld pending a request and receipt of a payment to reduce his outstanding balance.

8.4   INTERNAL AUDIT

This is a form of control in order to reduce errors and waste and prevent fraudulent activity. In order for such a department to be effective, it must be responsible to the highest authority only, so that it may investigate as wide an area of the business as possible without undue influence. This should guarantee its impartiality and will greatly help the work of the external auditors.

8.5   FINAL ACCOUNTS

- trading accounts are prepared – to reveal gross profit;
- profit and loss accounts are prepared – to identify net profit;
- balance sheets are prepared – to compare assets with liabilities;
- final accounts must be certified by external auditors and approved by shareholders;
- advice on investments, taxation, loans may be given by the chief accountant, but each of these areas is becoming more specialized and may require specialist staff.

Exercises:
Question 1
Define the following:
- Costing
- Overheads
- Fixed Costs
- Variable Costs

Question 2
How is budgetary control done?

Question 3
Explain "credit control" in finance department.

Question 4
What is internal audit?

Question 5
Explain why the following final accounts are prepared:
- trading account
- profit and loss account
- balance sheet

第 8 章　财 务 管 理

8.1　成 本 核 算

成本核算[1]是指"在生产和服务提供过程中，对所发生的费用进行归集和分配，并按规定的方法计算成本的过程"。成本管理工作的重要组成部分，它是将企业在生产经营过程中发生的各种耗费按照一定的对象进行分配和归集，以计算总成本和单位成本。

8.1.1　成本核算的意义

成本核算是成本管理工作的重要组成部分，成本核算的正确与否，直接影响企业的成本预测、计划、分析、考核和改进等控制工作，同时也对企业的成本决策和经营决策的正确与否产生重大影响。通过成本核算，可以检查、监督和考核预算和成本计划的执行情况，反映成本水平，对成本控制的绩效以及成本管理水平进行检查和测量，评价成本管理体系的有效性，研究在何处可以降低成本进行持续改进。

1. 成本是企业产品定价的重要依据

企业在制定产品销售价格时，要综合考虑产品成本、目标利润、产品的市场竞争力、市场价格等因素。产品成本核算不准确，向企业决策层提供了错误的成本信息，会导致产品定价不合理，从而影响企业的总体利益。

2. 成本核算直接影响着企业的财务经营成果及分配

企业的经营成果是由财务收入扣除成本费用所得，财务收入容易核算，一般来说不易出错，而成本核算因为工作量大、技术性强，要准确核算不容易，如加上某些人为的调节因素，成本核算更是不实。效益、单位成本数据的微小变动足以引起利润数据的巨大变化，从而影响着国家税收、股东以及债权人的利益。

---

[1] 谢获宝，李淑萍. 财务会计学[M]. 武汉：武汉大学出版社，1998 年，第 90~115 页。

8.1.2 成本核算的原则

1. 成本分期核算原则

该原则要求分清当月发生和当月负担的成本费用的界限，从时间上确定各个成本计算期的费用和产品成本的界限，保证成本核算的正确性。

2. 划分资本性支出与收益性支出原则

区分两者支出的目的，是为了正确计算资产的价值和正确计算各期的产品成本、期间费用及损益。

3. 权责发生制原则

从成本核算角度看，权责发生制是作为确定本期成本的基础。这一原则的运用，要求正确处理待摊费用、递延资产和预提费用，不能利用递延资产和预提费用科目人为地调整成本。

4. 实际成本计价原则

一是对生产耗用的原材料、燃料、动力和折旧等费用，都必须按实际成本计价；二是对完工产成品成本的结转也要按实际成本进行计价。

5. 一致性原则

企业在进行成本计算时，一般应根据企业生产的特点和管理的要求，选择不同的成本计算方法进行成本计算。产品成本计算方法一经确定，没有特殊的情况，不应经常变动，以便于各期计算出来的成本资料进行比较。如情况特殊确需改变原有的成本核算方法的，应在有关的会计报表报告中加以说明，并对对比的原成本信息中的有关数字进行必要的调整。

6. 合法性原则

指计入成本的费用都必须符合党和政府的方针政策、法令、制度的规定。例如，国家规定的产品成本开支范围是企业计算产品成本的重要依据，凡不符合规定的费用，就不能计入产品成本。

7. 重要性原则

在进行成本核算时，要考虑成本核算所花的劳动与取得效益之间的关系。对于一些主要产品、主要费用应采用比较详细的方法进行分配和计算，而对于一些次要的产品和费用，则采用简化的方法进行合并计算和分配。而不能不分主次，影响成本核算的及时性和降低成本核算效益。

8.1.3　成本核算的内容

企业成本核算，是把一定时期内企业生产经营过程中所发生的费用，按其性质和发生地点，分类归集、汇总、核算，计算出该时期内生产经营费用发生总额和分别计算出每种产品的实际成本和单位成本的管理活动。

成本核算的基本任务是正确、及时地核算产品实际总成本和单位成本，提供正确的成本数据，为企业经营决策提供科学依据，并借以考核成本计划执行情况，综合反映企业的生产经营管理水平。

企业成本核算的内容，归结起来主要有三个方面：第一，核算企业生产成本的数量；第二，核算企业生产成本的范围。企业产品生产过程中，成本所涉及的支出范围和项目分类是相对固定的。通过核算，可以弄清楚哪些成本属于正常范围，哪些支出是不合理的，从而进行控制；第三，核算企业生产成本的构成。即对生产产品所发生的各种费用在成本中所占的比重进行分析。

8.1.4　成本核算的方法

1. 作业成本法

作业成本法运用资源动因和作业动因分配制造费用，强调费用发生的合理性，而不论是否与产出直接相关，使得其分配结果比传统的成本核算方法准确。但是单位成本和期间费用的核算内容仍然与传统核算法一致，所以作业成本法所计算的产品成本是一种基于作业的完全成本，只限于企业内部价值链，生产者成本进行分析，未对企业外部环境行业的价值链中的供应商、竞争对手、用户的价值链和未对生命周期中的供应者和消费者进行作业分析。

2. 目标成本法

目标成本法根据用户市场导向对目标成本进行设定，分解与实施的多重循环，在产品的研发设计阶段即采用价值工程等手段进行前馈式成本管理，目标成本是在产品生产准备前下达给技术生产等职能部门的产品成本控制目标，即产品在市场上可能接受的销售价格减去合理的利润和税金后所能允许发生的成本最大限额。目标成本法基于时间平台对产品生命周转成本的研发设计阶段进行事前成本管理。与作业法一样忽略了供应者成本，消费者成本，也未考虑纵向价值链中的供应商与用户以及横向价值链中的竞争对手。

3. 标准成本法

标准成本法通过成本的事先计划、日常控制和产品实际成本计算三者的有机结合加强成本管理，全面提高企业的经济效益。但是标准成本法在应用上有一定的局限性：从成本计算上，标准成本法以企业所生产的各种产品作为成本计算对象，比较关注产品生产过程直接有关的费用，忽略了企业于产品开发和设计的成本的管理和组织生产费用支出以及产品销售等；从制造费用分配上，标准成本法下的制造费用在产品之间按照人工工时、机器小时或直接材料进行分配。在企业只生产少数产品，直接人工成本和直接材料成本是构成产品成本的主要因素，并且与制造费用有较大的相关性以及制造费用比重很小的情况下是可行的，但是，企业生产经营的变化，许多工作被自动化的机器取代，直接人工成本比重大大下降。

4. 成本核算方法的优化组合

作业成本法和目标成本法都具有鲜明的市场属性，都是立足于优势导向的企业战略。作业成本法和目标成本法都突破传统成本管理的静态特征而发展成为动态属性。但是其展开的方式，看问题的角度也不相同，作业成本法的重点是企业作业链间的连接关系和成本动因，侧重于业务过程的空间形态，而目标成本法着眼于业务过程的时间阶段，目标成本法以时间为轴与作业成本法以时间为轴，两者融合来适应新的竞争环境。

作业成本法和标准成本法的结合，标准成本法是一套将标准成本与实际成变相比较的科学的成本控制系统。但是在新的经济环境下，作业成本法的产生的对标准成本法提出了挑战，表现为制造费用根据生产准备次数、设备调整次数、材料移动次数以及包装次数等成本动因分配的结果。无法与标准成本法中的成本差异相联系，将传统的以产品中心的成本控制转化为以作业为中心的成本控制，改进了标准成本法，还加强了成本控制，完善了作业成本法，作业成本法和标准成本法的结合表现在，对直接材料，直接人工的核算仍然按照标准成本法进行计算和控制，对制造费用根据多样化的成本动因制定各作业标准化成本，同时，计算各作业的生产能力和服务标准，然后根据各作业实际成本和实际利润、生产能力和服务量进行成本差异和和生产能力或服务量差异的分析、控制和考核。需要通过以下步骤：标准成本的制定，直接材料，直接人工的标准成本仍按照标准成本法的做法，分别制定直接材料的标准用料量和标准单价以及直接人工的标准工时和标准工资率，然后，根据产品的实际数量计算产品的直接材料和直接人工，但是制造费用标准成本的制定不能像原来一样，简单地区分为变动制造费用差异和固定费用差异，而针对每一作业分别制定标准费用分配率和标准制造费用数量计算并制定作业制造费用的标准成本，根据成本动因制定的标准费用分配率不再是一种单一的数量标准，而是包括材料移动的次数，资源的单价，单笔修理费等。二是成本差异的处理，直接材料和直接人工按照标准成本法下的差异分析方法，将差异分为数量差异和价格差异，制造费用的差异分析按照不同的作业成本库进行分析，细分为各作业消耗的资源，分别进行数量差异分析和价格差异分析。

在作业成本法下，并不是所有的作业成本都是产品成本，只有增值作业才构成产品成本，而非增值作业应设消除的无效作业。在会计处理上，与生产有关的账户按照作业标准成本入账，不增值作业标准成本为零，计入管理费用或销售费用。对于作业成本差异部分，如果差异较小，又符合实际情况，可以将差异作为当期销货成本调整项目，如果差异较大，应当按比例在销货成本与存货间进行分配，在这种情况下，对于直接材料等的价格差异应在月末库存量和当月生产用量之间按照标准成本的比例进行分配；作业固定成本差异计入当期损益，其他的最有变动

　　成本差异则在完工产品与在产品的实际作业消耗之间按标准成本比例进行分配。成本与各因素之间错综复杂的关系，使成本判断标准因考虑问题的角度和观察问题的视角不同而不同，降低成本，增加企业利润，使企业能够价值最大化。对成本管理进行更为合理的研究，确定有利于提高成本效果的最佳方法，有助于企业可持续发展。

8.2　预　算　控　制

　　预算控制是会计控制中基本的，而且广泛应用的一种控制方式。形成一份预算，是企业规划任何经济活动至关重要的一步。所有的企业、事业单位、政府机构都必须制定财务计划，以维持日常的经营，计划较大的开支并帮助进行财务决策。

　　通过预算控制，使得企业的经营目标转化为各部门、各岗位以至个人的具体行为目标，作为各受控单位的约束条件，能够从根本上保证企业经营目标的实现。编制预算的过程即是对企业经营管理目标的进一步分解。因此，其本身具有可控制性和可考核性，企业管理部门可以根据预算所确定的标准进行控制、评价工作业绩，找出差异，进而采取纠正措施消除不利差异，巩固和保持有利差异。

　　此外，通过预算还有利于改善和协调企业内部各个部门的工作。由于企业各个职能部门都编制了计划年度的预算，这就为协调各部门的活动奠定了基础。同时由于预期的结果和偏差也容易按标准查明和评定，因此，预算也为控制过程中纠正偏差提供了基础。所以，预算控制是财务管理系统中的一种行之有效的控制方式。

8.2.1　预算控制的目的

　　预算[①]是一份以定量的形式表现的详细计划，或者说是具体化、量化未来一定时期内实现企业经营目标的步骤。它详述了在一特定期间内企业是如何获得和使用资源的。预算控制有五个主要的目的。

　　1. 计划

　　预算最明显的目的是使行动计划数量化。预算过程迫使组织中的部门、个人提前计划，

---

① 谢获宝，李淑萍. 财务会计学[M]. 武汉：武汉大学出版社，1998 年，第 90～115 页。

计划是进行控制的先决条件。如果没有计划，要想达到控制是不可能的。没有控制的计划是毫无意义的。计划和目标是控制的依据和基础，计划指导着控制活动，控制是确保计划实施和落实的手段。

2. 便于沟通和协调

对任何有效运作的组织来说，组织内部各级管理者都必须清楚其他各部门管理者制订的计划，如为了有效地计划原材料、零部件的采购、储备，企业采购部门经理就必须知道企业销售部门的年度销售计划、生产部门所制订的生产计划。事实上，预算过程也是将一个组织中每位管理者所制订的计划集中、汇集在一起的过程，必然促进各部门和管理人员之间的相互沟通和协调。

3. 合理分配资源

一般来说，一个组织的资源是有限的。为了有效地利用有限的资源，通过预算，在相互竞争中根据各部门所提供服务的重要性、效益性，为合理分配资源提供了行之有效的方法，如一个学校必然将有限的可供支配的资金，首先用于满足各部门预算中所提供的基本的服务项目，如教学、科研、设备的维护、人员工资、水电气的正常开支等方面。

4. 调节控制利润与经营目标

预算是一份计划，作为一个有用的基点，指标的实际结果能够与它比较，发现差异，帮助管理人员评价企业及各部门的工作效率。在预算实施过程中，便于采取措施对不利差异进行调控，纠偏，从而起到事中控制调节的作用。

5. 评价业绩与提供激励

将指标执行结果的实际数与预算数进行比较，就能够帮助管理人员对个人、部门或者整个企业的工作业绩进行评价，能够被用来对那些业绩较好的人员、部门提供激励，从而真正贯彻落实按劳动分配、效率优先、兼顾公平的原则，达到奖勤罚懒，奖优罚劣的目的，以利于充分调动各部门人员的工作积极性、创造性，从而促进各部门通过自身卓有成效的工作，去实现组织的既定目标。

8.2.2　预算控制的类型

不同类型的预算为不同的目的服务。总预算是在特定的时间内，涵盖了组织经营各个环节的综合预算系列，由许多个分开的相对独立而又相互依存的预算所组成。按照一般分类方法，预算可分为经营预算、资本支出预算和财务预算三大类。经营预算是指企业日常发生的各项基本业务活动的预算，通常涉及一年会计年度的收支计划。经营预算是在销售预测的基础上编制出销售预算,进而再按产品品种数量等编制出生产预算和各种费用预算。资本支出预算是指企业有关固定资产的购置、改扩建、更新等的预算,它具体反映企业何时投资,投资额、资金如何筹措,何时收益,每年的现金流量如何,投资回收期多长等等。通过资本支出预算,才能在未来需要投资时有可靠的资金来源。经营预算和资本支出预算直接影响到财务预算。财务预算是指反映预算期内预算现金收支、预期经营成果和财务状况的预算。

8.2.3　预算控制的原则

1. 反映计划原则

预算以企业计划为基础和依据来进行编制。预算的编制是以计划为开始,同时,预算又以计划过程而告终,是一种转化为控制标准的计划。因此,要强调预算同计划的一致,充分发挥预算的控制作用。要防止预算编制简化为一种过去数据基础上的外推或者追加的过程,而使预算失去应有的调控作用。

2. 灵活性原则

预算控制中的最大危险就是预算制定和执行定得过细过死,导致失去为保证效率和效益而必须的灵活性。如执行过程中出现没有包含在预算当中的有利可图商机,应具体问题具体处理,具有灵活性;另一方面,事实完全可能证明,在执行预算的各个项目中,某种人工费用或材料费用应该花费较大,而另外的项目应该花费较少,这种差异可能导致预算失效。在这种情况下仍要求管理人员按原预算标准去执行,则会失去预算控制的有效性。因此,保持与效率相一致的必要的灵活性是预算控制所必需的。

3. 全局性原则

预算控制中常发现企业全局目标与局部控制目标之间存在矛盾。由于有些部门拥有过分的独立性,而引起组织内各部门之间缺乏或无法协调,导致企业整体目标无法实现。有效的预算控制系统必须注重协调,防止出现各部门预算目标取代企业目标。实际工作中常见有的部门主管人员只热衷于使本部门的费用不超过预算标准,许多该做的工作不做或少做,却忘记了首要职责是想方设法去实现企业的目标。所以,为了防止出现局部目标取代企业目标,预算控制系统必须贯彻全局性原则,即在局部预算标准与企业目标矛盾时服从企业目标。

4. 全面性原则

在一些跨地区,从事多种经营的集团性大企业中,应特别注意预算的全面性。这是保证企业实现总体目标,有效利用企业资源,保证资金供应和物流畅通的关键。

8.2.4 预算控制系统结构

预算控制是从预算的编制开始的,而预算的编制过程就是企业目标具体数量化过程。企业在良好的销售预测的基础上从单项预算开始,将这些单项预算汇总和联系起来,便形成了完整的预算体系。这个预算体系也称为总预算,总预算的组成及单项预算之间的关系如图 8-1 所示。

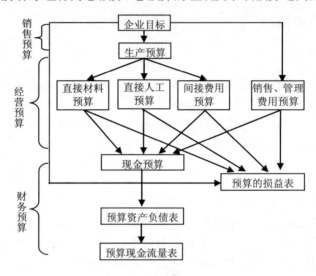

图 8-1 预算控制系统结构

预算的编制基础是企业经营目标。以经营目标作为预算编制的起点,然后将总目标指标层层分解,得到各分项目的预算,其优点是能掌握预算的全局性,更好地起到控制作用。这种体系同传统的预算相比,其最大的特点就是体现企业的长期规划与短期目标。传统的预算常常以过去支出的某一费用可以成为未来这一费用合理性的依据,而且,主管人员往往都认为,预算所要求的数额在批准时可能会砍掉一截,因此,他们都乐于报出超过实际需要的预算数,这样的预算很难起到控制的作用。

8.2.5 预算控制的方法

1. 弹性预算

英国特许管理会计师协会对弹性预算的定义是"通过确认不同的成本性态,使其随着产出量的变动而变动的一种预算"。因此,使预算具有"弹性"的关键,在于原始预算(期初制定的全面预算)中的成本,必须按成本性态划分为变动成本和固定成本。如果原始预算没有将成本划分为固定成本和变动成本，整个预算不具有弹性（通常称之为固定预算），那么，实际业绩与预算目标的比较就毫无控制意义，因为实际业务量可能与预算完全不同。弹性预算在预算控制中主要用以调整原始预算，使其反映实际产销量变动而随之发生的其他变动情况，为比较实际结果提供一个动态的基础。正是因为如此，弹性预算提供了一个良好的能反映现实的比较标准，同时也能使他们准确计算差异，科学分析差异产生的原因。此外，预算本身所具有的激励作用，能激发管理人员为达到预算目标而实施管理努力（Management Effort），进而采取控制措施。从这个角度看，弹性预算符合预算控制是一种较好的预算控制工具。

2.　标准成本制度

标准成本制度包括标准成本的制定、成本差异的计算与分析以及成本差异的处理。与预算相比，标准成本制度主要有如下几个优点：（1）一旦建立了标准成本，运用标准成本就要比运用总成本预算省力；（2）实际成本与标准成本的比较分析要快于实际成本与预算总成本的比较分析，尤其是成本在按成本习性进行分类之后，标准成本本身就已自动实现弹性化，这为实际成本的分析、评价提供了极大的方便；（3）它提供了一种系统计算和记录实际成本控制业绩的方法。

3.　责任会计制度

责任会计与预算控制具有天然的联系，这种联系首先表现在预算的编制方面，离开责任预算，全面预算就因无法与具体的执行部门或人员相联系而失去贯彻执行和控制的基础；其次，责任中心的划分为实行由下至上的参与式预算编制程序奠定了基础，因而避免了权威式预算程序在分解全面预算方面的困难和主观性，能极大地提高预算执行者的积极性；再次，责任会计的核心是将成本（收入、资产）追溯到企业各个独立的部门，使之受一名管理人员（责任中心经理）的直接控制，而责任预算正是实现这一目的的直接手段。

在责任会计中，预算控制可以通过比较每个责任中心的预算目标与实际业绩来完成，纠正措施可依据比较分析的结果由责任中心经理来负责实施。在责任会计框架中实施预算控制，其主要优点是责任会计可以将收入、成本或资产管理责任明确归属到使其发生的有关责任中心经理身上。

责任会计制度为各个部门提供了一个任务导向的预算（Task-Oriented Budget），它的组织体系提供了一个科学的记录各责任中心实际业绩的框架，责任会计的本来思想就是通过分配预算的控制责任而激励经理人员为达到预算目标做出努力。因此，责任会计制度几乎完全满足一个有效预算控制方法所应具备的条件，相对于其他会计制度而言，它能更加有效地发挥预算控制的作用。

4. 零基预算

零基预算（ZBB）是以零为基础编制的预算。在预算控制中，它主要是作为酌量成本中心的预算控制方法而出现的。酌量成本中心是那些仅由管理人员决策才发生成本支出的责任中心（如研究开发部门等）。这些部门的成本通常是作为企业长期计划的一部分而支出的，它的增加、减少或者消除完全由管理当局决定，并不受企业当前作业水平的影响。由于其支出的合理性难以用与企业计划业务量相关的"最低支出水平"来迅速做出判断，通过比较实际成本与弹性预算成本进行控制的作用是微乎其微的，因此，酌量成本中心通常采用零基预算法进行预算的编制与控制。较之增量预算法，在零基预算法下，无益于企业的成本被消除，有限资源按效益最大化原则分配，管理效率高；分析、判断所有成本支出必要性的过程使管理者对控制行动及其结果有更清晰的认识，成本控制效果佳；要求高级和基层管理人员就所有成本项目的分析、判断在更大范围内交换意见，这会使高级管理人员更加了解企业的详细经营情况，也更能调动基层管理人员实施管理控制的积极性。因此，零基预算为酌量成本中心提供了一个科学的预算基准，也有助于划清这些成本中心的控制责任并调动其管理控制的积极性，同时对传统的增量预算法也是一个有益的补充。

5. 滚动预算

滚动预算主要是通过逐期调整预算来提供一个足以反映现实的预算，而实施预算控制的。滚动预算使预算期永远保持 12 个月，每过一个月，立即在期末增列一个月的预算，逐期向后滚动。由于把第 12 个月的计划追加到滚动预算中的时候，管理人员对其他 11 个月的预算也要进行相应调整，因而，它对于预算的调整是在很"自然"的情况下不着痕迹地进行的，不会引起管理人员的抵触心理；每月都按当前的状况和期望来调整下一个月的预算，这种经过调整的预算成为下一个月的固定计划，用以反映目前环境因素的变化以及期望目标；管理人员可随之按月通过比较实际业绩与滚动的预算目标来实施预算控制。这种预算还能通过不断调整预算的方式，克服参与式预算编制程序可能产生的"宽打窄用"预算和职能失调行为，为控制提供一个具有目标一致和激励效果的预算。

8.3 信用管理

经过三十年改革摸索，我国企业在很多方面取得巨大成就，但同时也逐渐暴露出许多问题，特别是由于企业赊销和应收款管理不善，信用风险逐渐增大，三角债问题长期得不到解决，信用风险和信用管理问题已成为制约企业发展的重要障碍。

8.3.1 企业赊销管理现状

长期以来，我国企业内部缺乏行之有效的赊销与信用管理，具体体现在以下几个方面：

1. 缺乏对客户信息的统一管理

多数企业在不同部门设有信息管理职能，但由于营销、财务、技术、质量部门之间沟通不足，造成信息零散，不系统，很多重要信息掌握在个人手中，人员变动后，造成信息丢失。由于信息管理系统不完善，使我们对客户的信用状况缺乏了解，难以对客户进行信用分析，风险防范能力差，有时甚至造成客户资源的流失。

2. 对客户信用销售额没有限制制度

由于没有信用限额的约束，营销过程中对客户的赊销额度较难掌握，会导致对个别客户的赊销额急剧膨胀，某些企业对个别客户的应收款额已达其年销售额的数倍，仅利息支出就相当于产品售价 20%以上，给企业造成了巨大损失[①]。当对个别客户的债权债务关系超过双方的产品供求关系而占据主导地位时，客户已经失去了还款的主动性；或在客户有能力清偿债务而未时催讨或停止赊销，任其发展，因债务累计过大还会造成客户还款难度增加而无力偿还债务。没有信用限额的模糊管理，从多方面导致不良债权形成。

3. 交易中付款方式、时间不明确

因大部分客户都存在不同程度的拖欠，特别是长期合作的一些大客户，付款不具针对性，实行总量控制，很难说清哪笔回款对应的是哪些合同，这种充分信任的合作关系，使我们在交易中忽视对付款方式、时间的明确要求，从而放松对客户回款的控制，使不合理的拖欠合法化，有助于习惯性拖欠的形成。

4. 不太注重应收账款的日常管理和分析

现行财务制度不太注重应收账款的日常管理工作，如在往来账户管理中，收款的凭证号、金额一般没问题，但冲减哪笔合同，却往往不很严格，经常与客户账户明细产生差异，使一些有争议的账款在债权方是体现不出来的，因而未能及时处理，造成长期拖欠甚至成为死账。

5. 对应收账款缺乏严格的跟踪管理

因应收款从形成到收讫的过程与销售过程不一致（如开发票时间通常较晚），营销人员在进行订货、发运、监交、售中服务、售后服务的过程中，难以同时对每笔应收款（至

---

① 刘宏程. 赊销与风险控制[M]. 北京：中国社会科学出版社，2003 年，第 69～205 页.

少是数额较大的款项）进行全过程跟踪、监控，催款针对性不强，具有盲目性，催款效率较低。

6. 对逾期应收账款的催讨力度不够

首先，我国大中型企业的特点，使我们在催讨逾期应收账款方面缺乏灵活性，缺少有效的催讨政策和策略。其次，与客户之间形成的长期依存关系，使我们难以下决心实行强有力的催讨手段，比如取消对其信用销售，甚至停止供货。

8.3.2　建立信用管理制度

从以上分析看，要使企业克服信用风险管理能力差的弱点，彻底摆脱资金危机的局面，有必要建立行之有效的赊销与信用风险管理制度，设立信用管理部门。

1. 具有符合企业特点的信用政策

合适的信用政策是其他所有信用管理制度得以有效实施的基础，它应充分考虑到企业所处的经济环境、客户的状况、工厂经营管理水平，并与工厂整体发展战略相适应。

2. 客户信息统一管理职能

通过对客户信息进行科学、统一的管理有利于我们防范风险，加强各部门的沟通，保护客户资源，抓住更多的市场机会。

3. 授信制度

根据信用分析的结果，对不同客户限定赊销额度，可大大减少逾期应收账款发生的可能性，消除部分客户蓄意拖欠的念头，有效防范信用风险。

4. 账龄分析制度

通过对应收款时间分布的统计、分析，可了解客户整体的付款情况、拖欠情况，有效地对应收款进行分类管理和催收，及时发现逾期账款，并采取有效措施，避免造成损失。

5. 对应收账款进行跟踪管理的职能

自非现金交易开始，到应收账款到期日前，对客户进行跟踪、监督，保证客户正常支付货款，实行应收账款跟踪管理，可利用与客户的沟通，减少产生纠纷的可能，并对习惯性拖欠的客户产生压力，及时发现信誉不良客户并及时采取措施，严格的跟踪管理制度，还有利于使企业在客户的债权人中处于较有利的地位。

8.3.3　信用管理部门的设置

针对我国企业的现状，信用管理部门如何设置，有如下几种方案可供选择。

1. 组建单独的信用管理部门

企业的组织结构中是否有独立、完善的信用管理部，将成为衡量企业现代化管理程度的重要标志之一。但建立信用管理部则需要投入较多的人力、物力，需要较长的时间，并且难以很快投入正常运作。对大多数企业而言，当务之急是先将信用管理职能建立起来，等运作正常后逐步建立信用管理部。

2. 将信用管理的职能设在营销部门

受部门职能的影响，挂靠营销部门的信用管理部门，可能最终会重新营造一个较为宽松的信用销售环境，偏向销售的信用政策，有可能重新导致应收账款的失控。而且，营销部门与财务部门沟通差的问题得不到根本解决，这使应收账款分析、对应收账款进行跟踪管理等关键职能很难实施。

3. 将信用管理部门设在财务部门

信用管理部门的防范坏账风险、减少应收账款、降低销售成本、保证企业合理资金流量的作用与财务工作目标一致，特别是账龄分析、制定信用限额和标准等专业性比较强的工作，在财务部门的统一管理下较易开展，有利于使信用管理工作很快纳入有效运行。但是这种做法有可能形成侧重信用风险管理而忽视销售增长的信用政策。

4. 将信用管理部设在其他部门

将信用管理部门挂靠在其他综合管理部门，对急需建立全程信用管理职能的企业来说是比较可行的。一方面，综合管理部门与财务、销售部门都有业务往来，较易解决财务、销售部门沟通差的矛盾，有利于信用风险管理各方面职能的全面、有效实施；另一方面，将信用管理部门挂靠在其他综合管理部门能从企业的角度出发，避免产生偏向财务或偏向销售的信用风险管理政策。

8.4　内　部　审　计

企业的内部审计是企业为了加强内部管理和提高经济效益，对其内部的一切经济活动进行监督和评价，其目的是查处企业财务收支中各种违法违规问题，维护国家利益和企业整体利益，促进廉政建设，防止国有资产流失。随着我国经济的发展，内部审计发挥着越来越重要的作用，但是在实践中，内部审计的作用并没有得到应有的发挥，要加强企业管理提高经济效益，必须强化内部审计。

作为企业内部管理的一个重要组成部分，内部审计是在现代企业下自我监督、自我约束机制的重要组成部分，是现代企业建立和完善法人治理结构的内在需要。内部审计的生产和发展与其所处的经济环境密切相关，其职能作用的变化是随着各种环境因素的变化而变化的。内部审计是现代企业制度的重要组成部分，离开了内部审计，现代企业制度的运行就会出现紊乱。世界各国企业的成功经验之一就是充分依靠内部审计。

8.4.1 内部审计的概述

1. 我国内部审计的产生及发展

我国内部审计起源于周代，在漫长的封建时代内部审计起起落落，逐步进行了改革和完善，开始进入到现代审计的演进时期。但新中国成立后，我国审计工作全面停顿，内部审计也随之偃旗息鼓。直到 20 世纪 80 年代中期审计署成立后，相继发布了一系列与内部审计相关的文件，我国现代内部审计工作才重新发展起来。

随着社会主义市场经济体系的建立和发展，内部审计工作已渗透到社会经济生活的各个方面，内部审计从最初的行政手段发展成为企业自主的管理手段，内部审计的领域正从国有企事业单位向集体、民营企业单位拓展。内部审计之所以发生如此巨大的变化，根本原因在于内部审计在社会主义市场经济条件下对企业有着日益重要的地位和不可替代的作用。

2. 我国企业进行内部审计的必要性

（1）现代企业从管理和制度的建立上需要内部审计。现代企业内部经营活动涉及各个方面和各个部门，而企业内部审计贴近管理，熟悉情况，容易发现管理上的漏洞。内部审计人员对本企业的目标、各部门的职责分工、企业内部各项规章制度、工作流程、生产经营情况等较为熟悉，审计对象的相对固定性，又使其能动态地掌握被审单位的各种情况，及时、准确地判断出高风险领域和重要事项，有针对性地进行审计，以发现管理上的漏洞。

（2）企业内部控制的执行需要内部审计提供资料。企业制定的各项内部控制制度能否得到有效的执行，必须有一个公正的评判部门，通过监督与检查促使这些内控制度得以顺利实施，这项工作由内部审计部门完成无疑是最合适的。

（3）企业的专项开支需要内部审计对其进行监督。企业的投资、基建工程、科研等项目在实施过程中，需要有大量的资金作为保障，而费用开支是否合理，手续是否符合规范，票据的合法性，是否有超支现象等相关的问题，需要内部审计参与其整个过程，对其进行监督控制，以保证这些专项开支做到符合企业实际情况，避免企业的资本流失。

（4）企业的年度预算、决算需要内部审计为其提供鉴证。企业的年度预算、决算是企业制定成本的一项重要依据。因此，它编制的是否科学、合理、实事求是，在执行过程中是否严格按照国家和企业的各项规定，会计核算和报表编制是否执行企业会计制度等都需要内部审计部门进行鉴证。

（5）经营管理人员经济责任的界定需要内部审计。企业经营管理人员特别是中层以上领导人员，其管辖范围较宽责任较大。如果不进行离任审计，会给继任者带来很多经营上的麻烦，这就需要内部审计人员对其在职期间的经营业绩及资产情况进行审计。

8.4.2　内部审计的作用

1. 监督检查作用

内部审计工作的目标主要包括：对照国家的法律法规和企业的规章制度，按照审计工作规范，揭示企业的违法乱纪行为，维护企业的经济秩序；通过检查监督被审计单位执行国家财经纪律情况，制止违规行为，保护国家财产和企业利益，有利于企业健康发展。可见，披露经济活动中存在的错误和舞弊行为，保证会计信息资料真实、准确、及时、合理合法的反映事实，纠正经济活动中的不正之风，是内部审计工作的重要作用之一。此外，内部审计部门通过开展财务收支审计、财经法纪审计、领导干部离任审计，发现问题，查明损失浪费、贪污腐化行为，及时向纪检监察部门提供证据和信息，采取措施，充分发挥审计"经济警察"的特殊作用。

2. 降本增效作用

有效地开展经济效益审计是当前企业内部审计工作的重点和关键。可见，降低成本提高效益是内部审计的关键所在，内部审计人员应重视生产经营情况，对企业资产状况做到心中有数，随时随地开展内部审计督查，提出有效措施，经济有效的使用资产。

3. 增强企业管理的执行力度

企业建制并不难，难就难在如何使制度和决策有效地执行。内部审计既是检查系统，也是监控系统，通过事前和事中审计，督促各项规章制度和决策能有效地执行，纠正违规操作现象，并根据执行过程中所反映的问题，提出完善决策和制度的合理化建议，可以大大增强企业管理体制的执行力度。此外，事后审计通过对决策的贯彻落实情况及执行效果分析研究，总结经验，能大大提高管理者的决策水平和可执行性。

4. 鉴证和评价作用

内部审计的鉴证作用，首先体现在开展联营审计，维护企业合法权益。联合经营是在生产社会化和市场经济不断发展的情况下，企业为了取得经济实效和分散风险，一个企业和一个或数个企业为发展生产和产品交换而进行的经济联系。再者，开展任期内经济责任审计和领导干部离任审计，强化内部监督机制。实行领导班子在任定期审计，有助于监督企业领导依法办事，遏制腐败，促进企业廉政建设，为上级主管部门和政府考察提拔干部提供依据。

内部审计的评价作用，主要体现在通过对被审计的经济活动的检查和评价，针对管理和控制中存在的问题，提出富有成效的意见和方案，促进企业改善经营管理。审查评价企业管理和控制制度的健全性和有效性，披露薄弱环节，解决存在的问题，完善内部控制制度，堵塞漏洞。审查评价企业的财务收支和经济效益，寻找新的经济效益增长点，消化不利因素，优化资源配置，增强企业活力和市场竞争力。

8.4.3 完善内部审计的途径

1. 加强组织建设

设立审计委员会，提高内审机构的地位及权威性，促进内部审部门在组织中应处于较高位置，以加强独立性和确保审计的覆盖面，使审计报告获得重视并促进被审单位对审计建议采取恰当的行动。内部审计必须保持独立于经营管理活动和决策之外，特别是当面对管理层时，内审人员在整个组织中的地位应被严肃对待。

日前，我国绝大多数的内审机构设置于财务部门，或于财务部门平级，这种状况严重制约了内审机构作用的发挥，因此有必要将内审机构与公司的财务机构分离，更应与公司管理脱离，最有效的做法是成立审计委员会，使内审机构隶属于审计委员会。西方国家中，绝大多数公司的内部审计机构隶属于审计委员会。审计委员会隶属于董事会，其主要成员由外部董事组成，公司的审计监控以审计委员会为中心。审计委员会任命内审机构的负责人，对内部审计部门的工作计划进行审定。同时，一些与企业关系重大的审计项目，要经过审计委员会通过。内审部门负责人与审计委员会保持直接的联系，出席审计委员会会议，定期向审计委员会报告工作和交换有关审计工作意见。

这种审计委员会隶属董事会的组织机构，这样提高了审计人员的地位，增强了审计人员的独立性同时有助于扩大审计范围，审计部门可以审查更高层次的管理活动，并向董事会报告有关情况。

2. 扩大内部审计范围

内部审计的目标是协助组织管理成员和董事会成员履行他们的职责，特别是以合理的成本促进有效的控制，从而实现价值增值。管理部门对客观的、高质量的信息需要，已超出了单纯的财务信息的范围。《内部审计实务标准》对审计的范围规定[①]：内部审计的范围包括对组织内部控制系统的适当性、有效性以及完成指定责任的质量进行检查和评价。内

---

① 王化成. 企业财务学[M]. 北京：中国人民大学出版社，1999 年，第 292～304 页.

部审计关注的内部控制范围包括：财务和经营信息的可靠性和完整性，有关政策、计划、程序、法律和规章制度的遵守情况，资产的安全性，资源利用的经济性和有效性，制定目标和目的的完成情况。

内部审计部门要对内部控制的各项内容进行检查和评价，这就使内部审计活动的范围越来越广，进而延伸到经营活动的每个方面，并且包括所有层次的权利机构。我国的内部审计只有不断拓展审计视野，增强宏观意识，扩大审计范围，增加审计内容，才能适应企业的管理与发展。首先要改变传统的审计观念，不能只把财务数据的准确性、差异性作为审计重点，而忽视企业资产运行的合法性、资本结构的合理性以及对外投资的效益性；其次，要改变过去只审核凭证、核对账目、计算结果或者只衡量经营者业绩大小的单一计量方法，而忽视对企业整体动作的定性分析、未来获得能力预测、偿债能力研究以及经济责任的界定；再次，要改变过去只注重经济活动的事中、事后监督，而忽视事前的预测、分析、控制与管理；最后，要对预定目标和目标的完成进行检查、分析、评价和建议。

3．加强审计人员的队伍建设

随着审计地位的提高和审计范围的扩大，我们国家需要高素质、能力强的专业审计人员。内部审计人员必须具备对执行内部审计工作必要的知识、技能和专业训练。我国推行的 CIA 资格考试，就是培养高水平内审人员的有力举措，为内审人员学习国际内部审计经验、提高业务水平和综合素质起到了有力的推动作用；其次，内审人员应以国际内部审计师协会颁布的《道德准则》作为行为规范。该准则要求内部审计师必须遵守高标准的诚实、客观性、勤奋和忠实的原则。准则规定了 11 条行为准则，这些对维护审计职业的严肃性、审计人员的专业形象和促进审计工作发展都有着重要作用；再次，审计部门应加强对内审人员专业熟练程度。可以采取经验交流会、学术研讨会、学校课程、内部培训等各种形式，使内审人员不断更新知识，了解和掌握有关审计标准、程序和技术方面的改进和当前的发展情况。

8.5 决   算

8.5.1 企业决算

财务决算[①]是从财务管理的角度出发，侧重于对资金的流向、大小和在时间上分布的分析，以现行的财税制度为依据，通过对资金的流动情况为重点进行分析，形成符合基本建设财务管理办法的科目体系，来反映竣工工程从开始建设起至竣工为止的全部资金来源和运用情况，达到核定使用资产价值的目的。由于它侧重于对财务制度执行情况的反映，

---

① 王化成. 企业财务学[M]. 北京：中国人民大学出版社，1999 年，第 292～304 页.

能够确定资金流动的真实性和合法性，是办理资产交付使用手续的依据。

1. 企业财务决算中存在的问题

（1）管理体制上存在弊端

目前，公司仍然存在三级管理，即公司总部——分（子）公司——项目部。三级管理机构之间权利义务划分不明确，人治色彩浓厚，没有相关的制度保障。

（2）项目经营的理念存在误区

项目部是随着工程项目的开工而临时组建的一支施工队伍，不是长期稳定的经济组织，待工程竣工以后立即解散。所以在经营管理上必然出现短期经营行为，没有全局观念，没有足够的成本效益观念，仍然在吃"大锅饭"，有"等、靠、要"的不良习气。表现为：组建项目部时，投入很大，都求"大而全"、"小而全"，只图使用方便，不管费用支出，存在盲目攀比现象，认为别的项目部有的我应该有，别的项目部没有的我也应该有，固定资产和办公用品购置没有计划和限额，随意性大。在施工过程中，只图眼前利益和小集体利益，不考虑成本因素，把全面预算的控制和分析置于脑后，使其流于形式。

（3）会计管理体制存在弊端

现行的会计管理体制是，会计人员作为项目部的一员，受本单位领导的控制和制约，其行为直接受经营者的影响，其工资、待遇、奖罚和任免等都基本上由领导决定。虽然《会计法》规定："国有企业、事业单位的会计机构负责人、会计主管人员的任免应当经过主管单位同意，不得任意调动或撤换。"但事实上，主管部门并没有起到保护会计人员行使职权的作用。

（4）缺乏有效的行为监督、检查、约束机构

实行项目部财务决算制以后，公司总部现行的财务管理模式仍然是核算型和控制型不分，会计和财务不分，项目财务由原来的月报销变为现在的季决算，分（子）公司随之变为汇总决算报表的单位，都不能随时了解和掌握项目的动态管理。加之目前尚不能全方位进行网络管理的局限性，很显然公司总部得不到及时、准确的项目部管理信息。尤其是公司总部财务停留在过去的财务管理模式——核算型上，没有建立健全有效的会计控制和会计监督体系，会计人员忙于应付日常会计核算工作，没有时间也不可能把会计监督和检查工作做到经常化、制度化，没有对项目部的财务管理进行规范和统一，也就无法约束其行为。内部审计是公司唯一的专职检查监督机构，但审计部门的力量非常薄弱，人员少、专业人员配备单一，无论从技术上还是精力上对项目部都不可能进行全方位的有效监督。

（5）缺乏健全有效的内部控制制度和科学的考核标准

推行项目财务决算制，本意是通过模拟独立法人核算的形式，真实、完整地反映每个项目的经营状况、财务成果、现金流量，从而为项目部管理层的业绩考核提供可靠的依据，为分析全公司的生产经营状况奠定基础。但是，在刚开始推行项目财务决算制时，公司上下普遍存在管理权限全部下放，对项目部尽量少干涉的想法，只要项目部按时足额上缴定

率，能够完成承包责任状规定的各项指标，无论怎样经营那是项目部自己的事情。现在看来，这种想法过于简单，首先是考核指标体系是否合理，能否涵盖经营过程的各个方面值得商榷。举个例子，现代企业的现金流量是一个极为重要的指标，一个企业完成的产值、利润，必须有现金的支持，能够及时体现为现金的流入，从某种意义上说，现金净流量的重要性甚至大于企业的利润指标，可是我们对项目部的考核指标中，恰恰缺少这一项，结果是项目部与分公司的资金管理随意性较大，并且大家都在互相埋怨，分公司管理层认为项目部乱花钱，项目部认为分公司随意调配资金，挪用工程资金影响工程进度。项目部积极清欠的意识不强，个人挂支高居不下，而公司管理层在资金控制上缺乏计划，常常出现头痛医头，脚痛医脚的尴尬局面。在财务记录上，应上缴的承包降低率与现金净流入严重脱节，造成公司资金短缺的恶性循环。

（6）财务人员综合素质较低

目前，财务人员只局限于记账，算账，报出报表就算完成任务，完全处于一种被动的事后算账的从属地位，没有跳出记账、算账、报账的狭窄圈子，特别是缺乏应有的内部监督意识，不能对项目部的经营活动进行全方位、全过程的预测与监督，不去主动参与项目管理，没有对影响效益的重要因素进行分析研究。甚至为了迎合领导的意愿，用虚假信息蒙蔽上级管理部门，致使企业内部经营管理信息不对称，严重影响计划和决策的制定。长此以往，项目部管理必将处于失控状态。

2. 解决当前企业财务决算问题的途径

（1）创新管理体制，为实行项目财务决算制创造良好环境。财务核算模式的改变离不了公司管理体制的创新，有了好的管理体制，财务核算创新工作才有保证。公司总部应当按照既定战略规划加快实行两级管理的步伐，精简管理机构，彻底改变机构臃肿，人浮于事的局面，最大限度地发挥项目部的管理职能，以保证发挥项目部财务决算的作用。认真落实项目经理负责制，科学测定项目责任成本预算，合理制定以目标利润指标为主的项目经济责任制考核指标，将所有工程项目签订经济承包责任书，使权利和责任真正落实到人头。尽量避免从事"政治工程"、"面子工程"和一些效益欠佳、发展无望的工程项目，逐渐增强项目经营风险意识，增强资金的效益意识，增强合同法律意识，以最少的投入取得最大的产出，从而实现项目利润最大化。

（2）转变经营理念，实现真正意义上的项目法施工。使项目真正具有自我管理、自我核算、自我控制的能力，真正成为自负盈亏、自我经营的创效实体，实现真正意义上的项目法施工。

（3）完善财会人员的管理，实行会计委派制。在目前不能有效管理的情况下，实行会计委派制，是搞好项目决算行之有效的办法。

（4）重视人才的培养、利用和保护，提高财务人员的素质。

（5）建立健全项目经营管理考核评价制度。建立健全完善的、符合实际的项目经营考核指标评价体系，按照与企业整体效益的相关性，分配不同的权重，以促进企业价值最大化、保证企业稳定健康发展为目的，摒弃细枝末节无关紧要的考核指标，增加更相关的指标如应上缴现金保证率，应收账款收现保证率，备用金周转率，偿还债务能力等指标，对项目经营情况定期考核，按照规定实施奖罚兑现，促进项目管理走向科学化、规范化。

（6）加大公司总部财务监督检查和工程项目专项审计的力度。①完善资金结算中心的管理，规范项目部银行账户的开设。②推行全面预算，实施有效财务控制。③加强税费交纳的管理，维护企业信誉。④成立财务会计管理机构，加强会计基础工作的管理。⑤扩充审计队伍，加大项目审计力度，提高项目审计质量。

（7）以网络财务为平台，提高财务管理水平。网络财务是随着信息高速公路的建成，网络经济时代的到来而出现的一种新的财务管理形式，它是运用网络财务软件，基于网络技术，帮助企业实现财务与业务协同，远程报表、报账、查账、审计等远程处理，事中动态会计核算的在线财务管理。它使信息的处理和传递突破了时空的界限，逐步形成集信息流、物流和资金流于一体的管理模式，体现出系统管理快捷、方便、高效的特点，所以，为了适应项目财务管理方式的改变，建立以网络财务为平台的监督机制，显得越来越重要。

8.5.2 国家决算

国家财政决算①，简称国家决算，是经法定程序批准的年度国家预算执行总结（未以法定程序批准前称决算草案），一般分决算报表和文字说明两部分。它通常是按照统一的决算体系逐级汇编而成，每年年度终了，各地区、各部门都要按照国家规定，正确、完整、及时地编制决算。国家决算（草案）编成后，报送国务院审查，再提请全国人民代表大会审查批准；地方各级财政部门报送同级人民代表大会审查批准。

国家财政决算由中央级决算和地方总决算组成。中央级决算由中央部门汇总所属行政、事业单位和企业财务决算，基本建设财务决算等组成；地方总决算由各省（自治区、直辖市）汇总其本级决算及其所属市（地、州）县（市）乡（镇）总决算所组成。同中央级决算一样，省（自治区、直辖市）、市（地、州）、县（市）乡（镇）级总决算，也由同级主管部门汇总的行政、事业单位决算、企业财务决算、基本建设财务决算、国库年报和税务年报等组成。行政事业单位决算由各执行单位预算的国家机关、工交商、农林水、文教科研、卫生等事业单位编制。企业财务决算和基本建设财务决算，由国有企业和基本建设单位编制。此外，各级财政部门还要编制专项基金收支决算以及各自经营的预算外收支决算和事业、行政单位经营的预算外收支决算。国家财政决算按预算等级次分可分为中央财政决算和地方财政决算；按编制决算的单位分，可分为总决算和单位决算。

---

① 王化成. 企业财务学[M]. 北京：中国人民大学出版社，1999 年，292～304 页.

1. 中央财政决算

中央财政决算，即中央政府决算，是经法定程序批准的中央级年度预算执行总结，是国家决算的组成部分。它反映年度中央预算执行的最终结果。在我国，中央决算由中央各主管部门汇总所属的行政、事业单位决算、企业财务决算、基本建设财务决算，以及国家金库年报、税收年报等组成；行政事业单位决算，由各执行预算的国家机关团体、工交商、农林水、文教卫生等事业单位负责编制草案；企业财务决算和基本建设财务决算，由国有企业和基本建设单位负责编制草案；财政部将中央各部门报送的各类决算草案审查汇编成中央级决算草案，汇入国家决算草案，报国务院审查后，提请全国人民代表大会或其委员会审查批准。

2. 地方财政决算

地方财政决算是经法定程序批准的地方各级政府年度预算执行总结，是国家决算的基础部分。我国的地方决算分为省（自治区、直辖市）及其所属市（地、州）、县（市、区、旗）、乡（镇）四级决算。省（自治区、直辖市）级决算及其所属市（地、州）、县（市、区、旗）、乡（镇）总决算，经汇总组成省（自治区、直辖市）级决算。各省（自治区、直辖市）总决算汇总组成地方总决算。各级地方总决算，由同级主管部门的行政事业单位决算、企业财务决算、基本建设财务决算和所属下级总决算所组成。地方决算由地方财政部门负责审查汇总，编制草案，报财政部编制成地方决算草案，汇入国家决算草案，按规定程序审批。

3. 总决算

总决算是总预算执行最终结果的报告文件，由各级财政部门汇总本级及其下级政府的年度实际收支所编制的决算，是各级总预算执行结果的全面反映。总决算编制内容包括全年预算数、决算数和有关基本数字及决算说明书。我国的总决算分为中央总决算和地方总决算，地方总决算又分省（自治区、直辖市）、市（地、州）、县（市、区、旗）、乡（镇）四级总决算。

4. 单位决算

单位决算是由执行单位预算的行政、事业单位编制的决算，是构成各单位总决算的基础。我国财政制度规定，年度终了后，各基层单位应在搞好年终清理、结清账目的基础上，正确、完整而及时地编制单位决算草案，分列预算数和决算数，并附决算说明书，按预算支出领报程序自下而上地逐级审核汇总.上报同级财政部门，汇入总决算。

【复习思考题】

1. 简述企业成本核算的内容。
2. 简述企业成本核算的方法。
3. 简述企业预算控制的目的。
4. 分析企业预算控制的方法。
5. 根据赊购材料业务量的情况,分析企业赊购控制的核算方法。
6. 简述内部审计的必要性。
7. 分析完善企业决算的途径。
8. 简述企业决算与国家决算的区别。

CHAPTER 9   THE ADMINISTRATION MANAGEMENT

9.1   DATA PROCESSING

Batch processing
-a batch being the amount of data available when processing starts. It covers a time period as well as a volume of data. This approach concentrates on getting the maximum performance from the computer. Usually adopted in the early days of DP computer because:
- ✓ there was no alternative to batch processing
- ✓ it made economic sense

On-Line processing
-each data record is processed as it is presented;
-validation, updating and reporting can be done for that data record, before the next one is input;
-can use signal from machine or process sensor or keyboard.

Real-Time processing
-a further extension of the on-line processing where the system has sufficient power and speed to carry out the complete process before the next data record is available.

Database approach
-all the actual manipulation of the physical files is done by the DBMS with the user programs responsible for handling the logical files.

Clerical systems
-basic elements are the batching and division of work;
-divide the work into process;
-divide the business into segments;

-may cause co-ordination problem;

-may impose non-productive reporting.

Centralized And Distributed System

（a）*fully centralized operation* - all processing of data and the actual decision making take place at the center. All the data are transmitted from remote location and all instructions have to be communicated from the center.

（b）*partly centralized operation* - local processing may be done at the remote site but all decision making are carried out at the center and communicated out to locations.

（c）*decentralized operation* - data processing and decision making may be distributed.

9.2   ORGANIZATION AND METHODS (O & M)

Many organizations feel that the relationship between O & M and systems analysis is too close to separate, so they are retained within one department. Other businesses may allocate O & M its own functional area, or may incorporate it within the personnel department. No matter where their location is, O & M staff should be given the freedom to look at situations without bias.

O & M is a service to management, primarily concerned with making improvements to specific office procedures: by improving clerical methods or by facilitating the flow of work.

It should not be confused with work study, which is used to improve efficiency in production processes, by making optimum use of workers, machinery, materials, and space.

Aims of Organization and Methods:
-    to minimize costs without sacrificing quality
-    to minimize utilization of resources
-    to integrate departments
-    to facilitate change
-    to remove unnecessary effort
-    to minimize wastage and errors

Components of Organization and Methods:
（1）Work measurement – analyzes human activities

（2）Method Study – analyzes procedures in terms of documentation, equipment and methods used.

Organizational change
-a set of discipline   aimed at altering the attitudes and behavior of people in organization.

3 main causes for change: technological, social and economic forces.

Purpose of change - to close the gap from:

current situation	to	desired situation
-low morale	G	-improved job satisfaction
-low profit/loss	A	-higher levels of profit
-absenteeism	P	-higher standards of performance
-militant union		-motivated work force.

Purpose of organizational change is to close the gap. People resist imposed change and not changes that they initiate. Some reasons are:
-possible loss of job;

-increased workload;

-loss of colleagues;

-doubts about ability to cope up;

-problems of adjustment.

How to create a climate for acceptance of change:
-keep people informed at all stages of change;

-point out advantages;

-develop trust and faith;

-get employees views on the subjects;

-encourage participation;

-use outside experience;

-change management style;

-pilot project.

Process of change:
-identify problems;

-analyze need for change;

-collect data;

-recommend course of action;

-planned implementation;

-monitor and review;

-corrective actions.

Exercises:

Question 1

Explain the following:

-Batch processing

-On-line processing

-Real-time processing

-Database approach

-Clerical systems

Question 2

Define "Organization and Methods." (O & M).

Question 3

Enumerate the aims of O & M.

Question 4

What are the two components of O & M?

Question 5

Define "organizational change."

Question 6

What are some of the reasons why people   resist on imposed changes?

Question 7

List down the ways for creating a climate for acceptance of change.

Question 8

List down the process of change.

第9章 企业行政管理

9.1 概 述

9.1.1 企业行政管理的内涵

企业行政管理体系[①]可以说是企业的中枢神经系统，它是以总经理为最高领导，由行政领导分工负责的，由专门行政部门组织实施操作的，其触角深入到企业的各个部门和分支机构的方方面面的一个完整的系统网络。企业行政部门担当着实施、执行公司各项决策的执行长官的角色。一个较大的企业的行政管理体系，其本身就是一个具体而微小的小企业，其行政工作在广度、深度、重要性及敏感性等方面都不同于企业各方面。企业行政工作涉及企业内部上下左右、里里外外的沟通和协调。行政管理的广度，涉及一个企业的全部运作过程，行政管理的深度，又涉及许多局外人难以想象的细枝末节。企业行政管理之所以重要，是因为它是领导和各部门、众员工之间的桥梁。

企业的行政管理组织是公司企业的中层重要的组织，它担负着企业生产经营运作的具体组织管理工作。行政部门是企业决策的执行部门，又是企业决策的参谋机构，它不仅要求部门员工努力完成企业下达的计划，还要对本部门的现状、问题、和前景做出分析、预测和规划，为企业的高层决策提供相关依据和报告、建议。

综上所述，企业行政管理[②]是指企业行政部门收集企业的内外信息，为企业的各项决策提供参谋建议，形成可供领导决策的初步建议和草案，以便领导决策时作参考；对领导提议的方案进行认真分析，说明其优点和缺点，确保最后所决定实施的方案是最优的；布置、组织相关的人力、物力、财力去执行方案等的活动。根据定义，企业行政管理包括如下内容：首先，企业行政管理部门收集企业内外的各种信息动态作为第一手资料，经整理分析，提出个人意见，提交给企业的决策层，决策层在此基础上提出方案；其次，企业行政人员帮助领导分析和调查各种方案的优点；再次，由领导确定工作目标和最优方案并命令相关部门执行。最后，企业行政管理部门在接到执行命令后，开始布置、组织相关的人力、物力、财力去执行这个方案。企业行政管理工作者作为各部门工作的配合者组织者，确定好每一步的执行过程，做好实际实施工作，在实际的实施过程中，难免会出现分工、责任、时间、财力、物力、人力等各方面的矛盾。这时候，行政部门又作为中立部门，积极统筹、

---

① 张国庆. 行政管理学概论[M]. 北京：北京大学出版社，2000 年，第 8 页。

② 张国庆. 行政管理学概论[M]. 北京：北京大学出版社，2000 年，第 10 页。

协调各方面的关系，兼顾企业全局，保证企业方案圆满完成。

9.1.2 企业行政管理的特点

1. 企业行政管理不是独立自主的

政府机关的行政管理，就政府体系本身而言，可以说就是它的目的本身。也就是说，政府机关之所以存在，目的就在于实行行政管理。这就使政府机关的行政管理往往给人一种为"管理而管理"、不近情理、不合实际的印象；这种情况如果发生在企业里，就会比较触目惊心，使人难以容忍。企业的行政管理不是独立自足的，它本身并不是企业的目的所在。企业的行政管理即使搞得非常完美，但是如果不利于充分利用和合理调配企业的人力、物力、财力、技术等资源，不利于调动广大员工的积极性、主动性和创造性，不利于开源节流，提高企业的经济效益，加快企业的发展，那也是没有价值的。简言之，企业行政管理服务于企业的根本目的：即通过为社会提供商品和服务而谋取尽可能大的经济效益。

2. 企业行政管理更注重内容和实质

更注重内容和实质，而尽量减少不必要的表面文章、繁文缛节、形式主义。企业的行政管理往往根据公司实际需要，对行政管理的诸多制度、程序、环节、形式、图表、文件等进行剪裁和调整，使之变得精练、实用、简洁、便利、省时、省钱。

3. 提高企业经济效益，加快企业发展

虽然我们不能说要直接用企业经济效益来衡量具体的行政管理行为，也就是说，不能直接对某个具体的行政行为提出"你这种做法能为企业赚多少钱"这样的问题；但是，企业的行政管理还是比较直接地与企业的经济效益相联系。企业行政管理的着眼点，在于充分挖掘和最大限度地利用公司的各种资源，提高员工工作积极性，开源节流，提高企业经济效益，加快企业发展。

4. 企业行政管理带有很强的灵活性

企业的行政管理往往根据公司实际发展需要经常进行变革、增删、剪裁、变通，因而带有很强的灵活性，比较能符合时代的发展和公司实际。

9.1.3 企业行政管理的职能

1. 信息收集职能

收集企业内外的各种信息，供领导决策时提供方案。收集的信息包括企业内部的信息

和企业外部的信息。有的信息是企业长期常规性的收集的；有的信息是偶然得到的；这些信息都需要企业的行政管理人员按各自的责任认真处理，确保企业内外信息流的畅通。收集的非常规信息，是指社会、企业因特殊原因而使其存在的见外环境发生的不可预测的变化和企业本身原有的正常经济活动发生的冲突和矛盾。例如，天灾人祸的突然发生对企业产生重大影响，这时企业收集的信息应该属于非常规信息；政府某一天宣布停止国债期货市场，对那些证券交易的公司来说也是一个非常规信息等等。非常规信息往往有两个明显特点：一是这类事件发生往往难以预测，二是这类事件的发生动态往往难以以个人或企业意志为转移。企业的行政管理部门既要做好常规信息收集处理的工作程序，同时也要做好非常规信息收集处理的工作程序。

现代行政管理离不开数据统计、处理和分析。统计数据是行政管理人员认识社会、监测经济、了解科技发展等情况的"晴雨表"，是企业制定政策长远规划，以及进行现代化行政管理的重要基础，这就决定了统计数据必须保证质量，保证其客观性和准确性。实践证明，也只有统计数据的真实，才能使现代行政管理科学准确高效。

（1）信息数据处理对行政人员的影响

行政人员由于身处现代信息社会，不可避免地要受到信息技术发展的影响。高效的数据处理对行政管理人员的影响具体表现为以下几个方面：

① 体能的延伸与增强

借助于信息数据处理技术，如电信、网络、办公自动化、远程会议，打破了时空限制，行政管理人员可以看到、听到、触到以前无法感知的事物，可以完成以前体能无法完成的工作。

② 开阔视野，提高判断、分析和解决问题的能力

信息数据处理技术的开发可使行政人员及时获得大量信息，有助于他们理性地、辩证地和系统地思考问题。互联网提供了获取信息的极大便利，使得行政人员"运筹帷幄之中，决胜千里之外"成为可能。

③ 时间和精力的节约

信息数据处理技术节约了原来靠人脑和文件处理信息所消耗的大量时间和精力，并降低了信息传输的时间成本、人力成本。

④ 观念的更新

行政管理人员要适应信息时代的要求，就必须更新传统观念，树立效率观念、创新观念、服务观念、竞争观念、民主观念、法治观念等现代化观念。

⑤ 激励行政人员的全面发展

信息数据处理技术的应用，既对行政人员的知识和技能提出了更高的要求，又节约了行政人员的精力与时间。前者成为行政人员不断学习与培训的直接动力，后者则提供了可能与机会。信息技术所带来的教育方式的更新（如网络学校）更为行政人员学习现代化管理知识、掌握与运用现代化的行政管理技术和工具提供了极大的便利。

（2）信息数据处理对行政决策的影响

行政决策是行政管理者为达到某一特定目标，对若干备选方案进行选择，以确定行动方案的过程。信息数据处理技术发展，对行政决策的影响是围绕着提高行政决策的有效性和行政决策的效率展开的。

① 对行政决策目标的影响

信息数据处理技术的发展改变了人类的生活环境，为此，对行政提出了新的要求。对于企业而言，一切应以消费者的满意程度为决策的根本目标，决策过程的行政参与、民主公开就成为一种必然选择。

② 削弱以至取消决策者与执行者之间的严格分界

现代行政组织内部层层授权，下级对上级严格负责。信息数据处理技术的发展使每个人都能及时获得所需要的信息，在工作现场就可以做出必要的决策。

③ 改善行政决策者的"有限理性"

管理决策的基石是由西蒙教授提出的"有限理性"学说，而数据信息的不完备是影响人们进行理性判断和决策的直接原因之一。信息数据处理技术的发展可逐步实现在适当的时候，把适当的信息提供给适当的管理者，这样就改善了决策者的"有限理性"。

（3）信息数据处理技术对行政方法的影响

信息数据处理技术与行政方法密不可分。所有行政方法都要有相应的数据信息支持，而有些行政方法就是专门为保证信息流通而创立的。信息技术发展引起行政方法的创新主要通过以下途径：

① 改善现有行政方法的信息基础和信息通信手段

目前行之有效的网络规划技术，就运用了先进的信息数据处理技术予以支持，从而大大提高了行政管理效能。网络规划技术源于 19 世纪末，美国学者甘特发明的甘特图，后发展为横条图形计算法，这是一种较为简单的安排工序和时间的图表。后来，随着科学技术的发展而不断改进成为网络规划技术。

② 创立全新的行政方法和行政措施

信息数据处理技术的发展使决策支持系统（DSS）电子会议系统（EMS）、远距离控制、分布式工作的统一协调、动态网络计划成为可能。目前，我国政府上网工程就采用了一整套全新的管理方法，如人民银行网上支付、海关总署报关单和外汇联网的外汇核销系统、工商局红盾信息网提供企业数据库、国家税务总局增值税发票稽核系统和电子报税等。这些管理方法提高了行政效率，降低了行政管理成本。

（4）信息数据处理技术对行政组织的影响

传统的行政组织形式是科层组织结构。它的创立与发展不仅与素质较低的人员和平稳的管理环境相对应，而且也是受信息技术不发达制约的无奈选择。科层组织结构的最大优点是效率很高，其弊端在于对外界环境变化的适应能力较差，而且压抑组织成员自身的全面发展。社会经济环境的不断变化，使得科层组织的革新不可避免，而信息技术的发展为之提供了强有力的支持。

① 中间管理层的缩减以至取消

中间管理层是信息通信技术落后的产物，它的存在既减缓了信息传递的速度，又易造成信息的严重失真。这种失真的原因有多种，其中一个原因就是中间层次为了争功饰过而导演的"官出数字，数字出官"现象，这也是信息传递不畅的结果。现代信息数据处理技术，将通过加强操作执行层与高层决策的直接沟通，逐步缩减以至最终取消中间管理层。

② 管理幅度增宽

信息数据处理技术使管理者与其下属可以随时了解对方的状态和意图，并仅占用很少的精力和时间。所以，一位管理者能够指导更多的下属人员，增宽管理幅度。

③ 行政组织绩效的改进

信息数据处理技术的发展极大地提高了工作效率，使得一个行政组织要完成与过去同样的工作量，所需的行政人员大大减少，从而使行政组织更加精干高效。行政组织中信息数据处理技术的采用，有利于提高行政组织产出绩效和促进行政组织成员的自身发展。信息数据处理技术可保证行政组织成员间的全方位沟通和组织与组织之间的信息交流。

（5）信息数据处理技术对行政公文的影响

信息数据处理技术日益渗透到办公或其他业务环境，如行政部门的办公自动化系统和电子商务等，便产生了电子文件，这是一种特殊性质和特殊形式的行政公文它具有许多与传统行政公文不同的特点：（1）信息的非人工识读性。（2）系统依赖性。电子文件的使用依赖于一定的硬件设备、操作系统和应用软件。（3）载体的无信息性。从远古的甲骨、棉帛、竹简到纸张，载体的意义远大于"承载物"这一项，它和载于其上的外部特征，如字迹、书写材料、签字、印章等共同构成文件原始身份的"证明人"。但对于电子文件，载体本身及其上的外部信息消失得无影无踪。（4）信息的灵活处理性。制作电子文件时，我们可以任意地增、删、改；单纯从电子文件本身来看，修改的痕迹荡然无存。电子文件的上述特点对行政公文产生的深远影响，主要表现在以下几个方面：

① 文件记录的原始性、凭证性受到冲击

严格意义上的法律证据必须是原始文件，其形式与内容同等重要。如审理经济纠纷所依据的主要是合同原件。传统的文件，内容一旦依附于某一载体之后一份"原件"就产生了。即使被更改，也会在原件上留下痕迹。电子文件由于其复制的简便和文字编辑软件功能中引以为豪的整齐而美观的标准字体和字号，谁又能确认电子文件的原始性呢？传统文件利用封泥、骑缝、按指纹、画押、签字、盖章等方式来确认身份，而电子文件则无能为力。出于维护某种既定的社会秩序或维护某种经济利益的目的，人们对电子文件提出了身份认证的要求。现在诸如数字签名、存取控制、信息追踪加密和防火墙技术，为这一要求的实现提供了部分可能。但是，"道高一尺，魔高一丈"，美国国防部数次被黑客侵入、印尼总统电子邮箱被炸、某些网上主页被篡改等等，都说明了电子文件的脆弱性。

② 重要原始文件的流失

由于没有采取相应的措施，许多电子文件都将会随着电子脉冲流进历史的黑洞之中。或者是电脑遭遇病毒或受到黑客袭击，甚至在你不经意的一敲一点中，某一重要文件就荡然无存了。许多管理信息系统具有在适当时候自动删除或更新某些数据的功能。形成文件的业务人员往往考虑用这份文件处理现实事务，对于其中哪些东西今后有用，需要保存而考虑不周，甚至全然忘记。对传统文件的管理，已经形成了一整套严密的收、发、签、办、归档等工作流程的规章制度，因此，传统文件的管理步步为营，井然有序。而电子文件的管理中还远未形成类似严谨而又有效的措施。这就要求文件及档案管理人员在信息系统设计初期积极参与，提出有关功能要求，在系统运行的适当环节，加入签发、签收、鉴定、制作原数据信封、归档保存等管理步骤，最后将电子文件保存在系统硬盘、软盘或光盘上留存备查。

③ 数字文献的长期可读性"朝不保夕"

电子文件的载体有硬磁盘、软磁盘、光盘等。杂散磁场，氧化作用，材料的老化变质、污染、划伤和皱褶，会很容易抹掉这些载体上记录的信息。另外，因为不断有新的、不兼容的媒体形式和存贮格式出现，数字式文献常常会在存贮它的媒体还没有破损之前就不再被使用了，涉及电子文献长期可读性的另一个因素是计算机病毒。大多数电脑系统都很容易受到旨在破坏它们的病毒的侵害。

2. 组织沟通职能

企业领导由于个人精力有限，许多方案的执行也非某一个人的能力所及。这就需要由企业的行政管理部门认真领会领导者和意图，按照一定的计划来丰富、完善领导的决策方案，制定出组织执行步骤或计划。根据事件涉及范围的大小，邀请有关部门或人员共同确定行动方案，由行政管理部门、组织具体执行部门或人员共同确定行动方案，由行政管理部门、组织具体执行的部门或工作人员按照行动方案去执行这项经济管理活动。在行动方案的确定中，首先应到实际工作中了解好情况，才能使行动方案切实可行；而且行动方案应尽可能细致，但又要保证有一定的弹性，因为未来事物的发展既有规律可循，又不可能全为人的意志所转移，这就要求企业行政管理部门充分考虑到可能发生的实际情况，准备好后备方案，结合时间先后画出行动方案的网络图。

3. 统筹协调职能

统筹协调职能，是在行动方案确定并开始实施后，到最后目标实现的整个过程中，由于实际发生的条件不同，使执行该方案的企业内外各方面不协调或不统一，企业的行政管理部门或工作人员，统筹兼顾长期与短期、整体与局部等各方面的关系，保证执行该方案的部门或工作人员顺利实现工作目标。

统筹协调所需要的条件如下：（1）原设计行动方案错误或不细致造成的矛盾或冲突；

（2）实际情况的变化使原设计方案难以适应；（3）实施该方案的部门或工作人员不能认真工作，不能完成预定工作内容或步骤。当发现在实施方案中有问题时，要及时如今有关人员进行研究。必须明确当前企业的工作重点、主要工作方针，并分析出现矛盾的原因。然后，要具体了解现在企业内外的实际情况是怎样的，特别是要郑重考察那些对原方案的实施具有重大影响的因素。在此基础上确定好统筹协调措施，以及其他协调方式，促使整体方案的顺利实现。

4. 检查监控职能

检查监控职能指的是企业行政管理部门在方案开始实施到目标的最终实现的整个过程中，随时检查、监督各个部门及工作人员的工作、方案实施的各个环节的完成情况，并将现在的情况随时同原定的目标相比较，根据相比较的差异和企业现在面临的环境，及时对整个方案的实施过程采取相应的管理措施，保证目标得以实现。

（1）在执行部门或由工作人员汇报实施情况，亲自到现场检查或监督过程完成实情的基础上，把现实与原设计方案相比较，发现同原方案实现目标的差距。寻找对策，弥补差距，这就是检查监控最重要的一步。

（2）随时掌握方案实施的整体情况，根据方案，要求不同的部门和工作人员按时向企业行政管理部门汇报工作进展情况，负责此方案实施的企业行政管理人员要将汇报上来的情况进行综合并与原设计的行动方案相比较。对于以往在某些工作中经常出现失误或错误的地方，行政管理人员要专门询问这类问题，或亲自检查这类问题，在可能的情况下，亲自监督整个环节的完成。

（3）根据发现的差距和矛盾、企业面临的实际情况，对方案的整体实现过程进行及时的调整，校正实施过程与实现目标之间的误差，只有随时发现差异，随时调整，才能保证目标的最终实现。

9.2　组织与方法

行政管理方法是各个系统、部门和单位，依靠行政组织的权威，运用命令、指示、规定、条例等行政手段，按照行政系统和层次进行管理活动的方法；其实质是通过行政组织中的职务和职位来进行管理。行政管理方法不但具有权威性、强制性、无偿性、稳定性、层次性和具体性等特点，而且具有独特的作用。便于达到集中统一的目的，有效地实现管理目标，及时解决一些特殊、紧迫的问题。

行政管理方法是社会活动和经济活动进行集中统一管理必不可少的方法之一，也是社会主义市场经济充分发展所必需的。但是行政方法是有局限性的，要特别注意正确运用行政方法，真正使它建立在客观规律的基础上。尤其要注意，不可滥用行政方法，不可单纯依靠行政方法，要把行政方法与经济方法、法律方法等有机结合起来，建立和完善行政法体系，使改革决策、发展决策与立法决策紧密结合。结合企业管理与行政管理的特点，提高企业行政管理效率的方法有以下几个方面：

1. 对不同的行政管理层次提出不同的重点和要求

上层行政机关的主要活动，是规划、决策、控制、沟通等全局性工作，追求的是社会总体效率。重点要从领导方式、决策程序、组织结构、信息反馈、协调监督等方面改进工作，提高效率。

2. 建立健全企业规章制度

建立健全和认真执行行政部门的各项管理制度、岗位责任制度、工作程序以及一系列规范化表格、图表等，从而建立起行政部门的法治秩序。提高行政效率，必须加强行政管理法规的建设，健全必要的工作制度，以法律和规章制度的形式促进行政效率的提高。

3. 提高企业行政管理人员的素质

每一个行政工作人员都必须努力提高自身素质，使自己的能力和水平不断得到提高。作为企业行政管理人员，应该是知识水平高，各方面素质优良的公共管理者。企业行政人员素质的提高可以提高组织管理的有效性，能够实现科学而又艺术的管理。经济的全球化企业行政管理人员在未来的管理中必须有国际眼光，熟悉国际游戏规则，适应国际竞争的需要。

4. 引入科学的企业管理方法

引入科学的企业管理方法如目标管理、绩效评估、成本核算等。当前企业行政效率在管理方法上陈旧僵化，仅注重行政规章和行政命令，无法调动行政官员的积极性。通过将企业管理讲求投入和产出、讲求成本核算的精神引入企业行政管理之中，可以提高企业行政管理人员的责任感，同时还可以科学地衡量管理人员的工作业绩，有利于提高行政效率。

【复习思考题】

1. 简述信息数据处理在行政管理过程的必要性。
2. 简述企业行政管理的内涵与职能。
3. 对比分析企业行政管理与企业管理。
4. 简述企业行政管理的具体方法。

CHAPTER 10   INFORMATION MANAGEMENT

10.1   INTRODUCTION

Data   -   a fact about the business
                            e.g. a quantity, a price, the value of an invoice.

Information -   data which informs, it likes giving people what they need to know so that they can
                            take some action or decision based on that information.

Data is processed to produce information
Type of information:

    Internal- plans and forecasts;
                -internal performance reports.
    External-environmental information;
                -competitive information.

Information flow can be classified as that moving:

    -externally into and out of the organization;
    -vertically between different levels;
    -horizontally between people at the same or similar levels.

External information flows cover:

    customers, material suppliers, banks, central/local government agencies, service
    suppliers, employees, shareholders etc.

Vertical information flows describe the process of reporting and control. It is responsible for
telling the higher levels what has been achieved and receiving instruction from above.

Horizontal information flows are mainly concerned with the dissemination of information to
everyone needing it.

Information is used for decision-making.

    -Modern decision-making

    It involves facts through scientific research, mathematical analysis, computer simulations and historical information.

-Traditional decision-making

It bases on expectations judgement, creativity, intuition, ideas, opinions and experience.

10.2   TYPES OF DECISIONS

-<u>Strategic</u>

a strategy or a strategic plan that states what is to be achieved.

-Tactical

the tactical plans translate the strategy into the methods to be used.

-Operational

the operations to be carried out, the details of who is to be responsible for achieving the strategy.

Levels of decision making

<u>Top Management</u>   -strategy for the future;
         -information are unstructured;
         -always looking forward in time;
         -much of their information comes from outside;
         -risk management.

<u>Middle Management</u>   -the translation of strategic plans;
         -more structured information;
         -shorter term plan;
         -regular reviews;
         -risk minimization.

<u>Supervisory Management</u>   -daily operational control;
         -very structured information;
         -short term period;
         -programmable rules;
         -repetitive actions.

Types of Reports

Historical reports

- need for legal/audit purposes;
- can be overwhelming;
- useful (summarized) for comparison;
- useful for investigation.

Exception reports

- need to define acceptable, not exceptional;
- must be reviewed;
- needs historical as well;
- problem of confidence;
- problem of noise.

Forecast reports

- extrapolate recent events;
- unreliable in changing situation;
- required for quotations ordering.

10.3   GATHERING AND PRESENTING INFORMATION

Forms

-an integral part of any paperwork systems;

-everyone who requires the information usually receives it on a special form.

-must be properly designed so as to contain necessary information and readily understood.

1. **Factors in forms design**
   - Has the need been established?
   - Is there any duplication of information?
   - Overall size suitable for the purpose?
   - Storage period
   - Quality, size of print, color, numbering etc.

2. Control of forms
- Authority of organization;
- Housing of appropriate staff;
- Records of all forms in use.

3. Data gathering
For reliability, all data should be collected from the document on which that particular item of data first appeared = prime document.

By - Product gathering
- where data is written or taped onto a piece of paper could be simultaneously written on another, either by the use of carbon or sensitized papers.

4. Reading original documents
✓ Use of a mask

-a stiff card with windows cut in it, showing only the data items that are relevant, when laid on top of the document.

✓ Automatic reading

-use of mark-sensing whereby a series of marks are made in pre-printed spaces, which effectively makes a coded version. There are machines which read the marks and pass the codes to the computer for processing.

✓ Magnetic Ink Character Recognition (MICR)

-where specially shaped numbers and symbols are printed, but if it is passed through a magnetic field, becomes magnetized.

✓ Optical Character Recognition (OCR)

-which are special typefaces that can be read by machines.

-page readers are machines similar to OCR.

-facsimile (fax) machines use coding.

5. Collecting data without writing or printing
✓ Manual methods:

-badge reader: where every employee will have some kind of identity card, badge or key, which is used to tell the system who is entering data.

-card reader: reads a magnetized stripe or hold punched into a job card.

-keyboard - as in a typewriter.

-bar code reader (light pen).

-clock/calendar.

-portable devices for special purposes.

✓   Automatic methods:

-automatic sensors.

-credit cards.

On-line data gathering

-consist of on-line terminals like point of sale terminals, cash dispensers (ATM machines) and VDU terminals.

6. **Presentation of information**

Line graphs	-appropriate for depicting fluctuations;
	-can illustrate various different statistics in different periods of time.
Bar charts	-more appropriate when contrasting statistics in different periods of time.
Compound bar charts	-combine and contrast various items over different periods of time.
Percentage charts	-presenting percentages.
Pie charts	-circles divided into proportional segments use to represent percentage on parts of a whole.
Pictograms	-symbols used to represent numbers.

10.4   FILING

It means the storage of data for easy reference in the future and in accordance to legal requirements.

Purpose of storage

Legal storage	-the keeping of business records for a minimum number of years as required by law.
Operational storage	-data kept which will be required at some point in the future and fall into two categories:

✓   reference storage
✓   action storage

The purpose of storage is retrieval - so a filing system is essential. Following are some essential features of a manual filing system:

-	Economic	-that is cheap to operate.
-	Simplicity	-the system should be easy to understand.
-	Accessibility	-files stored should be easily retrieved.
-	Elasticity	-suitable for further expansion.
-	Security	-data stored should be protected from unauthorized access and not damaged.

Methods of file indexing

-<u>Alphabetical</u>

where files are arranged in strict alphabetical order like a dictionary.

-<u>Geographical</u>

same principle as above, but the primary order is that of places instead of names, which are secondary.

-<u>Subject</u>

files grouped according to subject matter.

-<u>Numerical</u>

each file is given a number which will be filed in ascending or descending sequence.

-<u>Chronological</u>

files are identified by date order.

Index Storage

-<u>Card index</u>

data entered on cards and filed vertically in drawers or clipped to a rotating stand (similar to visible edge index).

-<u>Strip index</u>

narrow strips, sufficient to hold a file. Titles are inserted into metal plates which are stored in wall racks or rotating desk stands.

Physical storage

drawer filing, lateral (cupboard) files

mechanized lateral files

carousel, "stepped" tags.

Micro Filming

The photographing of documents on a sheet of films in miniaturized size (usually on a 8mm film strip) when documents are required. The film can be placed in a viewer so that the information is presented in enlarged form. Computer Assisted Retrieval (CAR) or microfilm makes use of a terminal linked to a computer. This is a high speed method of retrieval of information on microfilm.

Computer Storage

Files on computers are held on some kind of magnetic medium such as tape, flexible disk or rigid disk.

Computer file storage includes the following:

-Sequential filing (file hold in ascending or descending sequence).

-Random Access (any records can be assessed directly without reading any other).

-Indexed Sequential (similar to sequential filing which makes use of the physical divisions of a disk, but during the writing process, a set of indices are built up in the memory of the computer).

Retention period

The length of time in which data will be retained on files after which they will be disposed off by :

-incinerator;

-shredding/torn out;

-dumped away.

Exercises:

Question 1

Differentiate data from information.

Question 2

What are the two types of information? Explain each.

Question 3

Differentiate "vertical information" from "horizontal information".

Question 4

Differentiate "modern decision-making" from "traditional decision-making".

Question 5

Explain the following types of decisions:

- Strategic
- Tactical
- Operational

Question 6

Enumerate the three levels of decision making and explain each.

Question 7

Define the following types of reports:

- Top Management
- Middle Management
- Supervisory Management

Question 8

List down the five methods of file indexing and explain each.

Question 9

What are the five essential features of a manual filing system?

第10章 信息管理

10.1 基本介绍

信息管理[①]是人类为了有效地开发和利用信息资源,以现代信息技术为手段,对信息资源进行计划、组织、领导和控制的社会活动。简单地说,信息管理就是管理者对信息资源和信息活动的管理。一般来说,信息管理的对象是信息资源和信息活动,它反映了信息管理活动的普遍性和社会性,是涉及广泛的社会个体、群体、国家参与的普遍性的信息获取、控制和利用活动。

10.1.1 企业信息管理的概述

1. 信息管理的概念

企业信息管理是企业通过运用信息技术对信息和信息活动进行管理,从而实现企业信息资源合理、高效率地配置和使用,最终实现企业目标的管理过程。从系统角度看,企业是一个接受信息输入并生产和交换信息、知识,最终输出信息和知识的系统。从企业管理角度看信息管理应该是最基础的,因为只有准确地收集和处理各类信息并最终产生知识才"有可能"有效率地,正确地管理其对象典型的信息管理层次模型如图 10-1 所示[②]。

2. 信息管理的职能

信息管理并非单一的专业性职能管理,而是复杂的综合管理,离不开跨部门的协调和集成。在企业信息管理中,既需引入、推广、更新和集成各种先进的信息技术,又需对处于从形成到处置整个生命周期中的全部信息,进行规划、组织、调配、指挥、控制等各项集成管理,更为重要的是需通过信息技术和信息内容的融合、趋于一体化,对它们进行全面的综合集成。

3. 信息管理的原则

信息管理的目标、战略、规划与组织,必须同企业的目标、战略、规划与组织保持一

---

① 胡华. 现代信息管理[M]. 浙江:浙江大学出版社,2007 年,第 211～212 页.
② 龙腾. 我国企业信息管理现代化进程研究[J]. 商场现代化,2008(4),第 113～114 页.

致，这是企业信息管理的重要原则。企业的信息管理是企业管理的一个组成部分，它必须为整个企业的发展目标服务。

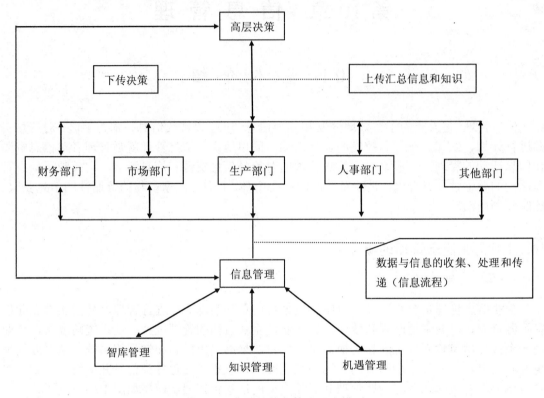

图 10-1 典型的信息管理层次模型

4. 信息管理的效果

主要发达国家全面基于信息技术的企业流程再造（BPR）和全面质量管理（TQC）等都获得了成功，现代信息管理建设和改造正在创造全新的管理模式和流程。目前，使用平衡记分卡的思想也已经进入信息管理的研究领域，但是，大多数中国企业的信息化建设还都停留在比较初级的层次上，因此需要管理者对信息管理的理念和方法有进一步的认知。

10.1.2 企业信息管理的必要性

随着时代的发展，信息成为重要的资源，对信息进行管理，使其更好地为企业服务。具体来说，信息管理活动在实现其目标的过程中，利用采集、序化、开发信息资源，提高企业的经济效益，从而提高整个社会的效率。在企业竞争中，掌握和控制信息至关重要，知己知彼，百战不殆。制造假信息，破坏敌方信息系统的信息战，已经成为当今主要的作战方式。因而说，社会的发展离不开信息管理。

1. 适应时代的需要

信息经济、知识经济时代要求以知识、信息成为增值的主体和对象，并且要求知识和信息成为企业竞争力的核心要素。现代信息技术的迅速发展，为企业开发和利用信息提供了有力的技术支持，信息化则为企业提供了一个获取知识、信息的平台。要想使企业的员工高度重视知识、信息的作用，就要求企业尽快实现信息化。这样，企业才有可能抓住机遇，实现可持续的发展，增强企业的综合实力。

2. 经济全球化的需要

当今的时代是知识经济迅速崛起、全球信息化迅速发展的时代，信息的采集、共享、利用和传播不仅成为企业竞争力的关键因素，也是决定国家生产力水平和增长的关键因素。随着网络技术、通信技术的逐步发展，企业实现远程实时管理已经成为可能。要想在全球化的经济竞争中立于不败之地，就要求企业必须快速地获取和处理各类知识、信息，为企业的生存发展提供强有力的智力支持，而信息化恰恰为此提供了实现的基础。

3. 激烈化竞争的需要

随着经济一体化、市场全球化时代的到来，绝大多数的产品将由短缺型经济向过剩型经济转变，由卖方市场向买方市场转变。今后，企业将面对更加激烈的竞争。信息化是决定企业成败的关键因素，也是企业实现跨地区、跨行业、跨国界经营的重要前提。

10.1.3　加强企业信息管理的途径

1. 建设管理信息系统 （Management Information System，MIS）

管理信息系统（MIS）[①]集当今世界先进的计算机、网络和通信工具等设备、先进的软件和先进的企业管理方法于一体，体现了企业制度创新、管理创新和技术创新。

MIS 建设与应用已经相当普遍，但是人们对它的认识并非想象的那么成熟，特别是许多企业的决策层以为仅仅依靠先进的计算机技术和设备就可以解决 MIS 建设的一切问题，以为通过一次性的突击开发就可以完成。结果是，企业大量投资的计算机只是充当了打字机，建立的网络无信息共享，开发的软件不能满足管理的需要。但是，MIS 是一项与企业管理体制、管理模式、人员素质、技术进步等一系列问题紧密相关的系统工程。那种认为只要有了 MIS 软件和硬件就可以立竿见影地收到经济效益的想法是天真的，也是不合实际的。

---

① 胡华. 现代信息管理[M]. 浙江：浙江大学出版社，2007 年，第 212 页.

　　MIS 系统的建设与一般工程的根本区别，就是无法在开发前完全确定系统的目标和内容，即不可能企望有一个详尽的设计去简单地、多方面地组织和控制系统的建设。此外，由于 MIS 中信息的收集、传递、加工和输出方式都与企业的管理方法、管理体制密切相关，因此，企业的管理方式应该是多变的、发展的，MIS 建设也应该是动态的、变化的。信息资源的不断开发应该促进 MIS 建设的不断改进和完善。在 MIS 的建设中，还应该注意到，系统配置应该考虑到实际需要，不要盲目求高求全，因为那样做的结果是不仅不能发挥出 MIS 的作用，还会随着计算机的更新换代而导致价格的迅速下跌，大量的投资将化为乌有。

　　总之，MIS 的最大特点是数据库的集中统一。也正由此，才使得信息真正成为一种资源，并且实现了信息资源的共享。这项工作是通过数据库系统实现的，因此数据库系统是 MIS 的核心，也是其最显著的特征。MIS 建设的组织者应有一个明确的系统概念，同时，要采取有效的技术和组织措施，确保有效地贯彻系统建设的思想，这样，才能将企业内部的各种信息统一管理起来，加强对企业经营活动的计划与控制，大大改善企业的管理工作，提高整个企业的效率。内部的各种信息统一管理起来，加强对企业经营活动的计划与控制，大大改善企业的管理工作，提高整个企业的效率。

　　2. 建立决策支持系统 （Decision Support System，DSS）

　　决策支持系统（DSS）[①]是行为科学、计算机科学和系统科学发展的产物。它最早的概念是在 20 世纪 70 年代初由美国教授莫顿在《管理决策系统》一文中首先提出的。70 年代中期，DSS 的一些概念得到进一步发展，70 年代末 80 年代初，计算机管理应用的重点由事务性处理转向企业的管理、控制、计划和分析等高层次决策制定方面，DSS 的研制和应用迅速发展起来。DSS 逐步推广并应用于政府和国家经济的各个领域，尤其在企业的预算与分析、预测与计划、销售与生产等部门，收到了良好的效果。事实证明，决策支持系统是一种行之有效的辅助决策工具，其作用体现在企业决策的 3 个阶段上。

　　（1）情报收集和分析阶段

　　实际上，这是一个"问题"与"机会"的识别过程。对企业来说，赢利、为社会服务及减少风险都是"机会"；产品和服务需求、生产率等企业绩效、企业风险都是"问题"。DSS 可为识别过程提供如下功能：一是收集和存储与企业活动有关的各种数据；二是计算机处理并检索可能出现的问题和机会的数据；三是向决策者提供有关机会与问题的报告，并进行早期预报。

　　（2）决策方案设计过程阶段

　　DSS 对提出、完善、分析可能出现的行动路线提供支持，其中包括：一是辅助理解问题，即为问题或机会建立一个合适的模型；二是辅助求解，即求解模型，产生若干方案；三是测试解的可能性，即根据社会的、企业的、市场竞争的环境，对解的可能性进行测试。

---

① 胡华. 现代信息管理[M]. 浙江：浙江大学出版社，2007 年，第 213 页.

（3）抉择阶段

该阶段是企业决策者依据自己的经验、智慧和才能进行判断的过程。DSS 可以首先对备选方案进行排队，然后根据一定的准则来辅助抉择方案。DSS 对决策者的作用是为企业创造一个决策环境和决策支持工具，支持、帮助、提高决策者的决策能力，提高决策质量，归根到底，DSS 是支持人进行决策。

DSS 的实用性给企业带来了巨大的社会、经济效益，由此得到了长足的发展和应用。DSS 有力地支持了企业的决策活动，改善了决策者和管理人员的思维和工作方式，充分体现了现代管理技术与方法的综合集成与运用。随着信息技术与现代管理思想的进一步发展，未来的 DSS 将是一个集管理、技术于一身的现代管理支持系统，它将比以往更深刻地影响人类的工作和思维，也必将促进科学与经济的更大繁荣。

3. 应用企业资源计划系统（Enterprise Resource Plan，ERP）

企业资源计划系统（ERP）[1]，是指建立在信息技术基础上，以系统化的管理思想，为企业决策层及员工提供决策运行手段的管理平台。它顺应企业面临全球化市场竞争的管理需求，在供应链流程中进行信息集成处理。ERP 集"三流"，即信息流、物流、资金流于一体，集信息技术与先进的管理思想于一身，成为现代企业的运行模式，反映时代对企业合理调配资源、最大化地创造社会财富的要求，成为企业在信息时代生存、发展的基石。ERP 的核心在于以计算机为工具，将企业各方面的资源进行管理并合理调配，使企业在激烈的市场竞争中获得更强大的竞争力。

ERP 的形成大致经历了四个阶段：

（1）物料需求计划阶段（Material Requirement Planning MRP）；

（2）闭环物料需求计划阶段（Closed MRP）；

（3）生产资源计划系统阶段（Manufacturing Resource Planning，MRP II）；

（4）企业资源计划系统阶段（Enterprise Resource Planning，ERP）。

进入 ERP 阶段后，企业以计算机为核心的管理系统更为成熟，系统增加了包括财务预测、生产能力、调整资源等方面的功能，配合企业实现质量管理、生产资源调度管理以及辅助决策等功能，成为企业进行生产管理及决策的平台。ERP 的应用可以有效地促进企业管理的现代化、科学化，以应对竞争激烈的市场要求。

另外，ERP 与企业业务流程重组（Business Process Reengineering，BPR）也是紧密相连的。中国目前还处于从传统的计划经济向市场经济的过渡阶段，市场经济的发展还很不完善，许多企业的管理方法和管理手段都很落后，与西方的发达国家有很大差距。这样的一种企业管理现状就必然要求企业在应用 ERP 之前，首先要进行业务流程的重组，按照先进的 ERP 软件的管理要求对现有的业务流程进行根本性的改造，打破现有的组织机构，使

---

[1] 胡华. 现代信息管理[M]. 浙江：浙江大学出版社，2007 年，第 214 页.

信息流、物流、资金流畅通起来。

对任何企业来说，在它现有的业务流程中都会存在着一些不合理的地方，如果不首先对这些不合理的流程进行彻底改造，而仅仅是希望将原有的业务流程通过 ERP 软件的实施进行自动转变，则 ERP 就不会产生效果。根据美国生产与库存控制学会（APICS）的统计，一个成功的 MRPII/ERP 系统一般可以为企业带来如下经济效益，库存下降 30%~50%，延期交货减少 80%，采购提前期缩短 50%，停工待料减少 60%，制造成本降低 12%，管理水平也有提高。然而，ERP 在我国的实施效果并不理想，全面实施成功的仅占 10%~20%，局部实施成功的占 30%~40%，失败率高达 50%。失败的主要原因是，ERP 指的是整个系统的整合，它要建立在企业流程的自动化和电子化的基础上，而现在国内的许多企业还不具备 ERP 的条件。在信息产业则缺乏管理和软件相结合的复合型人才，缺乏向企业提供前期和后期服务的咨询人才。因此，ERP 成功率不高也就不奇怪了。

诚然，ERP 是一种先进的管理工具，蕴涵了先进的管理思想，它对改善企业管理水平，增强企业市场竞争力，提高企业整体管理效率及经济效益都有着显著的作用。但是，我们也应该注意到，ERP 的发展和人的成熟度、经营环境的成熟度、网络系统的准备都有着密不可分的关系，所以必须循序渐进地进行，均衡发展。

10.2　决策的种类

决策①是人们在政治、经济、技术和日常生活中普遍存在的一种行为；决策是管理中经常发生的一种活动；决策是为了实现特定的目标，根据客观的可能性，在占有一定信息和经验的基础上，借助一定的工具、技巧和方法，对影响目标实现的诸因素进行分析、计算和判断选优后，对未来行动做出决定。决策是一个过程，从认识论上考察，决策过程就是一个主观反映客观的动态认识过程，是从实践中获得规律性认识并形成概念，再从抽象到具体形成决策以付诸实践的过程。决策在实施中发现了偏离目标的震荡，发现了同客观规律的反差，经过反馈进行再认识，修正主观认识，调整决策以同实际达到具体的、动态的统一，这就是一个从实践到认识，再从认识到实践的能动的创造性的决策过程。决策按照不同的标准可以分为不同的类型。

10.2.1　按决策性质的重要性分类

按决策性质的重要性分类，可将决策分为战略决策、策略决策和执行决策，或者叫战略决策、管理决策和运行决策三个级别。

---

① 曹树金，罗春荣. 信息组织的分类法与主题法[M]. 北京：北京图书馆出版社，2000 年，第 12 页.

战略决策是涉及某组织生存和发展的有关全局性、长远问题的决策，如新产品开发方向和新市场的开发等。

策略决策是为完成战略决策所规定的目的而进行的决策。如对一个企业来讲，产品规格的选择，工艺方案和设备的选择、厂区和车间内工艺路线的布置等。

执行决策是根据策略决策的要求对执行行为方案的选择。如生产中产品合格标准的选择，日常生产调度的决策等。

10.2.2　按决策的结构的分类

按决策的结构分类可将决策分为程序化决策和非程序化决策。

在企业全部经济活动过程中，有许多问题需要进行决策，这是企业经营职能的需要，也是企业管理科学化和现代化的需要。这类活动是经常反复进行的，可以根据一定的规定，一定的程序去处理，只需每次活动都要做出新的决策。所以，属于这一类问题，实际上并不是不需要决策，而是早已进行过决策，并且天天按照既定决策的程序在进行着。这类决策问题就是程序化决策问题。程序化程度越高，管理秩序、管理水平也越高，管理工作效率也越高。一般战术决策问题基本上属于这一类决策问题。或者说，战术决策问题，即管理和义务问题应当逐步实现程序化。我们在这里重点说明的是另一类决策问题，它既非例行活动，又不是经常重复出现的，而是一次性的非例行的决策活动，如新产品开发的决策问题、多样化经营的决策问题、市场供需重大变化的应变措施的决策问题、引进先进设备、先进技术的决策问题、厂房扩建工程的决策以及职工重大技术革新的推广应用、企业经营目标、经营方针的制定等等，这类决策问题不仅是企业经营和管理中比较重要的事情，并且是不能程序化的、新出现的因而需要做出新的决策的问题，称为"非程序化决策问题"。

常规决策是一种例行决策，在日常工作中经常需要解决的一般性决策，其特点是，有一定反复性和结构，在决策方法上已经定型化了。决策者可以凭借经验按照例行规章和程序去做出决定，不必每次都做新的决策。如一个企业的原材料的采购批量和时间规定，按时按量进货即可，不必每次重新决策。设备维修也是一样，到一定周期就应按规定去执行。非常规决策，是不重复出现的非例行活动的决策。如国民经济重大项目的决策，不但要考虑经济因素本身，还要考虑社会、人口、教育、就业、环境等上百种不确定因素。又如大型企业经营方向的决策，不但要考虑市场要求，还要顾及技术力量、设备能力、材料供应、能源条件、运输力量、环境保护等一系列问题。这类决策具有很大的偶然性或随机性，其特点是：①发生的问题很少有重复性；②存在着较为复杂的内外环境和条件；③在某些环节上无法用定量方法来表达；④涉及重大经营管理问题。这类决策往往需要收集整理一定的定量性数据，再加上决策者的经验判断。

10.2.3　按决策的对象和范围分类

按决策的对象和范围分类可将决策分为宏观决策和微观决策。

宏观决策通常是指对国民经济活动中的一些重大问题的决策。如产业结构、投资方向、技术开发、外贸形式、体制模式等；微观决策通常是指某一基层单位或企业发展问题的决策，如企业的产品发展方向、成本、价格和供销渠道等问题的决策。

宏观决策和微观决策是相对的概念。就如国家和地方而言，国家一级是宏观决策，而地方一级是微观决策；但对地方和企业而言，地方一级是宏观决策，而企业一级是微观决策。

10.2.4　按定量和定性分类

按定量和定性分类可将决策分为定量决策和定性决策。定量决策是指描述决策对象的指标都可以量化；而定性决策是指描述决策对象的指标无法量化。在决策分析过程中，尽量可能把决策问题量化。

10.2.5　按决策环境分类

按决策环境分类可将决策分为确定型决策和风险型决策。确定型决策是指决策环境是完全确定的，每一个方案的结果也是唯一确定的；而风险型决策是指决策环境不是完全确定的，每一个方案的结果也有多种可能。

10.2.6　按决策过程的连续性分类

按决策过程的连续性分类可将决策分为单项决策和序贯决策。

单项决策是指整个决策过程只作一次决策就得到结果；序贯决策是指整个决策过程由一系列决策组成。一般来讲，管理活动是由一系列决策组成的，但在这一系列决策中，往往有几个关键环节要做决策，每一个关键环节的决策可分为别看成是单项决策。

10.3　收集和呈示信息

现代社会的信息纷繁复杂，瞬息万变，有些信息稍纵即逝，无法追忆。因此，要及时地发现、收集和呈示信息，使其迅速、灵敏地反映出相关业务的进程和动态，并适时地记录下已发生的情况和问题。

信息收集，是信息的接受或集中，是信息处理过程的起点，并贯穿在过程的始终，收集信息时，必须注意信息的质量、价值及时效性，它直接影响着信息处理和呈示的质量和效率。为了反映客观过程的动态变化，信息收集还必须保持系统性和连续性，按照科学的方法和遵循一定的程序。

10.3.1　企业收集和呈示信息的内容

企业收集和呈示信息内容十分广泛，只要可能影响企业决策的信息都包括在内，大到国家政策、小到企业生产产量变化等等，具体来说，主要包括以下几个方面。

1. 消费者信息收集和呈示

企业信息从消费者的角度收集，可以了解消费者的欲望需求。生产商关心的是产品质量满足生产，供应量、质量的稳定。经销商关心的是良好的合作关系和销售政策，有利可图。

2. 产业市场信息收和呈示

企业要尽可能收集本行业的发展、现状、趋势、行业生存条件等、等相关信息，注意新技术在本行业的运用，同时也要关注与本行业相关行业动向，如房地产业对建材行业的影响。

3. 竞争信息收集和呈示

企业对竞争者的调查，要注意对其市场行为规律的分析，特别是主要经营者的变动及其他动向。在这里要提醒的是，竞争不仅来自于同行业间最类似的产品，还来自例如供应商、客户、替代品、新加入的竞争者等多方面的威胁。由于各企业所处的行业不同，要有所区别。有些行业新技术不断涌现，产品更新换代快，因而替代品威胁成为主要的竞争压力，就应列为竞争调查的重点。

4. 营销渠道的信息收集和呈示

市场网络成员的地区、数量、规模、性质、营销能力、信用等级，代替竞争者产品情况、合作情况、主要经营者的情况等需做专案记录，并做动态的调查，定期（如半年）更新一次。

5. 宏观环境信息收集和呈示

企业经营要注意经济环境的变化，特别是主要产业的发展变化对本行业的影响，有些行业反应较快，如石油价格的变化等等。中国经济仍处于转型期，各项法规政策及政府主管部门职能都在转变之中，要注意收集，并注意产业发展趋势的要求与政府行为的力度，如环保的要求对很多行业企业（如小化工企业）成了生死线。

10.3.2　企业收集和呈示信息的原则

企业信息收集和呈示必须遵循一定的原则，只有这样，收集到的信息才有价值，才能为企业的生产、经营决策提供准确的依据。

1. 准确性原则

信息收集和呈示要做到真实可靠，这也是信息收集工作的最基本的要求。

2. 全面性原则

信息收集和呈示要做到广泛、全面、完整。只有广泛、全面地搜集信息，才能完整地反映管理活动和决策对象发展的全貌，为决策的科学性提供保障。当然，实际所收集到的信息不可能做到绝对的全面完整，因此，如何在不完整、不完备的信息下做出科学的决策就是一个非常值得探讨的问题。

3. 时效性原则

信息的利用价值取决于该信息是否能及时地提供，即它的时效性。信息只有及时、迅速地提供给它的使用者才能有效地发挥作用。特别是决策对信息的要求是"事前"的消息和情报，所以，只有信息是"事前"的，对决策才是有效的。

4. 经济性原则

信息收集和呈示是为提高企业经济效益服务的，所以必须考虑成本与收益的关系。信息收集的成本除了实际的货币支出外还包括机会成本，如时间、精力等用于其他用途所能得到的收益。此外，信息处理的难易程度也会影响到成本。除了考虑自身的成本外，还应考虑信息提供者所付出的成本。比如在调查中，如果问题复杂则被调查者需要花更多的时间和精力，使他们提供信息的成本增加，这必然影响问卷的回收率和调查质量。

5. 针对性原则

在选择收集对象和收集内容时应注意针对性，这样不仅可以减少收集工作的费用，还有助于提高信息整理工作的效率，对于排除无关信息干扰，提高信息分析的质量也有帮助。

10.3.3　企业收集和呈示信息的方法

1. 观察法

观察法是一种直接收集和呈示信息资料的传统方法，可通过开会，深入现场，参加生产和经营，实地采样，现场观察并准确记录（包括测绘、录音、录像、拍照、笔录等）调研情况，这样方法主要包括两个方面：一是对人的行为的观察，二是对客观事物的观察。要以一个旁观者的姿态出现，冷静地观察现场发生的情况，既要观察事物的全貌，发展变化的全过程，也要观察其各个组织部分和细节，要精细、耐心，对观察对象的有关知识有一定的了解，并要具有敏锐的观察力、良好的记忆力，懂得一些心理学和社会学知识。

在实践中，观察法应用很广泛，常和询问法、搜集实物结合使用，以提高所收集信息资料的可靠性。搜集实物获得信息、样品、样机等实物直观性强、可以测试，易于启发思路，对研究创新来说，比文字信息更重要；对工艺先进、经济效益显著，投产容易的实物样品，应列为首要搜集的对象。

2. 查阅法

通过查阅大量国内外文献资料获得信息，这些文献资料来源主要是各种公共出版物和内部资料，包括专利说明书，技术标准、经济期刊、报纸、经济手册、经济年鉴、企业出版物等。

3. 文献检索法

文献检索又分为手工检索和计算机检索两种。手工检索主要是通过科技情报部门所收集和建立的资料目录、索引、文摘参考书指南和文献性综述来查找有关中外科技文献、计算机检索。我国是从 70 年代中期开展起来的，它是现代文献检索方法，其特点是检索速度快，信息量大，是收集资料的主要方法。在当今世界，面对巨大且日益膨胀的信息量，没有足够的计算机系统和通信网络的支持，要实现准确、快捷、适时地处理这些信息是不可思议的。

4. 视听阅读法

看电视、听广播、来往书信、浏览报刊、杂志、旅游访友、聊天闲谈都是搜集信息的简捷有效的方法。

5. 采集法

委托有关单位和个人搜集信息，被委托方有机构和个人，机构如各地的咨询公司、信息中心、外贸公司等，个人如产品用户中的业余信息员，业余信息员分布面广，且熟悉产品的使用特性，因此他们提供的有关信息既全面又具有针对性。

6. 联系法

通过与高等院校、科研单位、信息部门建立广泛的联系，与有关行业互通情报，特别是同行业建立经常联系，建立信息网络.高等院校、科研单位、信息部门是知识密集、人才密集、信息、灵通的地方，与这些单位和部门建立联系，可以获取较新的各种技术经济信息收集信息的方法虽是多种多样，各有千秋，但也各有一定的局限性。因此，在制订信息收集计划时，要考虑以一种方法为主，并辅之以其他的方法，使之相互配合，以获得准确、可信、可用的信息。

在信息收集的实际操作中，不一定以上方法都会同时使用，而是采用其中的一种或是几种。决定要采用那种方法，要考虑的因素很多，首先要考虑对信息的要求，其次要考虑费用问题，每种收集方法所需费用不同，再次考虑时间要求，最后还要考虑人员素质，人员素质不同，收集信息的质量也会大相径庭。

10.4　信息的归档

企业信息的归档，是指把收集到的有价值的信息系统地、有序地保存起来，以备需要时查找利用。经过加工处理后的信息，一部分经过使用后进入存储归档，一部分不经过使用后直接存储归档，从而保证信息存储归档的完整性和系统性。

10.4.1　信息归档的功能

1．综合利用功能

没有信息资源的存储归档，没有相当数量的信息材料库存，要进行信息的综合利用是不可能的。在企业日常工作中，每天通过各种途径接触到的信息很多，但是对企业管理和决策有直接价值的信息在数量上是很小的一部分。这些占绝大部分，看起来目前没有使用价值的信息，其实是有价值的。因为在这些信息中，一大部分是可以进行综合利用的。比如，一个时期各地区、各部门关于企业设计、企业施工、企业技术等方面的政策信息，对目前进行的项目建设没有作用，但是可能对下一个项目建设有重要的参考作用；再比如，一个地区的经济收入水平、购买力、消费偏好等方面的信息，虽然对当前的项目建设或者近一个时期的项目建设没有价值或者没有直接价值，但是今后这个区域可能是商业开发建设的热点地段，如果掌握了这个地段的各方面信息，就可以迅速做出决策，在激烈的竞争中取得主动，做到心中有数。

同时，这些信息即使不能对当前的项目建设有作用，但是可以筛选出一些对当前企业工程项目有参考意义的信息，提供给企业决策者，有效指导当前项目建设。信息的综合利用，即将各个方面的信息集中起来，进行综合利用。通过信息的综合利用，使信息价值得到开发和升华。随着信息工作要求的不断提高，信息的综合利用力度还会不断加大；随着形势的发展，信息综合利用的趋势还在加强，价值得到开发的信息占有的比例继续加大。

2. 辅助决策功能

信息工作与企业决策之间有非常紧密的联系。一方面信息采编计划的形成有赖于决策，决策中又可以发现新的情况和信息，而且决策报告可以视为直接服务决策的更高层次的信息；另一方面从大量的信息材料中可以捕捉到好的决策课题，可以初步规划和构思决策报告，为决策做参考。

具体说，信息存储归档对决策工作的作用主要表现在以下 3 个方面：（1）决策前，可以帮助选定决策课题。因为每天收到的信息，不仅量大，而且情况新。从大量的最新情况中进行分析研究，就可以发现和找到令人满意的决策课题。（2）决策中，信息材料可以帮助拟定决策提纲。确定决策提纲后，可以将有关信息材料检索出来或者集中起来进行分析研究，进一步将决策课题细化。信息材料可以帮助决策者很快进入情况，并为实际了解到的情况提供印证、对照和比较。一般地说，信息材料与实际调查得到的情况相符的，是可以选用的；不相符的，必须进行进一步的调查研究。在此阶段，既要注重已有信息材料的引导作用和引证作用，又不能迷信已有信息材料，甚至受其左右，必须深入到实际工作中去获取有价值的第一手材料。（3）决策后，信息材料可以弥补决策报告写作时往往遇到的材料不足。由此可见，信息材料的存储归档对决策工作的作用不仅是直接的，而且是多方面的。

3. 资料汇编功能

信息材料本身就具有资料的价值。从一定意义上说，这些信息是企业工作的反映和真实记录。因此，保存这些信息资料，切实做好信息的存储归档工作，就可以为更深入地、更长久地利用这些信息资源创造必要的前提条件。企业可以及时把各种信息材料汇编成为各种专题性资料汇编，比如人均收入水平的，商品市场占有率的，人群消费偏好的，等等。一种是某个时间内各地区各部门对某个专题的情况反映汇集，即横向的空间上的联系；另一种是某个地区或部门对同一个专题的情况反映汇集，即纵向的时间上的联系。

由于目前计算机信息库内存储归档的信息数量不是很多、质量不是很高，所以对这些信息的开发利用的潜力还很大。随着信息工作质量和服务水平的不断提高，开发利用各类企业信息资源，将愈来愈重要。在利用计算机技术存储归档的同时，也可以把信息资料进行档案式保存。企业每天都会收到大量的文稿式信息材料，虽然它们的名称不同，但都是属于各个渠道反馈上来的情况和信息。有必要将这些信息材料分门别类地加以保存，以备查找利用。把这些信息资料汇编成册，不仅有利于重要信息材料的长久保存，而且有利于查找和利用，有利于各类企业工作人员进行深入学习和业务研究。据了解，一些企业将重要信息汇编起来，既是工作情况的反映，又可以作为长久性资料保存，进行查阅利用。

4. 检索查询功能

信息存储归档有利于信息查询和再利用。在计算机网络信息库内，不仅能存储归档大量的信息，而且便于检索利用。企业中无论是有限的提供给决策者参阅的信息，还是多数没有进入决策者视野的初级信息，都是企业相关工作的真实记录。实现企业信息存储归档，满足信息综合利用的需要，从计算机网络来讲，必须立足方便快捷、实用有效的检索程序，纵有千万条信息，只要检索方便，就可以很快找到所用的信息。

从日常收到的信息来讲，必须做好登记和分类工作，尽可能把杂乱无章的信息材料理顺，以便于综合利用。一些企业信息即使当前没有直接用处，也要及时存储归档，以便今后开发利用，发挥档案参考价值。事物总是联系的，今天的事情与昨天已发生的事情有着某种必然联系。人们从事社会活动，就必须遵循一定的活动规则，这些都可以从历史档案中找到参照。信息的参考价值，不是来源于某一条信息材料，而是来自于许许多多的信息，来自信息存储归档的作用。

没有信息资料的大量存储归档，就谈不上信息的整体开发利用。要加强计算机信息库建设，充分发挥其内存大、占用空间小和检索快、提供的信息资料的效率高等明显优势，建立开发计算机信息库技术，进一步做好信息存储归档和信息的开发利用工作。

应当指出的是，我们不能因为当前计算机技术的发展就没有选择地存储归档信息。即使计算机技术再发达，检索信息也要花费我们的精力。因此，在企业信息的存储归档环节，就要坚持三个原则：一是可用性原则，即信息存储归档的价值问题，也就是说存储这条信息有没有价值、值不值得归档。应该说，不是所有的信息都有存储的价值，至少不值得长期保存。在信息的取舍中，一定要把握好角度，选准方向，把可用性大、有价值、有分量的信息及时存储归档；二是期限性问题，即在信息的存储归档中，要坚持以信息本身的时效性决定信息存储归档的期限。无论是专报信息，还是综合信息，存储归档都要有一个时间段。一般来说，信息过了一定的时间段，信息存储归档的价值就越小；三是规范化管理原则，即对信息本身价值的认定和存储中遇到的库容量问题，要进行规范化、制度化管理，保证信息存储归档保持在一个适当的度和量。

10.4.2　信息归档的方法

企业信息所具有的特性要求信息管理者，为保证信息更好地"实时归档"，即信息能有效地转化为档案资料，必须立足于信息技术发展基础上进行相关企业信息的归档。现代企业信息管理过程中，常见的信息管理的方法和原则有以下几个方面。

1. 信息归档做好"前端控制"

"前端控制"是实现信息全程管理的重要保障，是系统化、优化思想的集中体现。"前端控制"即在信息文件形成前采取行动，把档案管理的要求和手段向前延伸，"将干预的时机"确定在信息文件生成系统和管理系统的设计阶段。

为更有效地管理信息文件和归档后形成的信息档案，我们应该尽可能地把信息文件在各阶段的管理要求，融入信息文件生成系统、信息文档一体化管理系统之中。在系统设计时，要考虑到使信息文件能够按照文件和档案管理的要求生成——确保信息文件的内容、结构、背景信息三位一体的完整性；信息文件生成时，在人工辅助和干预下，自动完成鉴定、著录等工作。同时，要考虑信息文件的归档范围及原文件保存的要求，信息文件的利用和检索需求及访问权限的范围及控制措施等。

由于计算机普及程度、技术环境的不同，以及对信息文件管理重视程度的差异，目前我国的信息文件档案管理还处于摸索阶段，造成了管理形式、方法的多样性，形成了各种管理状况并存的局面，各单位要结合具体情况，将"前端控制"的思想贯穿于信息归档管理工作之中。

2. 建设电子文件管理的元数据标准、文件格式标准

保证归档电子文件长期、有效储存和利用，是电子文件归档的关键，其基本前提是建立电子文件管理元数据标准、电子文件格式标准。由于电子文件形成系统存在普遍的异构性，及电子文件内容与形式的分离性，只有制定具有普遍意义的电子文件的管理元数据标准，才能保证电子文件的长期有效性，不至于使电子文件在归档过程中造成损失。

电子文件管理元数据标准的制定，要考虑电子文件的来源特征和元数据形成连续过程的接口，这是电子文件元数据标准不同于其他信息元数据标准的重要特点。

3. 建立简约具体的电子文件归档方法

电子文件的归档方法分为逻辑归档和物理归档两种。逻辑归档是指在计算机网络上进行，不改变原存储方式和位置而实现的电子文件向档案部门移交的过程；物理归档是指把计算机及其网络上的电子文件集中传输至独立的或可脱机保存的载体上，向档案部门移交的过程。目前，在我们对电子信息文件的基本运行规律还没有形成共识的条件下，为保障电子文件的有效性，电子文件的归档办法要简约、具体。简约是跨越时间障碍的重要方式，简约的规则容易通用，能跨越较长的历史时期，这与电子档案文件的社会特性——能长期充当机构活动的证据相吻合。具体是指把保障档案有效性的原则，转化为具体的、可实现的操作规范

4. 在电子文件管理系统中对电子文件进行电子鉴定

鉴定是信息归档管理中最普遍、最复杂的问题，电子文件的鉴定不仅要划分出文件的保管期限，更要决定该机构产生和捕获哪些文件，以防止有效文件流失。电子文件管理系统中的电子鉴定，必须以职能鉴定为基础——这取决于电子文件及电子鉴定的特点。电子文件数量庞大，其内容的分散性、动态性特点，要求电子文件鉴定须由系统自动或半自动地执行。一旦需要由系统自行鉴定，就需解决计算机的难题，即使是世界上最聪明的计算机也无法读懂非结构化的文件，而只能根据结构化数据作逻辑判断。

　　所以，系统鉴定的依据只能是同文件内容、结构和背景相关的"元数据"。这些"结构化"的元数据较为充分地反映了文件所参与的职能活动、来源、文件之间的相互关系等。显然，这种根据反映职能和来源的数据进行价值判断的方法，不是内容鉴定，而是职能鉴定。职能鉴定保证了电子文件管理系统实行电子文件鉴定的可行性，电子文件管理系统能够有效地管理电子文件及其他任何载体形式的文件，能够长期保证电子档案文件作为业务活动证据的真实性、可靠性和完整性。信息归档管理者与业务人员及机构其他人员合作制定适宜于电子文件需要的保管期限表，经过技术人员加工得到更加结构化的保管期限表，这样电子文件可以根据保管期限表进行合理的归档，然后把电子文件的整理同纸质文件的整理结合起来考虑，实现"双轨制"。

【复习思考题】

1．简述企业信息管理的必要性。
2．区别 MIS、DSS、ERP。
3．简述依据不同标准决策的分类。
4．简述企业收集和呈示信息的内容。
5．简述企业收集和呈示信息的方法。
6．简述企业信息归档的功能。
7．简述企业信息归档的方法。

CHAPTER 11   SECURITY MANAGEMENT

Every organization has assets which must be safeguarded. These may be buildings, plant, machinery, equipment, and people, as well as information, perhaps in the form of trade secret or confidential details about individual employees.

11.1   THE RISKS

- Forcible entry into premises with resulting vandalism or theft – of stock, information, cash, equipment or vehicles.
- Theft by daytime visitors
- Pilfering by employees
- Fraud or embezzlement
- Loss by fire or flood
- Accidental damage or injury
- Loss of power
- Failure in communication

Each organization must assess the risk involved and safeguard against loss or damage in a reasonable way. A small organization with few assets will be ill-advised to install sophisticated and expensive security measures, but reasonable safeguards should still be adopted. The organization's insurance company may well insist on particular security devices before being willing to cover certain risks.

11.2   PROTECTION

Buildings:

Standard devices such as sturdy locks should be used and keys allocated to only a few people. Burglar alarms, perhaps linked to the nearest police station, or guards with dogs, are always a deterrent when the premises are not occupied. Visitors should sign in and wear visitor's badges until departure. Plastic cards may be used to feed into equipment to release locks, using personal identification numbers (PINs), as with banks.

Fire-fighting equipment and evacuation procedures should be clearly identified, explained, demonstrated, and practiced.

Stock:

Effective stock control systems should substantially reduce the risk of pilfering.

Equipment:

Proper training should be given in the use of equipment and machinery to prevent misuse. In a data processing department, access should be restricted to authorized personnel only. Maintenance contracts may be taken out on expensive items of equipment so that only experts carry out repairs.

Equipment taken off the premises should be signed for and checked back in on return, in a similar way to controlling the movement of files.

Vehicles and Contents:

Anti-theft or immobilizing devices are available and when vehicles are on the premises and not in use, garages will provide added security. In order to guard against hi-jacking, two people should man vehicles at all times, preferably with radio or telephone contact, especially if the load is of high value. A company or police escort vehicle may also serve to reassure and help defend against any hi-jack attempt.

Key personnel:

There will be a minority of employees whose loss to the organization would cause severe problems. These are known as key personnel. People with inspiration and a high level of expertise – artists, designers and engineers – and those engaged on secret work, are typical. Health care support should be provided, both in terms of time off and finance.

As with royalty, it is a good idea to split key individuals when travelling. The organization should also keep pace with employment packages on offer from competitors and try to introduce "perks", acting as ties to the organization which would take some time to sever, such as a share in the ownership of the company, or a company house.

Information in general:

If a key member of staff is lost to another organization, a company must ensure that none of its secrets is transferred. A suitably worded contract setting out terms of loyalty during employment and on leaving might provide the answer, although this can be difficult to implement.

Information on computer:

- Use personal identity codes, or passwords, either for access to the computer room or as access to the data itself.
- Data can be scrambled, when being transmitted, this is known as encryption.
- Logs can be operated, so that a record is kept of who used the computer, and when.
- Access should be by authorization only.
- Locks are available so that there is no access to the hardware without the necessary keys.
- Duties within data processing could be split so that no one person has access to an entire block of useful information.

Cash:

   Cash is a great temptation, to outsiders and to employees. There are controls which are fairly simple to implement:

- obtain receipt from suppliers;
- provide receipt to customers;
- deposit cash daily in a safe or bank;
- provide an escort for any member of staff transporting cash;
- employ security companies for movement of large sums of money;
- inform the police of such movements;
- ensure accounting records are maintained and internally audit these on a regular basis;
- introduce two signatories for cheques and place restrictions on the maximum amounts available before cheques have to be signed by more senior staff;
- ensure systems analysts and auditors have training in order to devise controls and checks on computer use.

11.3   INNOCENT ERRORS

   No matter how high the quality of staff, there will at some time be errors – because a member of staff is distracted, has personal problems, is fatigued, or overworked. Errors can be disastrous; they can result in injury, even fatality or in loss of customers, perhaps with great financial loss to the business.

   It is therefore vital to introduce controls to the business and its activities in order to help reduce errors or to detect them before it's too late.

- The initial control should be in the selection and allocation of staff for particular duties in vulnerable areas.
- Control accounts can be maintained, which match subsidiary ledgers against the master ledger.
- Cross-totalling is effective.
- Validity checks give approximations of what totals or results should be, and can be compared with the actual result.
- Procedure manuals containing flow charts and check lists can be provided and ticked off so that no important stage is missed.
- Random accuracy checks can be made.
- An acceptable level of errors can be determined, above which further investigations should be made.

Exercises:
Question 1
List down some ways on how to protect the following:

- information on computers
- cash
- key personnel
- equipment
- buildings

Question 2
Enumerate the "controls" which can be introduced tom the business and its activities in order to reduce errors or detect them before its too late.

Question 3
List down the possible risks a business may encounter.

Question 4
Why is "security" too important in a business organization?

第 11 章 安 全 管 理

随着传统企业向现代企业的转型，安全管理在企业的整体管理活动中也日益占据了越来越重要的地位。针对转型后的新形势，如何构建出一套切实有效的安全管理体制和采用合适的安全管理方法保证企业高效经济运行，是当前亟待解决的一个重要问题。企业安全管理一般包含以下几个方面：

1. 企业的安全管理

（1）大家都知道的防火、防盗、防雷等，厂房建在江边、山坡下的企业还要注意洪水、泥石流等自然灾害的危险。

（2）财务安全管理——资金安全管理，包括有价证券管理，印盖管理，预付款管理和在途物资管理等。

2. 员工的安全管理

（1）机器设备的安全操作规程管理，包括培训与考试制度的落实。一定要认真落实和做到专机专用。

（2）特殊工种人员要持证上岗。

（3）生活安全管理与教育。如：员工宿舍管理条例中规定的宿舍内不得私用电炉等。

（4）员工上下班途中交通安全教育。

（5）员工出差安全管理。

3. 顾客的安全管理

（1）产品安全、产品材料、功能等是否对顾客有健康威胁。如服装生产中断针的管理。

（2）生产现场或服务现场顾客安全管理。如商场电梯运作安全管理，地面潮湿对顾客是否存在安全隐患。

安全管理内容非常多，一般都离不开这三大项。管理者在各部门的管理中一定要注意发现细节，及时消除安全隐患。

11.1 风   险

"风险"这个词在我们的日常生活中经常使用，商业组织在日常生活中也经常会遇到一些难以预料的事故和自然灾害，小到失窃、车祸，大到地震、洪水等等。意外事故和自然灾害都具有不确定性，我们称之为风险。失窃、地震等造成损失的事件称为风险事件。而那些隐藏于风险事件背后的，可能造成损失的因素，称为风险因素。风险因素可以是有形的，如路滑造成车祸；也可以是无形的，如疏于管理造成失窃。但是，究竟何谓风险呢？有关风险的定义，虽然很多，但是众说纷纭，国外（主要是欧美等地区）大多数学术研究文献的定义是"风险为损失的不确定性（包括自然和人为的）"。[①] 还有一部分学者认为，风险是以客观的或然率来确定的，而损失的不确定性是以主观的相信度来测定的。[②]本章所采用的风险概念是综合性的，是将各种观点综合在一起的广泛意义上的风险概念，包括有形的和无形的损失。

1. 企业风险的内涵

企业风险，作为一种微观经济风险，是指企业由于经营环境的变化，以及企业经营管理工作上的失误和偏差而使企业在其生产经营活动的各个环节中可能遭受到的损失。它是与企业的生产经营活动密切相关的，它潜藏于企业的经营行为中，并具有不同的表现方式。企业风险的主要特征包括：

（1）客观性

风险的存在是不以人的主观愿望而转变或消除的。对企业来说，只要从事具体的生产经营活动，发生人、财、物等资源要素的流通和转换，就必定会面临风险的威胁。风险的客观性表现在两个方面：其一，风险是任何一个企业都必须面对的、无法回避的现实存在；其二，影响企业风险的各种因素，虽然具有不确定性，依然是客观存在的。

（2）普遍性

企业风险的普遍性表现在时间和空间两个方面。一是在时间上无时不有，与企业的整个生命周期共存，从企业诞生到其结束的整个历程中都伴随着风险；二是空间上风险无处不在，企业要面临决策风险、市场风险、管理风险等。每一个风险内部还有各种不确定性、多种风险（不确定的多种风险），如技术风险包含技术研究开发风险、新产品开发风险、技术创新风险等，可以说，企业是在与风险斗争中得出生存和发展的，企业的成长史可以描述为在一次次与风险的较量中控制风险、防范风险和化解风险的历史。

---

① Martin Fone and Peter C. Young 著，陈通，梁交洁等译. 公共部门风险管理[M]. 天津：天津大学出版社，2003 年，第 6 页。

② 黄鹏丽.国有企业风险防范研究[D]，东北财经大学硕士论文，2004 年， 第 1～5 页.

（3）规律性

企业在其发展过程中，风险的产生是有规律性的。一个以开发新产品开始创建的企业，其主要风险表现为技术风险、市场风险、管理风险等，其风险峰值的主要出现规律与企业成长周期有关。

（4）可测可控性

可测即可测度，是指人们可以根据历史的统计数据和分析资料等信息，通过有关方法来计量和测定某种现时风险或未来风险发生的概率，以及风险可能造成的不利程度。可控即可控制，指在可测度基础上，通过适当的技术方法来测度风险或控制风险，从而减轻不利影响的程度。

（5）收益与损失的对称性

风险具有双重的影响。一方面，它会对事物的正常发展产生不利影响、因而人们唯恐避之不及；另一方面，它又隐藏着获利的可能，所以才有人愿意去冒险。而且，风险越大，获利也就相应越高，二者具有正比的关系。

2. 现代企业风险的种类

风险按照可控性与否可以分为可控风险和不可控风险，前者指的是风险可以在人力的控制范围内，后者则是风险不以人的意志为转移的。

第一，从大的方面来说，现代企业的风险又分为经营风险、财务风险。一般的，我们所说的企业风险主要指的是现代企业的财务风险。其中，财务风险又可以细分。

第二，在企业的经济活动中，主要有四大生产要素参与，即人、财、物和信息。围绕着这四大要素的活动，可以产生许多的风险。从企业生产经营活动的角度，风险又可以划分为：

（1）员工风险。企业活动的主体是各级员工，其风险主要是指他们的身体和生命在企业经济活动中所面临的各种危险，诸如偶然性的损伤或者伤害，工伤事故、生老病死等。这类风险关系到企业员工的生命，不但影响企业日常的生产经营工作，而且影响企业长期稳定的发展。在生产过程中常见的危险和有害因素有：

机械性危险与有害因素，包括静态危险，如刀具的刀刃、机械设备突出部分、飞边等；运动状态下的危险，如接近危险、经过危险、卷进危险、打击危险、振动夹住危险、飞扬打击危险等。

非机械性危险与有害因素，如①电击伤：指采用电气设备作为动力的机械以及机械本身在加工过程中产生的漏电或静电引起的危险。包括触电危险和静电危险；②灼烫和冷冻危害：如在热加工作业中，被高温金属体和加工机件灼烫的危险，或与设备的高温表面接触时被灼烫的危险，低温金属设备接触时被冻伤的危险；③振动危害：在机械加工过程中使用振动工具或机械本身产生的振动所引起的危害；④噪音危害：机械加工过程或机械运转过程中所产生的噪声而引起的危害；⑤电离辐射危害：指设备内部放射物质，X 射线装置，γ 射线装置等超出标准所允许的剂量而形成的电离辐射危险；⑥化学物危害：机械设备在加工过程中的各种化学物所引起的危害。包括：工业毒物危害、酸、碱等化学物质的腐蚀性危害和易燃易爆物质的危险。

（2）财物风险。在企业中这是显而易见的风险。企业的各种固定资产、流动资产都面临被毁、被盗、被抢的危险；就企业财产本身来说，在保护、保管、运输过程中也存在因自然因素或人为因素而遭受破坏的危险。企业如不对这一类风险加强防范，将导致企业巨大的物资和财产损失，将使企业的生产经营活动停顿，从而直接威胁企业的生存与发展。

（3）责任风险。企业面临的责任风险非常多，例如:企业生产过程中的各种规章制度产生的责任问题、企业产品质量引起的责任问题、售后服务引起的责任问题、经济合同中的责任问题、企业各级领导的责任问题、员工对企业的责任问题等等，这些责任风险如果不注意预防和控制，将产生许多民事法律纠纷，从而导致企业正常的生产经营活动无法进行下去。

（4）经营风险。这主要是指企业经营活动中产生的各种风险。例如，企业营销活动产生的风险，对外合资、合作风险，对外投资风险，对外借贷、担保风险，企业各种金融活动风险，新产品试制风险、新项目开工风险等等，这些风险都将直接影响企业未来的发展和兴衰。还有企业财务活动中的各种风险:企业的盈亏、贷款偿还、债务纠纷等等，往往可以通过各种财务报表反映出来，企业应当善于通过财务报表来发现经营中的各种风险。由此可见，企业在生存与发展的过程中可能遇到的风险是多种多样的，这其中还不包括因各种自然的或社会的不可抗力对企业可能带来的灾难性危险。

（5）道德风险。道德风险是风险的一种，归类于社会危险中，指人们故意行为或者不作为导致的风险。道德风险在保险业界最常见。另外，还有对人的道德规范形成的人员不忠诚损害风险。商业秘密作为无形资产，蕴含着巨大的经济价值，成为企业核心竞争力的要素，是企业获利的基础和条件。但目前，我国商业的安全现状却不容乐观，商业机密泄密、流失的现象在企业经营管理中司空见惯，使我国企业在世界商场的竞争中处于劣势。在商业行为过程中，企业商业秘密受侵害的主要形式有:

①人才流动泄露商业秘密。这是企业内部泄露商业秘密的重要途径。掌握着企业的一些技术秘密和经营信息的关键人才，往往在利益等条件的诱使下，"带项目"跳槽，将自己所掌握的权利人的技术信息和经营信息作为另谋高就的资本和条件。②离职人员离开原单位后泄露商业秘密。③兼职工作泄露商业秘密。④内部在职人员擅自披露本单位商业秘密。⑤被商业（竞争）情报人员或商业间谍获取。⑥员工的小偷小摸。如有的员工将偷盗财物视为暂借；有的员工自认为比谁都努力，理应有相应的回报；有的员工认为不拿白不拿，白拿了我就拿；有的员工看到课长或店长也偶尔贪些小便宜，为什么自己就诚实呢；有的员工厌倦了无偿的加班，试图为自己寻得等值的报酬。⑦诈骗或者贪污。

3. 风险发生的因素

风险发生的因素是指引起或增加损失频率和损失程度的条件。主要因素有:

（1）实质风险因素。它指对某一标的物增加风险发生机会或者导致严重损伤和伤亡的客观自然原因。如空气干燥是引起火灾的风险因素，地面断层是导致地震的风险因素。

（2）心理风险因素指由于心理的原因引起行为上的疏忽和过失，从而成为引起风险发生的原因。例如认为扔个烟头不算什么，但是乱扔烟头容易引起火灾；认为喝点酒开车没事儿，但是酒后驾驶容易引起交通事故等。

（3）道德风险因素指人们的故意行为或者不作为。比如放火引起火灾、故意不履行合约引起经济损失等。

11.2 防 护

11.2.1 如何有效防护

1. 安全管理和安全监督必须双管齐下

安全问题是伴随着生产活动的产生而产生的，其存在于生产的每一个环节，涉及人、机、物、料、环、法等各方面，因此抓好安全生产不仅要遵循管理的普遍规律，而且要遵循安全生产原则，应用系统原理、人本原理、预防原理和强制原理，做好全方位、全过程的安全管理。

也就是说，我们不能撇下生产孤立地谈安全，要把安全当做是生产管理的一部分；反过来说，也只有能够调动各种资源、对生产活动进行全面掌控者才有能力对安全管理负责。因此说安全管理的基本原则是"谁主管谁负责"、"管生产必须管安全"。然而遗憾的是，现实工作中人们往往把安全管理仅仅当成安监部门的事，把安全管理简单地与事故管理画等号，很多地方和企业常常出现"安全工作说起来重要，做起来次要，忙起来不要"的局面，安全水平难以提高。

2. 建立层次清晰的管理体制和工作机制

我们知道，安全管理是全员、全方位、全过程的管理，安全管理一定要纵深到底，横跨到边，但这并不意味着安全管理工作需要无谓的重叠与交叉。作为企业，应该建立与责权利相一致、层次清晰的安全管理体制，各层级安全职责明确，做到到位而不越位，既不越俎代庖，也不留下死角。

对于一个多层次结构的企业，各层级在安全管理职能上准确定位十分关键。企业的决策层应负责企业运作是否符合安全法律法规和国家的有关政策；制定的制度、政策是否与企业的安全责任相符合；安全资源是否得到合理配置；是否建立合理、有效的安全生产激励机制。管理层是上传下达，内外沟通的神经中枢，其根本任务是领导企业及其下属单位

（或分公司、子公司）完成企业的安全管理目标。按事物进程划分，其管理重点在于事前宣传、教育和制度建设；事中的沟通、协调、指导和服务以及事后信息上报、对外披露，监督事故处理"四不放过"等；按内容划分，其管理重点在于对下级进行宏观管理、关键指标考核；监督下级行政负责人安全职责的履行情况，以及安全生产保证体系和监督体系的完善及有效运转。执行层是实施过程管理的主角，其职责是制定并严格执行现场安全管理制度；制定安全措施和反事故措施，保证设备、系统处于安全状态；规范员工的安全行为，对现场违章作业进行监督；及时发现并消除隐患，落实各项整改措施。只有职责清晰、分工明确，才能简化冗长杂乱的管理链条，形成闭环管理，建立务实、高效的安全工作机制。

3. 制度管理与文化管理刚柔并举

有专家认为企业做大靠资本，做强则要靠文化。同理，要管住企业靠制度，要管好企业需要有良好的企业文化。制度是刚性的，是强制性的，制度可以约束人的行为，但不能控制人的思想，它管得了人管不了心。一个优秀的企业不仅要用制度管理，还要有文化管理，通过建立企业的安全文化，将企业的安全愿景、安全理念和安全价值观传递给每一个员工，引导员工将个人的发展目标与企业安全愿景相结合，自觉自愿地把自己的思想和行为与企业安全理念和安全价值观融为一体，完成自我教育的过程，完成从"要我安全"到"我要安全"的思想升华。只有调动员工的内在动力，使主动责任、终身责任的安全理念得到员工广泛认同，才能铸就一个基础强大的安全型企业。

4. 综合应用管理手段，提高管理水平

经过不断的探索和总结，我国已形成了种类众多的安全管理手段，比如电力企业常用的"两票三制"、"两措"管理、安全分析会、班组安全活动、安全大检查、反事故演习、事故预想等等。随着社会的发展，一些新的管理手段应运而生，近年来兴起了安全性评价、危险点分析预控、作业指导书、标准化措施卡、事故应急救援预案等新的管理手段。我们应该不断吸收和借鉴国内外先进的管理方法，根据企业的特点和发展需求，选择最有效的管理工具，扬弃过时的经验和习惯。另外，对管理工作要进行经常性的梳理。安全管理活动并非越多越好，要掌握适当的节奏，张弛有度，防止过多过滥，使安全管理活动既要对安全生产形成一定压力，又不能成为基层生产单位的负担。面对多上级的多头管理要善于做减法，善于合并同类项，把繁杂的工作简单化，使安全管理工作适应本企业的生产规律，有条不紊地开展，达到预期的效果。①

---

① 李秀华. 企业风险管理研究[M]. 哈尔滨建筑大学，1999 年，第 2～13 页。

11.2.2 建筑物安全防护

在公司易发生盗窃案件的部位，装置监控器、防盗报警器等安全防范设备。重点部位落实"四铁两器"。重点部位是指生产要害部位：即机房、电脑机房、营业厅、财务部、存放 1 万元以上现款的部位、存放秘密级以上文件、档案室、图纸资料的部位、存放贵重物品、枪支弹药的库房及其他应该切实保障安全的部位。落实是指按要求设置，并经常保持在良好状态下使用。"四铁两器"是指铁门、铁窗、营业柜台护栏、保险柜及灭火器、报警器（包括营业厅防抢报警铃）。新建、扩建、改建的商店及原店装修，必须符合国家建筑设计防火规范的有关规定。竣工后，需经上级主管部门和当地公安消防监督部门检查验收，验收不合格的，不得投入使用。

要制定值班制度并严格执行，尤其要加强非营业时间的值班、巡逻制度，不能出现空档。按其规模和有关规定配备责任心强、能处理应急情况的值班人员，建立值班档案。值班巡逻人员要配备必要的防身器具，必须严守岗位，不得脱岗、漏班；班与班之间要办理交接手续。单位领导要带班、查班。

经营油漆、农药、汽油、酒精等化学品时，严格按有关规定执行。经营烟花爆竹等易燃易爆商品时，要懂得商品特性和灭火办法，必须分柜出售，远离其他商品柜台，并备有灭火器材，严密监视，确保安全。

11.2.3 库存管理与控制

在保证企业生产、经营需求的前提下，使库存量经常保持在合理的水平上；掌握库存量动态，适时，适量提出订货，避免超储或缺货；减少库存空间占用，降低库存总费用；控制库存资金占用，加速资金周转。[①]

1. 设置科学的库存管理流程

存货的种类不同，所涉及的业务环节及它们所组成的业务流程也各有差异。一般而言，存货业务包括到货处理、保管和发放三个主要部分。通畅的业务流程是保障高效库存管理的基础，应具备优化、无冗余、并行作业的基本属性。

2. 搭建科学的组织结构

科学的组织结构确保了业务流程的高效执行，明确了工厂（Plants）、存储区域（Storage Locations）、仓库编码（Warehouse Numbers）、仓储种类（Storage Types）以及仓储箱（Storage Bins）之间的合理关系。

---

① 邓为民. 罪恶的库存，中国人力资源网，2006-04-22。

3. 进行物料代码化管理

物料（包括原材料和产品）种类繁多，在库存管理过程中极易发生混乱的问题。IT 技术与层次编码技术的结合为物料的高效管理提供了可能。这种编码技术将所有存货按照层次和类别进行编码的唯一形管理，编码的组成部分包括存货的型号、规格、尺寸等内容。它具有易读和易记的特点，使得管理者只需知道货物的编码，就可以了解该物料的所有信息，以便在每日的繁杂管理中，保持规范、有序的状态。

4. 采取先进的库存管理机制

采用 IT 技术可以对不同类别的物料进行区别管理：

对于标准物料的管理，在收发作业时物流和价值流实施同步管理，而跟踪每种物料的数量和价值。

对于物料的转储问题，IT 技术可以实现多场所（仓库、生产点和分销中心）的库存管理，自动计划物料从一个场所（工厂）转储到另一个工厂，监控这些转储状态，并进行相关的会计事务的过账。

而对于特殊的消耗性物料，价值不在库存系统中跟踪，即当接到物料时，消费品直接过账到工作和成本中心。

11.2.4　设备安全防护

设备的突发故障，一般由偶然性、意外性的原因（如设备事故）造成的。这种故障一旦发生，对设备所造成的损坏很大，可能使设备完全丧失功能，必须停机修理，甚至报废处理。实现设备安全的途径主要有：安全防护装置与设备配套。

（1）操作阶段：建立有计划的维护保养和预防性维修制度，利用故障诊断技术，及时发现故障并处理。对安全装置进行定期检查，保障安全装置始终处于可靠状态，以及提供必要的个人防护用品等。

（2）管理措施：指导设备的安全使用，向用户及操作人员提供有关设备危险因素的资料、安全操作规程、维修安全手册等技术文件；加强对操作人员的教育和培训，提高操作人员发现及处理不安全因素的能力。

（3）设备使用过程的安全管理要求做到安全、合理。一方面要制止设备使用中的蛮干、滥用、超负荷、超性能、超范围使用，造成设备过度磨损，寿命降低，导致安全事故；另一方面要提高设备使用效率，避免设备因闲置而造成的无形磨损。

① 实行设备使用保养责任制。

② 实行操作证制度。

③ 操作人员必须按规程要求搞好设备保养，经常保持设备处于良好技术状态。

④ 遵守磨合期使用规定。

⑤ 创造良好的设备使用环境。

⑥ 合理组织生产。

⑦ 培养设备使用、维修、管理队伍。

⑧ 建设设备资料档案管理制度。

总之，设备的本质安全化从控制事故物源入手，提出防止事故发生的技术途径与方法，对于从根本上发现和消除事故与危害，防止误操作及设备故障的发生具有重要意义。它贯穿于方案论证、设计、基本建设、生产、科研、技术改造等一系列过程的诸因素，是确保安全生产所必须遵循的安全原则。①

11.2.5　员工安全防护

（1）安全管理的主要目标可简单概括为两点，即一是招募诚实可靠的员工，二是采取有效手段保持员工一贯的诚实作风。实现这两点方法看似简单，若想保持其一贯性则决不是件易事，因为要想保持员工诚实守信，还必须把一整套的措施，流程和技术作为经营管理的一部分，长期坚持贯彻执行，这样就需要花费大量的时间和不断强化管理能力。一方面要通过形势教育、政策宣传和风险纪律教育，避免出现差错，尤其是避免低级差错；另一方面要通过加强教育和管理，切实增强企业的凝聚力，增强全体员工对企业的"忠诚度"，让员工自觉做到保守企业机密，不做违背职业道德，为一己私利而欺诈、出卖等既有损于企业权益又最终损害个人声誉和利益的坏事、傻事和蠢事。具体来说要：

（2）经常对员工进行法制教育，加强员工的法制意识。坚守工作岗位，不得擅离职守，不做与值班无关的事项。熟悉业务，认真钻研，提高业务水平。文明值班。积极妥善地处理好职责范围内的一切业务。另外，要积极配合人事部做好员工的政审工作，以保证员工队伍的纯洁。发现有不合适的人员按有关规定进行调换或辞退。保安部人员加强日常巡查工作，注意发现可疑的人和事。加强安全责任，保守机密，不得向无关人员泄露有关公司内部的情况。

（3）企业商业秘密安全管理的措施：①防范商业秘密泄露，就是要把好员工招聘录用关，防止不合格人员流入企业。②建立保护商业秘密的专门组织机构或委托专业安全顾问机构提供服务。③制定和完善企业内部相关的具有可操作性和行之有效的保密制度。④运用法律和法规，重视劳动合同中保密条款的签订。⑤企业要以对员工优厚的待遇保护商业秘密。⑥优化涉密人员精神激励机制。⑦加强人力资源信息管理。建立一个软件化的人力资源信息系统，将企业内外有关人力资源的信息集成为数个信息包，以方便和增强管理者对这些信息的管理。⑧做好人才备份工作。⑨重视运用工作团队，建立工作分担机制。⑩

---

① 陆愈实主编，设备的安全管理实务[M]．北京：人民日报出版社，2001 年，第 67 页。

实行担保制度。这是一种将知识型员工的流失风险转移到企业外部的有效方式。

11.2.6　现金及贵重物品的安全防护

对于公司企业中现金、贵重物品及机要文件，下班后应放置于安全橱柜中，指定专员负责保管。主管对经管财物人员应随时注意其私生活是否严谨，以防监守自盗。携物品外出时，应先取具公司规定之物品带出证件，保卫人员凭证查验放行。办公室应于夜间加班人员离去后关闭门窗，并确认下锁。凡属企业的有价证券、权状、执照、合同、营业资金、支票、机密性或重要性的物件等需统一保存者，得放置于保险库中。经管人应审慎保管保险库钥匙，并严守密码，如因此而导致公司遭受损失，将依情节轻重惩处或依法究办。经管人应备登收簿，凡入库保存的证件均需签收。出库、借出或移交时，亦应由接收人签收，以明权责。客人需要使用贵重财物保险箱时，经办人必须查验客人的有效证件再查验电脑，证实客人是住客后，方可让客人办理使用手续。客人使用贵重财物保险箱期间，每次开箱，都要签名，经办人要认真将客人的签名与客人原签名进行核对，核对无误后，方可让客人开箱。非客人本人前来，开箱经办人可拒绝办理。落实现金提送规定的措施。1 万元以上，距离 500 米以上的，要用机动车提送款；虽在 1 万元以上，但距离在 500 米以下，或 1 万元以下的提送款，两人以上同行押送。存放现金在 10 万元以上的，要设立具备较高防火、防水、防盗、防抢性能的金库，并要健全落实管理制度和措施。

11.3　粗心的错误

员工犯了错误怎么办？有人说：很简单啊，有功必奖，有过必罚。不错，奖惩分明是企业必须具有的态度和政策。但是在实际操作的过程中，却不是说起来的那样简单。熟读兵书的赵括却在实际的作战中送了命，倘若一味照着有功必奖，有过必罚的原则来办事，或许也会出现问题。如：

（1）客户订购产品，需要在订货系统中录入产品型号、及订购数量，员工由于粗心大意，会输入错误之类，导致退货等后续问题。

（2）有些客户的特殊要求，需要在系统中为客户备注，员工也会忘记备注，而导致客户投诉。

（3）每次录入完毕，要求员工对录入型号、数量进行检查后，才能确认，但是有些员工不会按此操作。

针对以上由于员工工作中的粗心大意、疏忽，不按流程操作的问题，在客户发现错误之前，通过监控发现了员工的错误抽检，但抽检比率很少，由于人力关系，可能占到总工作的 1%，并且目前不太可能增加监控人员，这种情况下，应采取何种措施，可以引起员工的重视，避免同样错误的再次发生，将错误率降低到最低？

首先，要考虑员工是怎么犯错的。如果员工是出于粗心大意，使工作出现了错误，当然该按照企业规定处理，该扣工资就扣工资，该降低绩效考评的分数就降低绩效考评分数。但是，如果员工是为了创新，为了设计某项新产品或某种新的工作方法，不但不能批评，反而还要加以奖励。对于企业来说，为了创新而犯错误的员工，远比那些怕犯错误而因循守旧，墨守成规的平庸者宝贵。

其次，员工如果真的犯了错误，是出于不好的原因，也不能就轻率地做出惩罚。应当了解这些原因背后更深层次的情况。比如某位员工经常迟到，主要是因为住的太远，交通状况也不好。如果你要惩罚他，不是说你惩罚他就是错的，但是员工自己会不服气的。他觉得自己又不是因为懒惰而迟到，实在是路上不方便，他还会抱怨企业不体贴他。这时我们不进行惩罚，而是在组织里实行弹性时间制度，是不是更好一点呢？

最后，鼓励往往比惩罚更有效。著名试飞员胡佛有次做飞行表演，突然引擎灭火，幸亏靠着他的高超技巧才使飞机着陆，没有造成人员伤亡，但是飞机却严重损坏了。经过调查，是负责加油的人加错油了。这位可怜的人在哭泣，因为自己的错误造成了重大损失，还差点出了人命。可是胡佛没有责备他，反而过去拍拍他的肩膀说："我信任你，下次还要让你给我加油。"这位职员感激地说不出话来，以后的工作表现自然是不用说了。有些时候，一个人犯了错。如果你去指责他批评他，有的人会接受，有的人却难以接受。不是说他不承认自己的错误，而是你批评他时说的那些话挫伤了他做人的自尊。他不是为自己的错误辩护，而是为自己的尊严辩护。如果你不批评，反而以宽容的态度鼓励他下次注意，大多数人都会心存感激的。他们不但会注意改进，而且会对你的宽容心存感激。

【复习思考题】

1. 举例说明企业安全事故预防的手段。（工程、管理、经济或保险）。
2. 安全检查的内容。（思想、查管理、查隐患、查整改）。
3. 讨论安全评价对企业安全工作的作用。掌握危险源及其风险程度，为事故预防提供依据。
4. 现代安全管理的几种学术观点。全员、全过程、全方位管理，安全文化管理，系统化安全管理。
5. 现代安全管理的核心内容。风险管理（风险意识、风险评价、风险控制）。
6. 企业安全管理有哪些要点？
7. 案例分析题：

某工地安全员甲发现 10～11 层施工电梯附着架螺栓松动，于是派工人乙去紧固附着架螺栓并要他注意电梯上下、戴好安全帽、系上安全带。这时，架子班长丙走到近前，安全员甲将情况向丙进行了交代，丙表示同意并进一步交代工人乙要对电梯司机说明。乙乘电梯南笼到 10 层检修了南边和靠墙的螺栓，准备检修北侧螺栓时，电梯北笼上来，为了检修方便，乙与北笼司机丁约定，将北笼停在10～11 层间，乙站在北笼顶检修。此时，南笼司机戊已经送人下到地面，因有人要上到 10 层，戊未观察就启动电梯上升。结果造成工人乙头部开放性骨折，大脑严重受损，失血过多，当场死亡。

（1）请简要分析这起事故发生的原因。

（2）事故处理结案后，应将事故资料归档保存，需保存哪些资料？

（3）建筑企业常见的主要危险因素有哪些，可导致何种事故？

CHAPTER 12   HEORISTTS OF MOTIVATION

A manager will only manage effectively with the support of the staff. He or she should be able to encourage the commitment and efforts of the staff so that they can play their part in achieving the objectives of the organization.

If staff are not motivated, they may suffer from stress or lack of interest and may well waste time, stay off work, become careless – all of which could have grave consequences for an organization which would be costly.

The abstracts that follow are of theorists in behavioral science and their views on motivation in human behavior. There are no guaranteed solutions to human relations problems, but an improvement in relations, and consequently in effort and performance, is possible.

12.1   MAYO, ELTO

Before Mayo, most attempts to improve performance and increase output were based on the assumptions that the principal incentives were greed and fear, and that the worker could be regarded as a machine whose output could be increased by improving physical conditions and by eliminating wasteful movements and fatigue.

Mayo was prompted to question these assumptions mainly as a result of the findings of some studies. Previous investigations of the low morale and dissatisfaction in this company, involving attempts to improve physical conditions, had proved inconclusive.

The results of one study of lighting conditions indicated that every change introduced, whether objectively for better or worse, led to an increase in output and that output of the control group, undergoing no changes, also rose.

Mayo's advice was to concentrate on social skills and their development rather than neglect social skills in favor of technological ones. In this way, the staff, management and employers would reap the benefits.

12.2   MASLOW, ABRAHAM

Maslow propounded the theory that people are motivated by five basic needs, which he called "the hierarchy of basic needs". (Please refer to Figure 12.1 for the illustration of his theory). The primary need is that of physical survival and at the highest level it is that of self-fulfilment. These needs can be likened to a pyramid which has the primary needs as a base and which are universal, rising in steps to the highest need, which is the least well felt.

（a）Physiological needs, as Maslow called them, are those that are basic to continued existence. These include the necessity to satisfy hunger, to be clothed and to have basic shelter from the elements. These are primary needs and predominated in motivating an urge to work. Not until these needs are satisfied to an acceptable level, so argue Maslow and his adherents, will a person to aspire to the next step in the pyramid, which he called "safety needs".

（b）Safety needs are those connected with protection. Being assured or adequate sustenance and shelter, an individual will then look for a measure of security, of protection against lowering of living standards, of his job and of the fundamental physiological elements of life.

Anything that threatens the orderly organisation of life, either in the world at large or in the work-places, will be looked upon also as a threat to the individual's safety. When such threats are removed then the individual will feel safe, and will be motivated by the next needs in the pyramid, social needs.

（c）Social needs are those which motivate a person to enter actively into the social environment in which he or she is placed, both at work and in society at large. Such needs, at the primary level, are encompassed in love and affection, family circle and social groupings such as the club, the church and so on. At work they are concerned with work-groupings, social and welfare activities and, perhaps trade union activities.

The average individual has a deep-rooted need to belong to social groupings and to be accepted by his or her peers. Freed from the necessity to pursue the satisfaction of physiological and safety needs, the individual is now motivated to pursue those social needs, the gratification of which leads to the pursuit of what Maslow called the esteem needs.

（d）Esteem needs are those which follow from self-satisfaction arising out of achievement and the respect of others. Sometimes referred to as "ego needs", they involve self-respect, self-discipline and a feeling of adequacy and confidence. The status flowing from the esteem of others is an important factor here.

Almost everyone needs and seeks the approbation of others and gains stature from it. Only the strength of the motivation in this direction limits this need. Failure to achieve esteem within the social or work-group often leads to a sense of inferiority and a lowering of morale.

（e）Self-fulfilment needs, which Maslow called "self-actualisation", are at the top of the pyramid of needs and become active when the previous four have been satisfied. This area of need is the one that motivates a person to seek and fine the activity which satisfies a deep, often previously unconscious, urge and is very frequently associated with creativity or with the drive to exercise ultimate power.

So on many occasions, artists, writers, actors, chief executives and politicians can all be said to be attempting to satisfy this need for self-fulfilment.

(Figure 12.1: Maslow's hierarchy of basic needs)

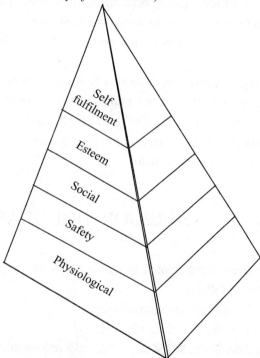

It will be apparent from general observation that this hierarchy of needs is not immutable. In fact Maslow himself called attention to the fact that in some people the stages are reversed, or some are ignored. The most common examples are those of the struggling artist, composer or actor, each of whom will forgo the satisfaction of many needs in pursuit of self-fulfilment or public acclaim.

Many a successful industrialist has given up the esteem of society and the satisfaction of basic social needs to pursue the goal of industrial power. Most workers, however, are not driven by such high passions and are able to feel satisfied with less than total achievement. In some ambition is almost non-existent to the extent that an income and reasonable security and shelter are all they ask.

12.3   HERZBERG , FREDERICK

Maslow's theory was the basis of research by Herzberg.

Herzberg states that people have two sets of needs—maintenance and motivational. Maintenance needs are to avoid pain and dissatisfaction. Motivational needs are those which achieve satisfaction and fulfillment by being actively sought.

It is because attention to maintenance needs can prevent or eliminate dissatisfaction that they involve hygiene factors. They are never permanently satisfied: people must eat. At work, there must be practical physical conditions, salary, relationships, but even if all these are provided, the employer should not expect the employee to be satisfied. Satisfaction can be achieved through growth, achievement, responsibility, respect and recognition—in other words, through work itself.

In order to achieve this, Herzberg recommends "job enrichment", which is more than job rotation; it is also job enlargement, to give the employee more responsibility, more control, and more opportunity. According to Herzberg, no amount of environmental improvement and embellishment will compensate for task starvation. If we are to be concerned with motivating people, we must look at what we ask them to do.

12.4   McGREGOR, DOUGLAS

D.M.McGregor is probably most quoted in connection with his X and Y propositions (or theories). These can be stated as follows:

（a）Theory X asserts that the average human being

ⅰ）is inherently lazy and works as little as possible;

ⅱ）has no ambition and prefers to be led rather than take responsibility;

ⅲ）is self-centred, dislikes change and is unconcerned with the needs of the organisation;

ⅳ）is gullible and not particularly intelligent or discriminating.

Because of these traits managers have to persuade, coerce, reward or punish workers in order to achieve organisational goals; people cannot be trusted to work effectively without active and constant supervision.

Traditional management subscribes to theory X in the main and many traditional management practices can be attributed to this belief. McGregor, however, accepted Maslow's concept of the five basic needs, which led him to formulate his theory Y.

（b）Theory Y states, among other things, that people are not the selfish, indolent creatures that theory X suggests but, in fact, that:

i）they are naturally incline to expend effort in working and playing. They are not passive nor are they unconcerned or resistant to organisational needs; this attitude is engendered by their experience of working in organisation that do not recognise their potential;

ii）they are not without the urge to assume responsibility and have the capacity for self-discipline and self-direction provided they are properly motivated by management. Such motivation will not, however, be based only on the principles of punishment and reward. Management must recognise the human need for self-satisfaction and the other needs propounded by Maslow.

iii）management, therefore, has the task and duty to harness these innate attributes to enable the work-force to contribute willingly to the achievement of organisational objectives.

Neither of these propositions, of course, can be relied on exclusively to motivate workers positively. The traditional approach is likely to be difficult to sustain given the attitudes now prevailing in most industrial relations; this approach has to be softened by a more conciliatory and persuasive attitude on the part of management, and there must be recognition of the basic needs which must be fulfilled if co-operation is to be achieved. As many workers now earn enough to provide themselves adequately with sustenance and shelter Maslow's higher needs must be reckoned with.

On the other hand, it would appear that the majority of work-people are not yet ready for a total change to the theory in proposition Y. It could be said with McGregor that the fundamental difference between the two propositions is that theory X relies entirely on imposed and external control of people, whereas theory Y puts the emphasis on self-motivation and self-direction.

12.5   BROWN, WILFRED

Wilfred Brown urges greater understanding of the concept of organizations and the social systems which operate within them. Brown wanted explicit theory to be available so as to eliminate many of the mistakes made by managers.

The four concepts of Brown:
（1）The *"Manifest Organization"*—already known to us as the formal hierarchy, the "family" tree.

（2）The *"Assumed Organization"*——the one perceived by people concerned with the organization.

（3）The *"Extent of the Organization"*——the real structure as revealed by analysis after intense investigation.

（4）The *"Requisite Organization"*——the one required to meet the realities of the environment.

In an ideal organization, all four should correspond exactly with each other.

Brown states that organizations must grow if they are to survive, and in growing they must change. This change must be planned so that it is properly understood, to avoid anxiety.

The three systems:

The systems which exist within any one organization are:

（1）*Executive*——this is the network of roles needed to carry out the work required. Both the prescribed and the discretionary components of each role must be defined; that is, the job required and the level of responsibility in decision-making needed to do the job.

（2）*Representative*——all levels of employee are involved.

（3）*Legislative*——this includes the executive and representative systems, but also the shareholders and customers, all of whom have a say in any proposed change.

Brown's idea was not to recommend that all these systems should exist within any one organization, but simply to make organizations aware that they do exist. However, he does recommend that organizations undertake continuous analysis of themselves so that problems can be dealt with in a controlled and systematic manner.

12.6   LIKERT, RENSIS

Likert's emphasis is on the importance of human assets to an organization, in the form of co-operation, loyalty and positive attitudes to management. He warns against pushing employees in order to improve the organization's financial system because the result may well be loss of the best employees to competitors and retention of the rest as a begrudging and discontented workforce.

Likert classifies management into four systems:

- **System 1**——Management has no confidence in subordinates and retains decision-making at the top. Subordinates are threatened and punished in order to achieve goals, and mistrust arises.

- **System 2**—Management condescends to have confidence and trust in subordinates, but decision-making is still mostly retained at the top. There may be some rewards system.
- **System 3**—Management has substantial trust in subordinates and communication flows upwards and downwards. Controls are delegated and there is a feeling of responsibility at lower levels. Informal organizations may develop but may even support the goals of the organization.
- **System 4** — There is complete confidence and trust in subordinates, with decision-making widely dispersed throughout the hierarchy and communication taking place laterally as well as vertically. There is a sense of involvement and participation, and a friendly atmosphere. Informal and formal organizations are often one and the same and pull together to achieve the organization's goal.

Exercises:
Question 1
How did Abraham Maslow define the following needs?
- Physiological needs
- Safety needs
- Social needs
- Esteem needs
- Self-fulfilment needs

Question 2
What is Elto Mayo's advise regarding motivation?

Question 3
Explain Frederick Herzberg's theory on motivation.

Question 4
D.M.Mcgregor is quoted in connection with his X & Y theories. What does his X & Y proposition states? Explain in details.

Question 5
Explain the four concepts of organization as explained by Wilfred Brown:

- Manifest Organization
- Assumed Organization
- Extent of the Organization
- Requisite Organization

Question 6

Rensis Likert classified management into four systems. Explain each.

- System 1
- System 2
- System 3
- System 4

第 12 章　激 励 理 论

现代领导的核心是对人的管理,领导者的首要任务是引导和促使员工为实现组织的共同目标作出贡献。"领导及其领导能力指的是激励、动员、规范、促进别人、共同持续发展。"[①] 这是管理大师彼得·圣吉对领导下的定义。怎样才能使员工为实现组织目标做出最大的努力? 这就是激励所要解决的问题。激励理论就是要研究如何根据人的行为规律来提高人的积极性。

1. 激励及其作用

激励,顾名思义就是激发、鼓励的意思。激励不仅包括正面的诱导、驱动之意,也包括反面的约束、惩戒之意。有人用"胡萝卜加大棒"来形容传统的激励。[②]

激励就是调动人的工作积极性,使其把潜在的能力充分发挥出来。激励的作用表现在以下几方面:

(1) 有助于激发和调动员工的工作积极性。

(2) 有助于将员工的个人目标导向实现组织目标的轨道。

(3) 有助于增强组织的凝聚力。

2. 激励的心理机制

从心理学的角度来讲,所谓激励,是指人类活动的一种心理状态,它具有加强和激发动机,推动并引导行为,使之朝向预定目标的作用。通常认为,一切内心要争取的条件,如欲求、需要、希望、动力等都构成人的激励。

心理学家认为,人的一切行为都是由动机支配的,动机是由需要引起的,行为的方向是寻求目标、满足需要。

3. 需要、动机、行为和目标

(1) 需要

需要是指人对某种事物的渴求和欲望,当人们缺乏所需事物而引起心理紧张时,就会产生需要,并为满足需要而采取行动。需要是一切行为的最初原动力。但需要并非纯主观的现象,而是客观事物在人们头脑中的主观反映,即需要的形式和内容主要取决于所需对

---

① 彼得·圣吉. 领导与领导力[J]. 中外管理,2003 (2),第 31 页。

② 张丰·试论赫茨伯格双因素的激励实现机制[J]. 台州师专学报,1994 (1),第 65～70 页。

象物的存在。

在管理中运用激励手段，正是利用需要对行为的原动力作用，通过提供外部诱因，满足员工需要，进而引发员工的积极行为。

人的需要一般具有以下特征：多样性、结构性、社会制约性、发展性。

（2）动机

动机是在需要基础上产生的引起和维持人的行为，并将其导向一定目标的心理机制。

需要具有原动力作用，但需要作为一种潜在的心理状态，并不能直接引起行为，只有当需要指向特定目标，并与某种客观事物建立起具体的联系时，才能由潜在状态转化为激发状态，成为引发人们采取行动的内在力量。这种在需要与目标对象衔接基础上形成的、直接驱动行为的内在力量就是动机。动机可以看做是需要获得满足的过程。动机的产生依赖于两个条件：一是个体的生理和心理需要；二是能够满足需要的客观事物，又称外部诱因。

（3）行为

凡是人类有意识的活动，均称为行为。而行为产生的原因则是动机和需要，即人的行为是由动机决定的，而动机是由需要支配的。对于行为产生的原因，有三种不同的观点：

① 人类行为的原因在于人的本能，这是一种动物的本能，只是由于受各种道德观念的约束，这种本能没有自由地表现出来。

② 人的行为完全是外力推动的结果，是社会环境将自己的特征投射到人体上的结果。

③ 人的行为是环境与个体相互作用的结果。

（4）目标

目标是行为所要实现的结果。人们采取的一切行为都指向特定的目标。目标既是行为的结果，又是行为的诱因。

最后，我们再从管理的角度给激励下一个定义：激励就是要创设满足员工各种需要的条件，激发员工的工作动机，使之产生实现组织目标的特定行为的过程。

12.1　梅奥（Mayo）的激励理论

梅奥（Gcorge Elton Mayo，1880～1949），美国著名管理学家，行为科学学派的创始人，著名的霍桑实验的领导者。

梅奥出生于澳大利亚，曾在澳大利亚和美国攻读过哲学、逻辑学、心理学和医学。他先后在苏格兰爱丁堡大学研究精神病学，昆士兰大学讲授逻辑学、哲学和伦理学。1922 年，他在获得洛克菲勒基金会的资助后到美国，先执教于宾夕法尼亚大学霍登金融学院。1926 年，应聘于哈佛大学，任该校企业管理学院工业研究室主任、副教授。梅奥一生中发表了许多论文和著作，在管理学方面，他的主要著作有《工业文明中的人类问题》、《工业文明中的社会问题》等。

以梅奥为代表的行为科学学派的形成，是以著名的"霍桑试验"（Hawthorne studies）为其标志的。霍桑工厂属于美国芝加哥西方电气公司的一个工厂，该厂娱乐设备完善，医疗制度健全，但生产状况一直不佳。1924 年，美国科学院全国研究会决定在该厂进行工作条件与生产效率关系的试验（梅奥于 1927 年应邀参与并领导该试验），目的是为了发现提高生产效率的途径。1933 年，梅奥在《工业文明中的人类问题》一书中，根据霍桑试验首先提出了"人际关系"的思想，为提高生产效率开辟了新领域。同时，为行为科学奠定了基础，也使他的名字及其贡献载入了管理科学史册。

人际关系学说（Human relation school）的主要内容可归纳为四个方面：（1）以前的管理是把人视为"经济人"，认为金钱是刺激积极性的唯一动力；而霍桑试验证明人是"社会人"，是受社会和心理因素影响的；（2）以前的管理认为生产效率主要受工作方法和条件限制；而霍桑试验证明生产的效率主要取决于工人的积极性，取决于职工的家庭和社会生活及组织内部人与人之间的关系；（3）以前的管理只注重管理组织机构、职能划分及规章制度的建立；而霍桑试验发现除了正式的团体和组织外，职工中还存在着各种非正式组织，这种无形的组织都有它的感情倾向、左右着其成员的行为活动；（4）以前的管理只强调管理的强制作用；而霍桑试验发现新型有效的领导，应该去提高职工的满足感，善于倾听和沟通工人的意见，使人们的情感与需求发生转变。

12.1.1　社会人假设

"社会人"（Social man）假设认为人不单单是追求经济利益的经济人，经济刺激并不是激励人们积极性的唯一动力，人还有社会和心理方面的需求，这些需求的满足往往比经济报酬更能激励人们。

这种社会人随着梅奥（Elton.Mayo）霍桑实验的研究报告的公布而受到重视。

社会人假设的基本要点是：

（1）工资、作业条件与劳动生产率之间没有直接的相关性，生产效率的提高主要取决于员工的士气，而士气主要取决于员工在工作内外的人际关系是否协调。

（2）员工的行为不仅受到正式组织职权及其规范的影响，更受到非正式组织人际关系及其规范的影响。

（3）为了激发员工的积极性，应改变领导方式，善于倾听员工意见，满足员工社会心理需求。

（4）要改变传统的以工作为中心的管理，转向以人为中心的管理。

（5）应建立员工参与管理和密切上下级关系的一系列制度。

12.1.2　霍桑实验

人的积极性对提高劳动生产率的影响和作用逐渐在生产实践中显示出来，并引起许多企业管理学者和实业家的重视。但是对此进行专门的、系统的研究，进而形成一种较为完整的理论则始于 20 世纪 20 年代美国哈佛大学心理学家梅奥等人所进行的著名的霍桑试脸。这项在美国西方电器公司霍桑工厂进行的、长达九年的实验研究，真正揭开了作为组织中的人的行为研究的序幕。

霍桑实验的初衷是试图通过改善工作条件与环境等外在因素，找到提高劳动生产率的途径。从 1924 年到 1932 年先后进行了四个阶段的实验：照明实验、继电器装配室实验、访谈计划和配电器卷线作业实验。但试验结果却出乎意料，无论工作条件（照明度强弱、休息时间长短、厂房内温度高低等）是改善还是取消改善，试验组和非试验组的产量都在不断上升；在试验计件工资对生产效率的影响时，发现生产小组内有一种默契。

奖励性工资并未像传统的管理理论认为的那样，使工人最大限度地提高生产效率；而在历时两年的大规模的访谈试验中，职工由于可以不受拘束地谈自己的想法，发泄心中的闷气，从而态度有所改变，生产率相应的得到了提高。

对这种传统假设与所观察到的行为之间神秘的不相符合，梅奥做出了如下解释：

（1）影响生产效率的根本原因不是工作条件，而是工人自身。参加试验的工人意识到自己"被注意"，是一个重要的存在，因而怀有归属感。正是这种人的因素导致了劳动生产率的提高；

（2）在决定工人工作效率因素中，工人为团体所接受的融洽性和安全感，较之奖励性工资有更为重要的作用。

12.1.3　梅奥的人际关系理论（人群关系理论）

霍桑试验的研究结果否定了传统管理理论对于人的假设，表明了工人不是被动的、孤立的个体，他们的行为不仅仅受工资的刺激；影响生产效率的最重要因素不是待遇和工作条件，而是工作中的人际关系。据此他在《工业文明的人类问题》（1933）一书中提出了"人群关系理论"[①]

（1）工人是"社会人"而不是"经济人"。梅奥认为，人们的行为并不单纯出自追求金钱的动机，还有社会方面的、心理方面的需要。因此，不能单纯从技术和物质条件着眼，而必须首先从社会心理方面考虑合理的组织与管理。

（2）企业中存在着非正式组织。这种非正式组织的作用在于维护其成员的共同利益，使之免受其内部个别成员的疏忽或外部人员的干涉所造成的损失。为此非正式组织中有自己的核心人物和领袖，有大家共同遵循的观念、价值标准、行为准则和道德规范等。梅奥

---

① 周三多. 管理学[M]. 北京：高等教育出版社，2000 年，第 43～53 页。

指出，非正式组织与正式组织有重大差别。在正式组织中，以效率逻辑为其行为规范；而在非正式组织中，则以感情逻辑为其行为规范。如果管理人员只是根据效率逻辑来管理，而忽略工人的感情逻辑，必然会引起冲突，影响企业生产率的提高和目标的实现。

（3）新的领导能力在于提高工人的满意度。在决定劳动生产率的诸因素中，居于首位的因素是工人的满意度，而生产条件、工资报酬只是第二位的。

人际关系学说第一次把管理研究的重点从工作上和从物的因素上转到人的因素上来，不仅在理论上对古典管理理论作了修正和补充，开辟了管理研究的新理论，还为现代行为科学的发展奠定了基础，而且对管理实践产生了深远的影响。

12.2　马斯洛的需要层次理论

马斯洛（Abraham Harold Maslow，　1908-1970）　出生于纽约市布鲁克林区。美国社会心理学家、人格理论家和比较心理学家，人本主义心理学的主要发起者和理论家，心理学第三势力的领导人，于 1943 年和 1954 年先后发表了《人类动机理论》和《动机和人》两部著作，阐述了他的需要理论。马斯洛的需求层次理论是研究组织激励时应用得最广泛的理论。马斯洛认为，人的各种需要可归纳为五大类，按照其重要性和发生的先后次序可排列成一个需要层次，人的行为过程就是需要由低层次到高层次逐步满足的过程。

（1）生理需要（Physiological needs）——　基本需求

这是人类生存所必需的一种基本需求，包括食物、衣服、住以及与人的生命延续有关的各种物质条件等。这类需求的级别最低，人们在转向较高层次的需求之前，总是尽力满足这类需求。体现在企业管理中，管理人员应该明白，如果员工还在为生理需求而忙碌时，他们所真正关心的问题就与他们所做的工作无关。当努力用满足这类需求来激励下属时，我们是基于这种假设，即人们为报酬而工作，主要关于收入、舒适等等，所以激励时试图利用增加工资、改善劳动条件、给予更多的业余时间和工间休息、提高福利待遇等来激励员工，使员工衣食无忧，全身心地投入到工作中。

（2）安全需要（Safety needs）——　保护自己免受身体和情感伤害的需要

安全需要是人类保护自己免受身体和情感伤害的需要。主要包括对人身安全、生活稳定以及免遭痛苦、威胁或疾病等的需求。它可以分为两类：一类是现在的安全的需要，即要求自己现在的社会生活的各个方面都有所保证；另一类是对未来安全的需要，即希望未来生活能有所保障。和生理需求一样，在安全需求没有得到满足之前，人们唯一关心的就是这种需求。对许多员工而言，安全需求表现为安全而稳定以及有医疗保险、失业保险和退休福利等。

安全的需要表现在企业管理中，就是要使员工工作有所保障（不会失业），给员工建立一个相对稳定的工作环境，不能让员工在一个随时面临失业的、不稳定的、缺乏安全感的企业中安心工作；如果员工对安全需求非常强烈时，管理者在处理问题时就不应标新立异，并应该避免或反对冒险，而员工们将循规蹈矩地完成工作。在工作中尽量保持员工身体的健康，健全的申诉制度，尽量让员工感受到公平，这样可以减少员工主动跳槽的机会，保持企业的稳定性和发展的连续性。

（3）社会需要（Social needs）——友情、爱情、归属及接纳方面的需要

马斯洛认为，当生理需求和安全需求得到满足后，社交需求就会突出出来，进而产生激励作用。社交的需要是指个人对爱、情感和归属的需要。人是一种社会动物，人们的生活和工作都不是孤立地进行的，人们希望在一种被接受或属于的情况下工作，属于某一群体，得到这个团体的接纳、认同和关怀，而不希望成为社会的离群孤鸟。在马斯洛需求层次中，这一层次是与前两层次截然不同的另一层次。这些需要如果得不到满足，就会影响员工的精神，导致高缺勤率、低生产率、对工作不满及情绪低落。

这类需要体现在企业管理中，要求企业管理者通过各种手段使员工在企业中找到归属感，建立和谐的工作气氛，互帮互助的成员关系，建立良好的沟通制度，通过团体活动（比如旅游、体育、娱乐等活动）促进员工之间的交流和沟通等。管理者必须意识到，当社会需求成为主要的激励源时，工作被人们视为寻找和建立温馨和谐人际关系的机会，能够提供同事间社交往来机会的职业会受到重视。日本企业的"家族式管理"在某种程度上满足了员工社交的需要。由于企业不随意解雇员工，着力培养员工爱厂如爱家的精神，不仅增强了员工对企业的依赖感和信任感，而且也促进了员工之间的互相学习，最终形成一种同舟共济、相互之间良性竞争的局面。这不仅推动了日本经济的迅速发展，也为维护日本经济不景气时社会的稳定做出了不小的贡献。[①]

（4）尊重需要（Esteem needs）——内部尊重因素包括自尊、自主和成就感；外部尊重因素包括地位、认可和关注等。

尊重需求既包括对成就或自我价值的个人感觉，也包括他人对自己的认可与尊重。尊重的需要分为内部尊重和外部尊重。内部尊重因素包括自尊、自主和成就感；外部因素包括地位、认可和关注或者受人尊重。有尊重需求的人希望别人按照他们的实际形象来接受他们，并认为他们有能力，能胜任工作。他们关心的是成就、名声、地位和晋升机会。这是由于别人认识到他们的才能而得到的。当他们得到这些时，不仅赢得了人们的尊重，同时就其内心因对自己价值的满足而充满自信。不能满足这类需求，就会使他们感到沮丧。

这类需要体现在企业管理中，要求管理者一方面要为员工提供更多的机会，具有挑战性的工作，增加工作内容的多样性，让员工负责某一项目的开发，或者为员工进行量体裁衣培训等，使员工面临一种挑战，充分激发出员工的潜力促使其获得成功，当其获得成功时就会有一种自豪感，驱使其奋发向上，不断地挑战自己的能力。当员工为企业的发展作出贡献时，要及时地肯定和认可，这种肯定和认可的外部表现就是给予他们一定的职称、

① 陈福娣. 马斯洛需要层次理论在企业管理中的运用[J]，企业管理，2008（3），第18页。

晋级和加薪，或者授予一定的个人荣誉和社会地位来满足员工的尊重需要。在激励员工时应特别注意有尊重需求的管理人员，应采取公开奖励和表扬的方式。布置工作要特别强调工作的艰巨性以及成功所需要的高超技巧等。颁发荣誉奖章、在公司的刊物上发表表扬文章、公布优秀员工光荣榜等用段都可以提高人们对自己工作的自豪感。

（5）自我实现需要（Self-actualization needs）——成长与发展、发挥自身潜能、实现理想的需要。

马斯洛认为，自我实现的需要是人类最高层次的需要，是人们要实现个人理想和抱负，最大限度地发挥个人潜力并获得成就的需要。这种需要一般表现在两个方面，一是胜任感方面，有这种需要的人力图控制事物或环境，不是等事物被动发生与发展，而是希望在自己的控制下进行；二是成就感方面，对于有这种需要的人来说，工作的乐趣在于结果和成功，他们需要知道自己工作的结果。因此，自我实现是一种追求个人能力的内趋力，是自我实现，或是发挥潜能，达到自我实现境界的人，接受自己也接受他人。解决问题能力增强，自觉性提高，善于独立处事，要求不受打扰地独处。要满足这种尽量发挥自己才能的需求，应该已在某个时刻部分地满足了其他的需求。当然，自我实现的人可能过分关注这种最高层次的需求的满足，以至于他会自觉或不自觉地放弃满足较低层次的需求。

成功的喜悦远远比其他任何报酬都重要。这类需要体现在企业管理中，要求管理者切实了解和关心员工，知道他们最终想要的到底是什么，并且为他们搭建自我实现的舞台。比如，企业在进行决策时要扩大决策主体的范围，改变由高层管理者单方面制订决策的办法，让更多的成员参与到决策过程中，改变其完全孤立和被动的地位，而且使员工能够或多或少地掌握自己的命运；在组织中设置提案制度，倡导员工为企业的发展献计献策，以改进和优化企业的管理，能够激发员工的成就感；根据员工的不同特点和实力，为其制定个人职业发展计划，对员工实施分类管理，将其潜在能力转化成现实的生产力，推动企业发展。

作为管理人，我们要给员工一个充满着活力工作环境，这种环境是一种积极的文化氛围，这种积极来自团队的激励。在现代的管理过程中，激励的作用被逐渐地提升，马斯洛需要理论给激励的实践提供了理论参照，在现今的管理中，被运用得很广泛，相信随着管理的不断创新，激励的理念也会被不断的发展运用。

12.3　赫茨伯格（Frederick Herzberg）双因素理论

12.3.1　理论要点与内容

双因素理论又称"激励—保健理论"，由美国心理学家赫茨伯格（Frederick Herzberg）在对美国匹兹堡地区的 200 多位工程师、会计师进行了深入的访问调查的基础上提出。调查结果发现，使人们感到满意的因素都是与工作的性质和内容有关，而使人们感到不满意的因素都是与工作环境有关。赫茨伯格把前者称作激励因素，后者称为保健因素。

（1）保健因素，它包括公司政策与行政管理；监督；与上级的关系；与同事的关系；与下级的关系；工资；工作安全；个人生活；工作条件及主管的监督。这类因素对职工行为的影响类似卫生保健对人们身体的影响。当卫生保健工作达到一定的水平时，可以预防疾病，但却不能治病。同理，当保健因素低于一定水平时，会引起职工的不满；当这类因素得到改善时，职工的不满就会消除。但是，保健因素对职工起不到积极的激励作用。

（2）激励因素，它包括工作上的成就感；受到重视；得到提升；工作本身的性质；个人发展的可能性；工作责任。这类因素具备时，可以起到明显的激励的作用；当这类因素不具备时，也不会造成职工的极大不满。如图 12-1 所示[①]。

激励因素	保健因素
成就	公司政策
赏识	报酬
工作本身	工作条件
责任心	监督
进步	福利

图 12-1　激励—保健图

对上述两类因素分析可以知道，激励因素是以工作为中心的，即对工作本身是否满意，工作中个人是否有成就，是否得到重用和提升；而保健因素则与工作的外部环境有关，属于保证工作完成的基本条件。研究中还发现，当职工受到很大激励时，他对外部环境的不利情况能产生很大的耐性；反之，就不可能有这种耐性。

该理论要点是：使职工不满的因素与使职工感到满意的因素是不一样的。使职工不满意的因素，主要是由工作本身以外的条件引起的，主要是公司政策、工作条件、工资、安全以及各种人事关系的处理不善。赫茨伯格发现，这些因素改善了，虽不能使职工变得非常满意真正激发积极性，却能够解除职工的不满，所以他称为保健因素。意即虽不能治疗疾病，但能防止疾病。

使职工感到满意的因素，主要是工作本身引起的。比如：工作富有成就感；工作成绩能得到承认；工作本身富有挑战性；职务上的责任感；个人发展的可能性。这些因素的满足，能够极大地激发职工的热情和积极性。而缺乏它们时，又不会产生多大的不满足感。这些因素就被称为激励因素。

双因素理论强调：不是所有的需要得到满足都能激励起人的积极性。只有那些被称为激励因素的需要得到满足时，人的积极性才能最大限度地发挥出来。如果缺乏激励因素，

[①] 赵彬. 略论赫茨伯格双因素理论中激励因素在私营企业中的应用[J]. 法制与经济，2008（5），第 88 页。

并不会引起很大的不满。而保健因素的缺乏，将引起很大的不满，然而具备了保健因素时并不一定会激发强烈的动机。赫茨伯格还明确指出：在缺乏保健因素的情况下，激励因素的作用也不大。宣传教育或思想政治工作的任务之一在于使两种因素结合起来，统一于调动积极性之中。一方面，要促使领导者注意满足保健因素，将"不满意"降到最低限度；一方面，又要尽力提供激励因素，提高"满意度"；同时，要使保健因素与激励因素联系起来，使保健因素转为激励因素。如奖金与个人的工作能力、成绩挂钩，使之成为一种奖励内在积极性的激励因素，而不是"大锅饭"、"人人有份"的保健因素。

12.3.2　双因素理论的价值

赫茨伯格的双因素理论与马斯洛的需求层次理论有相似之处。保健因素相当于马斯洛提出的生理需要、安全需要、感情需要等较低级的需要；激励因素则相当于受人尊敬的需要、自我实现的需要等较高级的需要。当然，他们的具体分析和解释是不同的。但是，这两种理论都没有把"个人需要的满足"同"组织目标的达到"这两点联系起来。

有些西方行为科学家对赫茨伯格的双因素理论的正确性表示怀疑。有人做了许多试验，也未能证实这个理论。赫茨伯格及其同事所做的试验，被有的行为科学家批评为是他们所采用方法本身的产物：人们总是把好的结果归结于自己的努力而把不好的结果归罪于客观条件或他人身上，问卷没有考虑这种一般的心理状态。另外，被调查对象的代表性也不够，事实上，不同职业和不同阶层的人，对激励因素和保健因素的反应是各不相同的。实践还证明，高度的工作满足不一定就产生高度的激励。许多行为科学家认为，不论是有关工作环境的因素或工作内容的因素，都可能产生激励作用，而不仅是使职工感到满足，这取决于环境和职工心理方面的许多条件。

但是，双因素理论促使企业管理人员注意工作内容方面因素的重要性，特别是它们同工作丰富化和工作满足的关系，因此是有积极意义的。赫茨伯格告诉我们，满足各种需要所引起的激励深度和效果是不一样的。物质需求的满足是必要的，没有它会导致不满，但是即使获得满足，它的作用往往是很有限的、不能持久的。要调动人的积极性，不仅要注意物质利益和工作条件等外部因素，更重要的是要注意工作的安排，量才录用，各得其所，注意对人进行精神鼓励，给予表扬和认可，注意给人以成长、发展、晋升的机会。随着温饱问题的解决，这种内在激励的重要性越来越明显。

12.4　麦格雷戈——X-Y 理论

道格拉斯·麦格雷戈（Douglas M. Mc Gregor）在 1957 年 11 月号的美国《管理评论》

杂志上发表了《企业的人性方面》一文，提出了有名的"X 理论-Y 理论"。XY 理论实质上是 XY 假设，麦格雷戈归纳了基于对人性的不同看法而形成的两种理论。他认为，传统理论是以对人性的错误看法为基础的，这种理论把人看作天性厌恶工作，逃避责任，不诚实和愚蠢等。因此，为了提高劳动生产效率，就必须采取强制、监督、惩罚的方法。麦格雷戈把这种理论称之为"X"理论。与之相对的是"Y"理论，其基本观点是：人并不是被动的，人的行为受动机支配，只要创造一定的条件，他们会视工作为一种得到满足的因素，就能主动把工作干好。因此，对工作过程中存在的问题，应从管理上找原因，排除职工积极性发挥的障碍。麦格雷戈把这种理论称之为"Y"理论。他认为"X"理论是一种过时的理论，只有"Y"理论才能保证管理的成功。

12.4.1　传统的管理观点——X 理论

X 理论，其主要内容是：

（1）企业管理当局应当负责把企业的生产要素组织起来，以实现企业的经济目标；

（2）就人员方面来说，管理就是一个指导员工工作，激发员工工作热情，控制员工行动，以及纠正他们的行为使之符合组织需要的过程；

（3）没有管理者的这种积极干预，人们就有可能对组织采取消极的、甚至抵制的态度；

（4）一般人都天生好逸恶劳，只要可能就会逃避工作；

（5）人生来就以自我为中心，对组织需要漠不关心；

（6）人缺乏进取心，不愿承担责任，宁愿被别人领导；

（7）人天生反对变革，把安全看得高于一切；

（8）人容易轻信，易于受到骗子和政客的煽动。

根据 X 理论的假设，管理人员的职责和相应的管理方式是：

（1）如何提高劳动生产率以完成任务，主要职能是计划、组织、经营、指引、监督；

（2）应用职权，发号施令，使对方服从，让人适应工作和组织的要求，而不考虑在情感上和道义上如何给人以尊重；

（3）强调严密的组织和制定具体的规范和工作制度，如工时定额、技术规程等；

（4）应以金钱报酬来收买员工的效力和服从；

从上述内容可以看出，X 理论下的管理方式是"胡萝卜加大棒"的方法，一方面靠金钱刺激；另一方面是严密的控制、监督和惩罚迫使其为组织目标而努力。

12.4.2　X-Y 理论——自我实现人假设

"自我实现的人"（Self－actualizing man）指人有一种运用自己的能力、发挥潜力的欲望，人们通过自我激励逐渐成熟。这一理论是由美国麻省理工学院道格拉斯·麦格雷戈教授

（Douglas. McGregor，1906—1964）于 1957 年在他《企业的人性面》一文中提出的。他把传统的管理观点叫做"X 理论"，X 理论是一种关于人性的消极观点；针对 X 理论的缺点，麦格雷戈提出了 Y 理论，Y 理论是一种关于人性的积极观点，即把人看成是自我实现的人。

Y 理论的要点如下：

（1）人们并非天生就对组织的要求采取消极的态度，之所以如此，是由于他们在组织内的遭遇造成的；

（2）人们并不是天生就厌恶工作，应用体力、脑力来从事工作，对于人来讲，就和娱乐、休息一样自然；

（3）外来的控制和惩罚的威胁并不是促使人们为实现组织目标而努力的唯一方法，人们对自己所参与的目标能采取自我指挥和控制；

（4）对目标的参与是和获得成就的报酬直接相关的；

（5）在适当条件下，人们不但能接受、而且能主动承担责任；

（6）大多数人都具有相当高度的用以解决问题的想象力和独创性；

（7）管理当局的任务是安排好工作环境条件和工作方法，使人们的智慧潜能发挥出来。

根据 Y 理论有如下几项管理原则：

（1）创造适宜的工作环境，使人们挖掘潜力，发挥才能；

（2）管理者的职能既非生产指导者，也不是人际关系调节者，而是一个采访者。他应为发挥人的才智消除障碍并创造适宜条件；

（3）进行"内在奖励"，即获得知识，增长才干。正如麦格雷戈所说："管理在于创造一个适当的环境——一个可以允许和鼓励每一位职工都能从工作中得到'内在奖励'的环境。"[①] 管理制度要保证职工能充分表露自己的才能。比如使任务更具有挑战性，下放管理权限，建立决策参与制度，职业丰富化、扩大化等等。

Y 理论认为人生来勤奋，这是一种性善论，是唯心主义的。人既不是生来懒惰的，也不是生来就勤奋的，"人是社会关系的总和"。但该理论的具体观点值得我们参考和借鉴。比如相信人具有潜力和创造性，提倡内在奖励。创造良好的学习、进修以及工作条件等，这些对于调动人的工作积极性都是很有效的。

12.5　维克托·弗鲁姆（Victor H. Vroom）

12.5.1　什么是期望理论

期望理论（Expectancy Theory），又称作"效价-手段-期望理论"，是由北美著名心理学

---

① 熊川武. 管理心理学[M]. 广东高等教育出版社，2003 年，第 17 页。

家和行为科学家维克托·弗鲁姆（Victor H. Vroom）于 1964 年在他的《工作与激励》中提出来的激励理论。

激励（motivation）取决于行动结果的价值评价（即"效价"valence）和其对应的期望值（expectancy）的乘积：$M = V * E$。

12.5.2　期望理论的基本内容

期望理论的基本内容主要是弗鲁姆的期望公式和期望模式。

1. 期望模式 1

弗鲁姆认为，人总是渴求满足一定的需要并设法达到一定的目标。这个目标在尚未实现时，表现为一种期望，这时目标反过来对个人的动机又是一种激发的力量，而这个激发力量的大小，取决于目标价值（效价）和期望概率（期望值）的乘积。用公式表示就是：

$$M = \sum V \times E$$

M 表示激发力量，是指调动一个人的积极性，激发人内部潜力的强度。

V 表示目标价值（效价），这是一个心理学概念，是指达到目标对于满足他个人需要的价值。同一目标，由于各个人所处的环境不同，需求不同，其需要的目标价值也就不同。同一个目标对每一个人可能有三种效价：正、零、负。效价越高，激励力量就越大。

E 是期望值，是人们根据过去经验判断自己达到某种目标的可能性是大还是小，即能够达到目标的概率。目标价值大小直接反映人的需要动机强弱，期望概率反映人实现需要和动机的信心强弱。

这个公式说明，假如一个人把某种目标的价值看得很大，估计能实现的概率也很高，那么这个目标激发动机的力量越强烈。

2. 期望模式 2

怎样使激发力量达到最好值，弗鲁姆提出了人的期望模式：

个人努力 → 个人成绩（绩效）→ 组织奖励（报酬）→ 个人需要

在这个期望模式中的四个因素，需要兼顾三个方面的关系。

① 努力和绩效的关系。这两者的关系取决于个体对目标的期望值。期望值又取决于目标是否合适个人的认识、态度、信仰等个性倾向，及个人的社会地位，别人对他的期望等社会因素。即由目标本身和个人的主客观条件决定。

② 绩效与奖励关系。人们总是期望在达到预期成绩后，能够得到适当的合理奖励，如奖金、晋升、提级、表扬等。组织的目标，如果没有相应的有效的物质和精神奖励来强化，时间一长，积极性就会消失。

③ 奖励和个人需要关系。奖励什么要适合各种人的不同需要，要考虑效价。要采取多

种形式的奖励，满足各种需要，最大限度的挖掘人的潜力，最有效的提高工作效率。

12.5.3 期望理论分析

由于各种人对某一目标的效价和期望值不尽相同，因此效价和期望值之间就可能有各种不同的组合形式，并由此产生不同的激励力量。一般来说，目标效价和期望值都很高时，才会有较高的激励力量；只要效价和期望值中有一项不高，则目标的激励力量就不大。例如，对企业开展的安全技能考核工作，有的人认为这种考核对自己今后的工作很重要，同时经过努力取得好成绩的可能性很大，因此就会认真进行准备，积极参与；而另外有人认为此种考核对自己今后的工作或报酬无多大关系，或者觉得再怎样努力也无法取得好成绩，这两种情况都会影响其参加这项工作的积极性。

对于企业来说，需要的是员工在工作中的绩效；而对于员工来说，关注的则是与劳动付出有关的报酬。因此，在工作绩效和所得报酬（如加薪、提职、获得尊重、其他奖励等）之间存在着必然的联系。

期望理论对企业安全管理具有启迪作用，它明确地提出职工的激励水平与企业设置的目标效价和可实现的概率有关，这对企业采取措施调动职工的积极性具有现实的意义。首先，企业应重视安全生产目标的结果和奖酬对职工的激励作用，既充分考虑设置目标的合理性，增强大多数职工对实现目标的信心，又设立适当的奖金定额，使安全目标对职工有真正的吸引力；其次，要重视目标效价与个人需要的联系，将满足低层次需要（如发奖金、提高福利待遇等）与满足高层次需要（如加强工作的挑战性、给予某些称号等）结合运用；同时，要通过宣传教育引导职工认识安全生产与其切身利益的一致性，提高职工对安全生产目标及其奖酬效价的认识水平；最后，企业应通过各种方式为职工提高个人能力创造条件，以增加职工对目标的期望值。

期望理论另外一个非常重要的应用，就是促销。促销就是提供一种激发力，激发力＝效价 X 期望值，促销要提高销量，但是前提是在顾客满意条件下，所以期望值不应当高于顾客购买后实际感受到的，也就是说，促销真正发挥作用的应当是效价，应当在效价上做文章。

12.6 利克特——支持关系理论、管理风格理论

12.6.1 支持关系理论

伦西斯·利克特（Rensis Likert）是美国现代行为科学家，曾于美国密执安大学获得文学学士学位，于哥伦比亚大学获得理学博士学位。他是在领导学和组织行为学领域卓有影

响的密执安大学社会研究所的创始人和首任领导者，其对管理思想发展的主要贡献主要在领导理论、激励理论和组织理论等方面。他的主要著作包括《管理的新模式》（1961）、《人群组织：它的管理及价值》（1967）以及《管理冲突的新途径》（1976 年与人合作）等。通过长期从事领导理论的研究，他认为在全部管理工作中对人的领导是最重要最核心的问题。在激励理论方面，他提出了著名的"支持关系理论"；在组织理论方面，他提出了一种以若干工作单位为基本单元的新型组织结构。这些颇具影响力的理论在 1961 年出版的《管理的新模式》中有较为详细的论述，这本书是利克特早期最为重要的著作。[①]

支持关系理论可以简要表述为：领导以及其他类型的组织工作必须最大限度地保证组织的每个成员都能够按照自己的背景、价值准则和期望所形成的视角，从自己的亲身经历和体验中确认组织与其成员之间的关系是支持性的，组织里的每个人都受到重视，都有自己的价值。如果在组织中形成了这种"支持关系"，员工的态度就会很积极，各项激励措施就会充分发挥作用，组织内充满协作精神，工作效率当然很高。支持关系理论实际上要求让组织成员都认识到组织担负着重要使命和目标，每个人的工作对组织来说都是不可或缺、意义重大和富有挑战性的。所谓"支持"是指员工置身于组织环境中，通过工作交往亲自感受和体验到领导者及各方面的支持和重视，从而认识到自己的价值。这样的环境就是"支持性"的，这时的领导者和同事也就是"支持性"的。

12.6.2 管理风格理论

1. "联结销"概念

在管理风格理论的研究中，利克特提出"联结销"（Linking Pin）的概念，通过联结销把整个企业联结成为一个整体。他认为，组织中传统的个人对个人的关系，可以用更精确的群体对群体的关系来代替。组织是由互相关联的交迭的群体组成的；这些群体则由位于几个群体交迭处的个人来联结的。利克特称之为"联结销"，担承联结销的个人，把上级和自己所在的单位联结起来，起着承上启下的作用。他既是上级组织的成员，又是本单位的领导人。这样就突破了古典组织理论一人一个职位，各个部门之间有严格界限的概念。管理人员不能只求完成管理者的工作，还要做好联络工作。联结销结构的组织，具有一种向上的倾向性。凡沟通、管理的影响、目标的达成，都是向上看的，这正与古典的层系结构相反。假定人能意识到个人是这个群体的组成部分，他易于忠于这个群体，易于接受这个群体的决策，促进信息的沟通。从实际研究中也证实了这种组织形式，可以鼓舞士气，提高绩效。[②]如图 12-2 所示。

① 芮明杰. 管理学[M]. 北京：高等教育出版社，2004 年，第 468～482 页。

② 张德. 组织行为学[M]. 北京：高等教育出版社，1999 年，第 132～145 页。

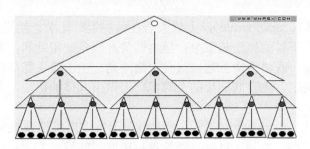

图 12-2　利克特联结销概念示意图

黑色圆圈即是组织中的联结销：每个三角形顶部的圆圈即为小组的领导者，此时组织易达成个人参与和有效沟通。下级的意见可以通过领导向上影响，因此领导在组织中的作用即是领袖，又是中层三角形的下属，因此能发挥交互影响的最佳状态。

利克特后来在模式中还加入横向的联系，横向的联系反映了沟通、影响、激励和协调等方面的需要。利克特特别指出，在联结销的结构中，所有群体必须同样地有效，任何一个群体失效都会影响整个组织的效果。换句话说，联结销链的强度决定于最弱的那个联结销的强度。为了提高群体的联结销的强度，防止群体的索链断裂，利克特建议设置附加的参谋小组和特别委员会，它们可以提供多重的交迭使组织结合得更好。

利克特根据大量研究材料，证明单纯依靠奖惩来调动职工积极性的管理方式将被淘汰。只有依靠民主管理，从内部来调动职工的积极性，才能充分发挥人力资源的作用。而独裁管理方式不仅永远不能达到民主管理所能达到的生产水平，也不能使职工对工作产生满足感。据此，利克特倡议员工参与管理，他认为有效的领导者是注重于面向下属的，他们依靠信息沟通使所有各个部门像一个整体那样行事。群体的所有成员（包括主管人员在内）实行一种相互支持的关系，在这种关系中，他们感到在需求价值、愿望、目标与期望方面有真正共同的利益。由于这种领导方式要求对人采取激励方法。因此利克特认为，它是领导一个群体的最为有效的方法。

2．领导原则

利克特假设了四种管理风格，以此作为研究和阐明他的领导原则见表 12-1 利克特的管理风格表：

（1）专制权威式（exploitative authoritative）：主管人员发布指示，决策中没有下属参与；主要用恐吓和处分，有时也偶尔用奖赏去激励人们；惯于由上而下地传达信息，把决策权局限于最高层等等。

（2）温和专制式（benevolent authoritative）：用奖赏兼某些恐吓及处罚的方法去鼓励下属；允许一些自下而上传递的信息；向下属征求一些想法与意见，并允许把某些决策权授予下属，但加以严格的政策控制。

（3）民主协商式（consultative）：主管人员在做决策时征求、接受和采用下属的建议；通常试图去酌情利用下属的想法与意见；运用奖赏并偶尔兼用处罚的办法和让员工参与管理的办法来激励下属；既使下情上达，又使上情下达；由上级主管部门制定主要的政策和运用于一般情况的决定，让较低一级的主管部门去做出具体的决定，并采用其他一些方法商量着办事。

（4）民主参与式（Participative）：主管人员向下属提出挑战性目标，并对他们能够达到目标表示出信心；在诸如制定目标与评价目标所取得的进展方面，让群众参与其事并给予物质奖赏；既使上下级之间的信息畅通，又使同级人员之间的信息畅通；鼓励各级组织做出决定，或者将他们自己与其下属合起来作为一个群体从事活动。①

利克特认为：

风格 1 是极端专制的领导系统，效果最差。权力集中在最高一级，下级无任何发言与自由，领导与下层存在不信任气氛，因而组织目标难以实现；

风格 2 是温和式专制领导，权力控制在最高层，但领导者对下级比较和气，授予中下层部分权力，下层自由非常少，奖惩并用，上下有点沟通，但是表面的、肤浅的，领导不放心下级，下级对上级存有畏惧心理，工作主动性差，效率有限；

风格 3 是民主协商式领导，领导者对下级有一定信任，重要问题决定权仍在最高一级，中下级对次要问题有决定权，上下级联系较深，所在执行决策时，能获得一定的相互支持；

风格 4 是参与民主式领导，上下关系平等，有问题民主协商，参与讨论，领导最后决策，按分工授权，下级也有一定的决策权；上下级有充分沟通，相互信任。

表 12-1　利克特的管理风格表

利克特的管理风格表				
领导风格	下级对领导人的信心与信任	下级感到领导人在一起的自由度	在解决工作问题方面领导人征求和采纳建议的程度	奖惩措施
专制权威式	毫无信心与信任	根本没有自由	很少采纳下属的意见和建议	恐吓、威胁和偶然报酬
温和专制式	有点信心与信任	只有非常少一点的自由	有时采纳下属的意见和建议	报酬和有形无形的惩罚
民主协商式	有较大信心与信任	有较大的自由	一般能听取下属意见和建议并积极采纳	报酬和偶然惩罚
民主参与式	有充分的信心与信任	有充分的自由	经常听取下属意见和建议总是积极采纳和运用这些意见和建议	优厚报酬启发自觉

① 饶奕. 利克特企业领导方式理论剖析[J]. 中国贵州省委党校学报，2003（6）：第56～58页。

　　利克特发现，那些用管理方法之四去从事管理活动的管理人员，一般都是极有成就的领导者，以此种方法来管理的组织，在制定目标和实现目标方面是最有成绩的。他把这些主要归之于员工参与管理的程度，以及在实践中坚持相互支持的程度。经过研究，利克特得出以下几条结论：

　　（1）高生产效率和低生产效率的部门，职工的士气可能无差别；

　　（2）部门领导凡是关心职工的，其部门的生产效率就高；而经常施加压力的，其生产效率则低；

　　（3）部门领导者与下级和职工接触多的，生产效率就高；反之生产效率则低；

　　（4）部门领导人注意向下级授权，听取下级意见并让他们参与决策的，生产效率就高；相反，采取独裁领导方式的，生产效率则低。

【复习思考题】

1. 什么是激励？激励的本质及心理机制是什么？
2. 评价和分析马斯洛的需要层次理论
3. 简述 X-Y 理论的内容。
4. 优秀的管理者（领导者）应具备什么样的素质？
5. 总体上评价西方的人性假设理论。
6. 国企业管理中的主要激励问题及如何解决。
7. 激励理论对管理者带来哪些启示？

CHAPTER 13   THE CHANGE MANAMGEMENT

13.1   REASONS FOR CHANGE

All organizations need to be aware of changes in fashion or taste, which are often connected with new developments, new products and new designs. Examples of this are the cordless telephones, microwave ovens, home videos, personal computers, etc.

If an organization is to adapt to such product changes, so as to keep pace with customer preferences and with its competitors, changes in the production process and perhaps the buying policy will take place, at the very least.

Legislation may enforce changes upon the organization. Examples of these are the laws concerning health and safety at work, and employment legislation, together with any training schemes which are introduced. Perhaps a product or service, or the method of providing it, may be decreed unlawful, or the organization a monopoly, so rapid change has to be brought about.

Environmental considerations are currently having an impact on the use of certain raw materials and on manufacturing processes. "Environmentally friendly" products are being promoted, such as air freshening and deodorant aerosols and cleaning agents, recycled paper and aluminum, etc.

New Technology, particularly in the manufacturing industries, is bringing about radical changes from the use of people to the use of robots and other machines. In administration work, people are being trained and educated to relate to computer systems rather than manual ones and a great deal of research is constantly under way in this field.

13.2   RESISTANCE TO CHANGE

We need to understand why people resist change and that this resistance is not unreasonable or irrational, but is quite a natural response to a proposed move from the known to the unknown, from the secure to the feared "insecure".

What would be your first thought if your boss or colleague hinted at changes to come?

Definitely, the first thing you will ask yourself is: "How will the changes affect me?!". In other words, is my job secure? If it is, will it stay the same? Will I lose my boss? Will my earnings be less? Will I still be happy in my work? Will the hours of work change? What about bonuses and holidays?

It's all there, isn't it? I'm sure you can relate to this run of thoughts and concerns. We become familiar with our working environments - the people, the procedures, the policies – even the furniture and the rooms. The thought of the sheer inconvenience and disruption to our settled ways is at least an irritation.

13.3   OVERCOMING RESISTANCE TO CHANGE

So, having established that resistance to change is a natural reaction, how does a person in a superior position help others to cope and to accept?

Perhaps the first stage should be to attempt to prevent rumors. The key to this is to get in first with information to the staff which is as full as it can be at each stage. This would not remove rumors but will provide a starting point for more informed thought and discussion. After this, regular updates as to progress on the changes should be given, either in writing or thru meetings. If the organization has trade union members, then the union representatives should be consulted as early as possible.

Negotiations with staff and/or trade unions should begin as soon as there is sufficient information on which to base financial conditions. Guarantees, where it is possible to give them, should be provided on continuity of employment and minimum earnings.

It may even be possible to offer shares in the company to employees, which would give them a feeling of belonging and of participation, while at the same time instilling confidence that the changes will bring improvements for everyone.

Certain changes should be introduced in changes, or a six-month trial period introduced, at the end of which employees would see reverting to the old system as yet another change and be happy to stay with the new system – if it works.

Employers should listen to grievances and to the opinions of the staff – should encourage two-way communication. There may be some very profitable suggestions which employers could incorporate in the new scheme of things.

13.4   STRESS

One of the causes of stress is change. Other causes may be family problems, poor management, or financial difficulties. Unfortunately, stress manifests itself in physical ailments, such as headaches, insomnia, depression, etc. It also gives rise to nervous complaints, even phobia and obsessions. Such medical problem will obviously mean loss of time at work, at great cost to the employer and to the employee as well.

Line supervisors or managers should always be aware of the personalities, traits and approaches and attitudes to work of their subordinates, and should notice any changes in behavior patterns throw away responsibility for their own well-being. It is up to individuals to be sensible by identifying their problems and making a real effort to overcome them, including asking for help, whether this be from the employer, a medical practitioner, a member of the family or a friend.

Some tips for dealing with stress:
- ask for help;
- exercise;
- practice handling difficult situations;
- take the holidays allowed to you under the terms of your contract of employment;
- be positive and decisive;
- retain your perspective and don't allow the problems to overshadow your entire life;
- be consistent in your approaches;
- set aside a particular five or ten minute period, the same time each day, as relaxation time.

Exercises:
Question 1
How do changes occur on the following aspects?
- Legislation
- Environmental
- New Technology

Question 2
Enumerate some reasons why people resist changing.

Question 3
How does a person in a superior position help others to cope and to accept change?

Question 4
Enumerate tips on how to deal with stress.

第 13 章　变　革　管　理

13.1　变革和变革管理

13.1.1　变革

在英文里，"变革（Change）"一词的含义为"促使或变得不同（make or become different）"显然，其中包含了两层意思：一是"使不同（make different）"，即主体通过一系列措施使客体发生了变化；二是"变得不同（become different）"，即客体在没有主体干预的情况下发生变化。[①]

企业（组织）变革是指在组织为开放有机体的前提下，组织结构在合理设计并实施之后，组织必须随着内在及外在的环境变化，进行调适与改变，对内调整目标为改善组织成员态度与行为、提升组织文化；对外调整目标则是使内部组织优势更加发挥于外部环境机会，达成组织稳定成长，甚至是对整个组织进行重新架构。它是组织在理解环境变化的基础上，为了生存和发展而主动采取的一系列措施，它可以是短期的，也可以是长期的，即可以是微调式的，也可以是彻底的转变。

13.1.2　变革管理

这是一个处处充满"变"的时代：市场在变、需求在变、目标客户在变、竞争对手变、生产成本在变、产销量在变、价格在变、员工在变、合作伙伴在变、计划在变……"变"每时每刻都在发生着。因此，变革管理势所必然。世界上没有对任何企业都通行适用的永恒的管理模式，也没有一个一成不变、最好的管理理论和方法，不同企业以及同一企业在不同的发展阶段，都应有与之相适应的管理手段和管理方式。[②]

变革管理（Change Management）是以变革为研究对象和内容的管理方法，是对期望实现的变革进行计划、组织、控制和实施等的一系列活动。它具备一般管理所具有的 5 个要素，即特征、任务、目的、核心和性质。变革管理的特征是面向按变革而组成的集体的；变革管理的任务是创造和保持一种使变革得以顺利实现的环境；变革管理的目的是实现预定的变革目标；变革管理的核心是决策，变革的每个阶段都有一系列决策；变革管理具有

① 程书强，张晓全. 变革与变革管理[J]. 陕西经贸学院学报 1997（3），第 64～66 页。
② 李勇. 变动环境下的企业变革管理[J]. 卓越管理，2007（4），第 5 页。

两重性—自然属性和社会属性。

　　由于变革管理对象的特殊性，使得变革管理有着与一般管理相比更显著的特点。主要体现在以下三方面：

　　第一，变革管理是一项综合性很强的活动，它要用到各方面的管理理论和方法。变革管理涉及变革的全过程，而对企业这一复杂系统的变革，本身就是一个十分复杂的系统工程，涉及企业的方方面面，所以变革管理是一项综合性很强的活动，要用到几乎所有的现有管理理论和方法。

　　第二，变革管理是一项创造性的活动，变革的对象是十分复杂的企业系统，不同的企业面临着不同的外部环境和内部条件。因此变革管理人员必须灵活运用管理知识，把企业管理的一般原理、方法和具体的企业实际情况结合起来，才能确定正确的变革方向、变革内容、变革方法，并保证方案的顺利实施。没有这种创造性活动，变革管理就不可能取得良好的效果。

　　第三，变革管理是以人为中心的管理。任何变革都是由人发起、由人策划、由人实施的，因此变革管理特别重视对人的管理。人员素质的提高，态度的转变等是变革管理中十分重要的方面，变革管理比其他管理活动更重视和强调人的重要性。①

13.2　变革的原因

　　造成组织需要变革的原因有外在的因素，如市场的变动（产业与竞争环境、总体环境）、人力资源的消长、科技水准的快速演进、社会文化的变化、国际化的影响，也有内在因素，如人力素质改变的影响（员工组成、态度）、工作满足转变的影响、经营策略、技术。根据上述组织变革定义，组织发生变革的原因可分为内部力量与外部力量，本章主要探讨制度（法律法规）、环境和技术影响因素。从推动组织变革的力量来讲，主要有下面一些原因：

13.2.1　制度（法律、法规）变动

　　制度最一般的含义是：要求大家共同遵守的办事规程或行动准则。许多情况下，制度也是某一领域的制度体系，如我们通常所说的政治制度、经济制度、法律制度和文化制度等。本节所讲的制度是指和企业有关的正式制度（国家法律、法规、政策等）。当今，无论是国有大中型企业，还是民营企业，他们都需要在内部管理机制上有进一步突破和创新。从国有企业来讲，由于产权改革存在这样或那样的障碍，就只能从调整分配机制和人事机制着手来进行相应调整。而民营企业尽管可以利用产权机制协调市场化竞争，但企业发展

① 彭晓红，蒋相之. 中国企业的变革管理[J]，企业家天地·理论版 2008（4），第 52～53 页。

初期的组织管理模式因为种种弊端也需要做出完善和优化。

1. 新法律法规的出台

十七大报告专门谈到要全面落实依法治国的方略，要加快建设社会主义法治国家，这是一个非常重要的论述。从依法治国概念的提出，到现在已经 10 年了。这 10 年来我国法治建设在法治理念、立法进程及执法司法等三个方面得到了非常大的推进。近年来，我国经济立法速度完全可以和 GDP 的增速媲美。经过多年努力，经济法领域的三大法律框架体系初步建成，我国经济法制建设全面推进。其中，2007 年开始实施的《物权法》对涉及物权制度的共性问题做出了规定，它以明确物的归属、发挥物的效用、保护权利人的物权为立法宗旨。此外，《企业破产法》、《反垄断法》、《银行业监督管理法》、《企业所得税法》、《反洗钱法》、《劳动合同法》等相继出台。在新法制定陆续推进的同时，对已有法律的修改也在紧锣密鼓地展开。过去五年间，《证券法》、《银行法》、《商业银行法》等相继修改，完善了我国金融法律制度。这些新法律法规的出台，对企业来说一方面是机遇，为企业提供了一个平等竞争和苦练内功的机遇，但也是挑战。企业面对新法律法规的出台，必须进行变革。下面举几个例子：

（1）《新劳动合同法》的出台。此新规定一出台，企业存在诸多的不确定性，这无意对企业会造成一定的压力。实际上，"无固定期限"劳动合同也并非是不能解除的合同制度，从解除的法律效力上来说，解除"无固定期限"劳动合同和解除"固定期限"劳动合同是一样的。这也同时要求我们用人单位应建立健全一套规范、完备的规章制度以及架构起合理、科学的工作岗位考核制度等。

（2）《新旧会计制度》。力求使财会人员在新财会制度与新税收政策下对财务、会计、纳税事项明确如何处理和为什么这样处理，以及不同处理方法对企业财务报告、纳税筹划带来的影响等内容。

（3）中国证监会新近颁布实施了新股发行上市的一些新举措，如核准制、独立董事制度、"ST"、"PT"类股票实行季报制、上市公司退出等。这些制度的推出将会对上市公司产生巨大的影响，同时也对进一步完善规范中国证券市场产生推动作用。

（4）从国际来说，如欧盟计划对化学品管理体系破旧立新，原来关于化学品方面的 40 多个指令和法规将废止，取而代之的是一套焕然一新的化学品管理体系，简称"REACH"法规，即《关于化学品注册、评估和许可办法》。该法规内容复杂、程序繁琐，表面上是规范欧盟成员国的化学品管理，实际上在经济日益全球化和一体化的当今世界，其范围已经大大超出了欧盟内部成员，将对世界化学品贸易及下游产品贸易产生巨大的影响，甚至在某种程度上会改变世界贸易格局。毋庸置疑，这部新法规的出台将直接影响世界各国对欧盟的经济贸易，而欧盟在我国出口市场中的举足轻重的地位，更可能对我国的出口企业产生前所未有的影响。

目前经济日益全球化、一体化，贸易壁垒减少，资本更容易自由地流动，使得市场竞争日益激烈；企业要满足社会环境的要求比以往更突出，随着时代的进步，社会也要求企业承担越来越多的责任；与此同时，企业还要遵守社会伦理、法规法纪、保护环境；尽管政府对企业的干预越来越少，企业面临着一个相对宽松的政治环境，但企业还必须关注新的法规政策的走向，注意与政府的意愿保持一致等。

2．股权变动

随着资本市场的不断完善，日益增加的企业购并促进了企业股权结构的变化。同时近几年国有企业实施抓大放小政策，许多国有企业国有股权的退出也推动了中小型国有企业的民营化。外资企业的大量引入也部分性地促进了民营企业与国有企业股权多样化。

股权的变动意味着企业管理方式的改变，较大的股权变动也可能导致原有管理层的退出或调整。而客观上，为了体现新进股东的利益，组织结构的调整成为必然。如国际资本进入民营企业，在组织变革上就可能提出与国际化相适应的组织结构。

3．国家宏观经济政策变动

近年来国家出台的一系列宏观调控政策，对民营企业特别是中小企业的发展产生重大影响。

（1）货币政策的影响。首先，多次上调存款准备金率将冻结大量资金，使得信贷规模总量减少，银行放贷更加谨慎，企业特别是中小型民营企业从银行贷款更加困难。其次，多次加息也会导致民间筹资利率的提高，从而提高企业融资成本。因此，从紧的货币政策将加重民营企业"贷款难"的问题。当然，宏观经济政策绝不仅仅是货币政策，更不只是利率变动。货币政策中还包括控制货币量保持物价稳定，这对企业决策也相当重要。同时，在开放经济中，货币政策还会影响汇率的变动，汇率对企业、尤其是进口原料和出口产品的企业，影响甚大。例如，央行提高了利率，但你仍然要增加投资并不违法、也不违反政策，但顺应宏观经济政策的变动做出企业决策会更加成功。与宏观经济政策逆向而动吃亏的总是自己，谁会这样非理性地决策呢？所以，尽管宏观经济政策并不是强制性的，只是利用经济杠杆来引导企业的行为，但对企业行为和整个经济运行的影响相当大。企业适应环境就包括适应宏观经济政策的变动来调整自己的决策。

（2）调减顺差的影响。2007 年政府出台了一系列调减顺差的政策，使得去年贸易顺差的增速迅速下降，给出口企业特别是中小型民营出口企业带来了较大影响。大多数民营出口企业认为，新执行的出口退税政策调整对企业出口造成了很大或较大的"不利影响"。同时，随着人民币不断升值，企业经营成本不断加大，加上消费和生产资料价格上涨，多重因素作用下，民营出口企业生产经营存在一定困难。

（3）成本上升的影响。例如：2008 年统计数据显示，2007 年 1～11 月流通领域生产资料平均价格同比上涨 5.9%，生产资料价格上涨将直接提高企业生产成本。同时，落实节能减排目标、调整资源税以及加大环境生态保护，都将提高民营企业生产成本。此外，民营企业用工成本也不断上升。由于2007年消费价格（CPI）上涨速度较快，政府提高了最低工资标准，社保资金也随之增加。

（4）财政政策的影响。尽管在发达国家，与货币政策相比，财政政策的作用在下降，但对企业对策同样有重要的影响。财政政策是政府通过政府支出与税收来影响整体经济的运行，不可能不影响企业。政府公共工程支出和购买支出变动引起总需求变动，政府福利支出变动要影响居民收入和消费。这些变动当然是企业决策的因素之一。政府税收的变动不仅直接影响总需求，而且对企业还有更重要的意义。在减税政策中有一种针对企业的投资赋税减免，即企业利润中用于再投资的部分可以减免公司所得税，利用这种政策增加投资，企业当然受益。[①]

13.2.2 环境变动

1. 国际经济环境——全球经济一体化

第一，引起企业经营战略的变化，国际化经营绝对不仅仅是企业经营范围的扩大，企业也不能把已有的生产经营策略自然而然地套用到国际经营活动中。伴随着企业国际化经营的进程，企业往往都要修正甚至制定新的发展战略。由于组织服从于战略，企业战略的变化，必然会导致企业组织变化。

第二，世界经济一体化的事实使得远程协调控制工作变得越来越重要。

第三，应注意不同文化的接触与交融，不同文化背景的企业成员一起工作，人们在思维方式、价值观念、生活习惯、宗教信仰乃至嗜好等方面的差异会反映在日常工作中，容易在上下级和同事之间引起冲突和纠纷。

第四，国际经济存在一些不确定因素。首要因素是美国次级债危机会对美国和世界经济产生巨大影响。次级债危机的爆发使美国经济的潜在风险加大，虽然不会严重危及世界经济。为了本国经济利益，各国都希望别国的市场对自己尽量开放，但同时又都采取各种各样的方式建立贸易壁垒以维护本国企业的利益，从而引发了贸易摩擦，全球经济发展失衡的问题依然存在，贸易保护主义依然盛行等问题也会威胁世界经济。

2. 国内经济环境

中国社会正处于转型期，近三十年改革开放的成果之一是初步建立起了社会主义市场经济体制，中国经济的迅猛发展俨然已使其担负起世界经济新引擎的角色。中国本土企业从来没有像现在这样面临如此多的机遇和挑战，宏观环境以令人瞩目的速度发生着急剧的变迁，微观环境的变化也同样目不暇接，变革已成为现今企业适应环境变化的常态。

---

① 梁小民. 宏观经济政策与企业决策，中国经济时报，2004-12-20。

3. 市场环境变动

变革是企业适应环境变化的需要。市场是推动企业组织变革的重要力量之一。企业组织的有效性与可行性唯一的评价标准是市场，只有适应市场化的组织结构才能满足企业持续发展的需要。从我国大型国有上市公司的组织变革来看，更多地采用了适应市场化的组织变革模式，如独立董事制的产生，战略委员会作用的不断加强，审计委员会或投资委员会的尽责机制等等，这些都推动了上市公司组织向市场化组织结构的转变。特别是我国一些跨国经营的上市公司，他们在国外公司的组织结构更多地采用国际上比较规范的企业组织方式。如强调投资项目前期组织的建立，强调计划部门的设计。目前我国大型企业，如中国石油、中国联通就在组织结构的设计上采用了适应市场竞争的组织结构。因为任何组织都生存于复杂的社会环境中，离不开与环境进行能量、物质和信息的交流与互动，组织不可能完全控制外部环境，只有不断调整自身，才能适应环境的变化。

4. 企业经营环境的变化

随着商业竞争的白热化，很多企业都曾在不同时期面临诸如利润率下降、企业员工忠诚度下降、产品出现质量滑坡等困境，当企业跟不上变化后的经营环境需求时，企业就必须做出变革，寻找适合自己企业的管理思想和管理体系，对内部管理部门、岗位、工作流程等组织要素进行必要的调整与改善，促进企业的进一步发展。诸如国民经济增长速度的变化、产业结构的调整、政府经济政策的调整、科学技术的发展引起产品和工艺的变革等。企业组织结构是实现企业战略目标的手段，企业外部环境的变化必然要求企业组织结构做出适应性的调整。

13.2.3　新技术不断变化

以信息技术为龙头的技术革命正在世界范围内兴起。组织的任何活动都需要利用一定的技术和反映一定技术水平的特殊手段来进行。技术以及技术设备的水平，不仅影响组织活动的效果和效率，而且会对组织的职务设置与部门划分、部门间的关系，以及组织结构的形式和总体特征等产生相当程度的影响。工作站、传真机、移动电话、国际电脑信息网和个人计算机的应用，不但从根本上改变了信息传递的方式，而且渗透到了人们的行为、价值观以及企业文化等诸多方面。这些变化必然导致组织结构的重组，权力的重新分配和决策方式的改变。

简而言之，单是技术方面就已经使我们的生活、娱乐、工作和沟通方式发生了根本性变化。技术进步、发展正在改变组织中各个等级的工作性质，简单的、程序化的工作正在被复杂的、非程序化的工作所取代，革新精神和创造性正在成为最重要的管理技能。如企业实行技术改造，引进新的设备要求技术服务部门的加强以及技术、生产、营销等部门的调整。这一切都将促使企业不断地变革。

其次，伴随着技术进步，组织的发展，组织活动的内容回日趋复杂，人数会逐渐增多，活动的规模和范围会越来越大，组织结构也必须随之调整，才能适应成长后的组织的新情况。组织变革伴随着企业成长的各个时期，不同成长阶段要求不同的组织模式与之相适应。

管理者如果不能在组织步入新的发展阶段之际及时地、有针对性地变革其组织设计，那就容易引发组织发展的危机。这种危机的有效解决，必须依靠组织结构的变更。因此，企业为了能继续存在和发展，其组织必须不断改进，增强组织的灵活性，以对市场环境的迅速变化做出及时有效的反应。

再从生产作业技术来看，组织将投入转换为产出所使用的过程和方法，在常规化程度上是各不相同的。越是常规化的技术，越需要高度结构化的组织。反之，非常规的技术，要求更大的结构灵活性。

从上面介绍的企业组织变革原因来看，不同的企业有不同的变革原因。但这些都说明，当今企业处于一个迅速多变的环境之中，企业只有通过变革才能与环境相适应，从而在激烈的市场竞争中求得生存与发展。经验和教训都告诉我们：唯有变革、不断地顽强地变革，才是摆脱困境，通往成功的出路。

13.3　对变革的抵制

伴随着信息时代的到来和企业国际化的强劲趋势，企业变革也日益摆到了中国企业的经营日程上来。但对多数中国企业而言，企业变革还是一个新事物，或者有些企业虽已实施变革，但效果同样并不令人满意。组织变革是一个不以人的意志为转移的客观必然，既包含着无限的生机，更蕴藏着巨大的风险。因为在组织中除了存在促进其变革的因素，同时还存在着反抗变革的力量。每一位实施变革的管理者必须正视变革的阻力，并采取各种积极有效的措施来消除、化解这些阻力，确保组织变革的顺利实施。

抵制组织变革的原因

管理心理学研究发现，组织变革常常会遇到来自各个方面的抵制和反对。常见的抵制现象有：（1）生产量，销售量和经济效益持续下降；（2）消极怠工、办事拖拉、等待；（3）离职人数增加；（4）发生争吵与敌对行为，人事纠纷增多；（5）提出许多似是而非的反对变革的理由等等。组织变革阻力产生的原因在于人们害怕变革的风险，认为变革不符合公司的最佳利益或是害怕变革给自己的利益带来冲击。[①]

常见的组织变革阻力可以分为三类：

---

① 蔡美德，林昭文. 对领导变革的抵制与对策分析[J]，经济师，2005（8），第142～143页。

（1）组织因素。在组织变革中，在组织层面上产生变革阻力的因素有很多，它既包括了组织结构，规章制度等显性阻力，还包括了组织文化，氛围，员工的工作习惯等隐性阻力。但组织惰性是形成变革阻力主要的因素。这是指组织在面临变革形势时表现得比较刻板、缺乏灵活性，难以适应环境的要求或者内部的变革

需求。造成组织惰性的因素较多，例如，组织内部体制不顺、决策程序不良、职能焦点狭窄、层次结构和陈旧文化等，都会使组织产生惰性。①

由于组织变革会对组织内部各部门，各个群体的利益进行重新分配，那些原本在组织中权利较大，地位较高的部门和群体必然会将变革视为一种威胁。因此，在某种程度上，组织的性质是抗拒变革的，为了保护自身利益常常会抵制变革。另外，相对组织内的显性阻力而言，组织内的隐性阻力就更加隐蔽，而且一时间难以克服。

组织内的文化，员工的工作方式已经成为一种工作习惯。在长期的工作中，员工与员工之间，员工与领导之间，员工与组织之间已经形成了某种默契或契约，一旦实行变革，就意味着改变员工业已形成的工作关系和工作方式，必然会引起员工的不满。

（2）个体因素。个人层面的阻力主要是来源于员工的个性心理和经济利益的驱使，变革阻力的力度较小，但却是构组织变革阻力的基本单元。

首先，员工对待组织变革的态度与其个性有十分密切的关系。由于变革会打破现状，破坏已有的均衡，必然会损害一部分人的既得利益，这类人常常是组织变革的最大抵触者。那些敢于接受挑战，乐于创新，具有全局观念，有较强适应能力的人通常变革的意识较为强烈。而那些有强烈成就欲望的人，或是一些因循守旧，心胸狭窄，崇尚稳定的人对变革的容忍度较低，变革的抵触情绪较大。

其次，一些员工对企业变革的紧迫性认识不足，认为变革没有必要，企业推动变革是多此一举，并且会对自己的利益造成损害。更有甚者，为了维护个人利益，常常捏造事实，散步谣言。

最后，员工对变革的后果不确定。在实施变革的过程中，一些员工虽然认识到了变革的迫切要求，但却不能准确的把握变革实施的后果，他们常常会对变革产生各种猜疑，认为变革有可能达不到预期的效果，很可能会对组织，个人的利益产生损害。这类人常常认为变革是在冒风险。因此，在变革的过程中，他们常常依附于群体的态度倾向，有的甚至公开抵制变革。具体来讲，抗拒组织变革的原因如下：

- 不确定性（产生不安全感）
- 怀疑变革的效果
- 威胁到个人经济利益（既得利益）
- 变革威胁到传统规范与价值的改变
- 威胁到群体关系的改变

---

① 张军果，杨维霞. 企业变革的阻力及对策分析[J]，商业研究，2006（9），第 78～80 页。

- 威胁到权力结构的转变
- 可能增加的工作量或不方便
- 变革目的、内涵及做法遭到误解

13.4　组织变革阻力的克服

面对千变万化的内、外部环境，作为企业中高层管理者，如何降低组织变革的抗拒？一句话，那就是变：不仅要发现变化、适应变化，还要去寻求变化、应对变化，要打造组织的"应变力"。[①]

- 教育与沟通（与员工充分的沟通 ）
- 参与投入
- 协助与支持
- 磋商与协议（注意权益分配的均衡性）
- 操控与表决（掌控组织中群体的影响力）
- 暗示与明示强迫

管理心理学提出了若干有效的途径，以克服对于组织变革的抵制或阻力：

（1）首先，必须要有一个结构化的、主动的变革方案。这是开展变革活动的先决条件。包括交流沟通的方式、由变革倡议者所设计的变革流程图、支持整个方案的培训计划以及克服变革阻力的策略。这就是所谓的"有计划的变革"，它是主动的、有目的的变革活动，而不是为了应对意外情况所做出的临时反应。其次，准备一个整合计划。由于组织的成败主要取决于员工工作的成败，所以，有计划的变革要关注组织中个体和群体行为的改变，包括人们的工作行为和人际交往行为。因此，在实施变革时，管理者要确保将员工的实际活动与变革行动方案协调统一起来。这就需要组织对管理者进行相应的培训，帮助他们理解如何使用变革管理的模型，来管理下属及他们的行为。最后，主动寻找适合变革需求的构思。寻找沟通通常的途径是：与管理人员交谈、指派一个任务小组专门研究变革问题、向客户和供应商发出征求构思的信函、向普通员工征求构思方案等。寻找构思的过程，也是让员工积极参与变革的好机会。[②]

（2）教育和沟通，让员工明白变革的意义，消除员工对变革的抵触。加强教育和沟通，是克服组织变革阻力的有效途径。通过教育和沟通，分享情报资料，不仅带来相同的认识，

① 大卫·弗思著，傅佳，王磊，黄莺译. 摧毁陈旧的变革模式——寻找一个顺应当今时代的变革模式[M]. 上海远东出版社，2002，第11～15页。
② 常苗苗. 变革管理——成也员工，败也员工[J]，管理人，2007（7），第14～16页。

而且在群体成员中形成一种感觉，即他们在计划变革中起着作用。他们会有一定的责任感。同时，在变革的实施过程中，要让员工理解变革的实施方案，并且要尽可能的听取员工的意见和建议，让员工参与到变革中来。与此同时，企业还应该时刻地关注员工的心理变化，要选择逻辑思维能力强的人及时与员工交流，与员工谈话，并预先明确需要传达的信息。在适当的时候可以作出某种承诺，以消除员工的心理顾虑。

（3）适当地运用激励手段。在组织变革的过程中适当运用激励手段，将达到意想不到的效果。一方面，企业可以在变革实施的过程中，提高员工的工资和福利待遇，使员工感受到变革的好处和希望。另一方面，企业可以对一些员工予以重用，以稳住关键员工，消除他们的顾虑，使他们安心地为企业工作。管理者应该塑造一个勇于冒险和创新的组织文化，以使组织上下不仅能较快地适应变革，而且在进行变革的过程中，创新对改善变革有所助益。因为变革本身也是一个探索的过程，难免会有考虑不周的时候，创新可以弥补变革的缺失。

（4）设立变革团队。企业可以设立独立的创新部门或者风险团队，他们的任务就是不断创新变革。另外可以设立专门的组织来检查变革实施的效果如何。有些企业的做法是成立专门的管理变革部，也可以把这些职能交给战略部门或者综合管理部门。

（5）注意变革的策略和艺术。变革是革命，但不等于蛮干，要特别注意策略和艺术。组织变革是一个复杂的、循序渐进的过程。在这一过程中。人们对变革的认识和反应也是不相同的。在管理变革时，管理者需要说明的问题：什么正在发生改变？它们为什么要改变？这种改变将会给你的领域带来怎样的影响？这种改变将会给个人带来怎样的影响？如果员工不支持变革，你将如何应对？因此，要使变革顺利进行，管理者必须合理安排变革的时间和进程，要选好时机，把握分寸，循序渐进，配套进行。在变革前，应详细分析可能发生的各种问题，预先采取防范措施，从而为组织创造最好的变革环境与变革气氛。[①]总之，如何消除员工对变革的抵制有以下方法：

① 帮助员工弄明白为什么他们难以接受改变；
② 将员工纳入变革决策过程中；
③ 明确每个人的工作职责；
④ 创造一个支持性的工作环境；
⑤ 鼓励管理者和员工尝试冒险和开拓创新；
⑥ 减轻工作压力，提前通知人们将发生什么；
⑦ 改变，并努力保持幽默感；
⑧ 教导员工、构建团队，培养员工的主人翁责任感。

---

① 徐世勇．压力管理——一种人力资源管理的视角[J]，甘肃社会科学，2007（3），第131～135页。

13.5　组织变革可能造成工作压力

13.5.1　压力及其来源

所谓压力，是指个体对某一没有足够能力应对的重要情景的情绪与生理紧张反应。压力所表现出的常见症状或信号有：第一，生理方面：心悸和胸部疼痛、头痛、掌心冰冷或出汗、消化系统问题（如胃部不适、腹泻等）、恶心或呕吐、免疫力降低等；第二，情绪方面：易怒、急躁、忧虑、紧张、冷漠、焦虑不安、崩溃等；第三，行为方面：失眠、过度吸烟喝酒、拖延事情、迟到缺勤、停止娱乐、嗜吃或厌食、贪镇静药等；第四，精神方面：注意力难集中，表达能力、记忆力、判断力下降，持续性地对自己及周围环境持消极态度、优柔寡断等。企业领导者和管理者应敏感地觉察、注意到自己及下属身上的种种压力信号，综合考察各方面压力源，若发现确实存在过度压力，则应及时采取压力管理、压力控制等措施以达到防微杜渐。[①]

企业管理者尤其是人力资源管理人员在实施员工压力管理活动时，首先要弄清楚导致员工压力的起因，即压力源。压力源从形式上可分为工作压力源、生活压力源和社会压力源三种。见表 13-1 所示：

表 13-1　压力的来源

压力来源	压力征兆
工作压力源	工作超载、工作欠载、工作条件恶劣、时间压力；角色冲突、角色模糊、个人职责、无法参与决策；人际关系，与上司、同事、下属关系紧张，不善于授权；组织变革，如并购、重组、裁员等
生活压力源	配偶死亡、离婚、夫妻分居、拘禁、家庭成员死亡、外伤或生病、结婚、解雇、复婚、退休；工作与家庭的冲突等
社会压力源	社会地位、经济实力、生活条件、财务问题、住房问题等

13.5.2　减轻员工压力的措施

压力虽然看不到、摸不着，但我们每个人又都能真切地感受到它的存在。过度、持续的压力会导致员工严重的身心疾病，而对员工的影响更会逐步波及企业，使员工个人和企业都蒙受巨大的损失。但适当的压力是必要的，没有压力便没有动力，因此，重视员工压力管理，已成为现代企业人力资源管理的一个重要方面。压力管理从企业角度和员工角度两个角度来阐述：

---

① 陈家文. 企业员工的压力分析及压力管理[J]，Economic & Trade Update，Vol.6，Sum.No.118 Oct.2008.

1. 企业角度

（1）建立支持性和开放性的组织氛围

对组织变革有益的组织氛围首先应是开放，即信息的交流和意见的分享对所有人都是开放而畅通的。一方面组织应把所有与变革有关、与员工有关的信息及时准确的传递给员工，这样会避免一些不必要的猜测和模糊；另一方面组织应敢于倾听员工的心声，包括疑问、顾虑和不满，在与组织的倾诉和互动中，员工很多担心、紧张及挫败感会得到很大缓解，同时员工会变得更理解组织变革的意图和方向。支持性的管理氛围可以大大减轻人际关系的冲突和紧张感，也可帮助员工摆脱角色定位不清带来的困扰。

（2）建立职业发展保障计划，提供工作技能培训

① 制定员工的职业生涯发展规划。人才在成长过程中，经常要面临成长瓶颈的困惑和压力，这就需要企业制定员工的职业生涯发展规划，通过"职业发展阶梯"和"职业生涯通道"，在尊重人才意愿的基础上，帮助人才开发各种知识与技能，解决人才成长过程中面临的职业发展压力。

② 开展职业咨询与压力辅导。第一，组织在变革过程中要向员工提供现实的和诚实的工作变动说明。例如，某公司在组织变革初期，向员工承诺半年内不裁员，这大大减少了员工的恐慌，更是防止了很多过激行为。第二，通过评估面谈机制，减少未来和职业潜力的不确定性对员工造成的压力，即组织通过上级或人力资源部门与员工讨论职业机会、培训、个人发展需要等问题，让员工明确组织变革给职业发展带来的机会、以及员工未来可能的定位。这样的沟通不仅减轻了员工的心理压力，更重要的是保留住核心员工，不因组织变革而流失。[①]

③ 提供工作技能培训。如果说沟通面谈能让员工认识到因工作需要而改变职业方向是不可避免的，那么技能培训则使员工有能力胜任新的工作要求。通过培训的员工，自身的竞争力得到了增强，自信心也随之增加了，强烈的不稳定感和心理压力也会得到缓解。

（3）改善员工对变革的参与感和控制感

已有研究表明，如果员工对环境高水平的控制感，对工作满意度和心理健康均有有益的影响，那么组织应采取一些方法让员工参与到组织变革中来，提高员工对变革及对环境的控制感。很多现代企业运用的半自治小组、持续改进小组、质量圆桌会、员工提案制度等都是很好方法，其最终目的是授权员工，让他们参与到实际的变革中来，并让他们感觉到组织的变革成果有自己贡献的一份力量。

（4）帮助员工提高应对压力的能力

真正去分析自己的心理状态，主动改善自身应对能力的人寥寥无几。组织在变革过程中，除了运用一些管理手段、机制、方法来缓解员工，更应该帮助员工了解自我、提高应

---

① 徐晨. 试论企业变革管理与沟通[J]，市场周刊·理论研究，2008（7），第 37～38 页。

对压力的能力，进而以健康的心理状态投身到变革中去。目前，在国外大型企业中最流行一种做法就是引入 EAP（员工帮助计划），通过专业机构为员工提供以心理层面为主的各种服务，包括心理诊断、心理健康知识宣传、心理培训、心理咨询与治疗以及其他方面的咨询与行为矫正。国内有些大型企业也越来越重视这一点，某大型国有企业在组织变革的酝酿期就请心理专家为员工进行心理评估、心理健康和压力管理培训、并对部分问题员工进行了个别心理咨询。因为事先充分的准备，在组织变革启动后，员工大多数都能从容、理性地对待，员工未对企业改革进程造成任何不良影响。①

达尔文有句名言："能够生存下来的，既不是最健壮的，也不是最聪明的，而是最能够适应变化的物种。"同样有助于组织变革的，既不是最能干的，也不是最聪明的，而最能够适应变化、应对压力的员工。组织在变革中，要关注员工的压力状态与反应，更要通过各种手段帮助员工摆脱压力困扰，以健康积极的心态面对变革。

2. 员工角度

从员工的角度来看，如何处理好个人所面临的压力，对个体的身心健康起着至关重要的作用。因此，在市场竞争日益激烈的情况下，员工尤其有必要做好自身的压力管理。

（1）预见和评估压力。许多我们体验过的压力的来源，事先是可以预期的。因此，员工在工作过程中，要做好个人的职业生涯规划，熟悉企业文化或内在潜规则，对可能出现的压力做好评估和预测，增强工作积极性，保持乐观的生活态度。

（2）接受和释放压力。运动解压：运动是缓解压力的一种迅速且有效的渠道。公司可以设置一个专门的活动室，以供员工在闲暇时进行体育锻炼。另外，员工可以在自己的办公室内进行简单的四肢伸展运动，同样能达到放松的效果。交流解压：交流是释放压力的另外一种渠道。每周每个部门的主管和自己的下属安排一次一对一的面谈，面谈时更多的是在谈计划，上下级的交流在平时就是靠这些一对一的面谈来进行。

（3）思维控制：通过调整自己的想法减轻压力。当员工在工作中出现非理性信念时，情绪往往变得低落。因此，员工在平时就应该注意发现自己的不良情绪以及引发不良情绪的认知原因，并把它们一一记录下来，然后尝试使用合理的观念去替代这些非理性的信念，这样也能有效地控制压力。开怀大笑：通过看幽默故事、讲笑话来使自己开怀大笑。心理学研究表明，一个经常开怀大笑的人往往也会从乐观的角度看问题。

【复习思考题】

1. 组织变革的动因是什么？
2. 组织变革对员工造成的影响是什么？

---

① 徐世勇．压力管理——一种人力资源管理的视角[J]，甘肃社会科学，2007（3），第 131～135 页。

3. 组织变革为什么经常受到抵制？
4. 影响人们对组织变革反应的其他因素有哪些？
5. 简述变革的管理目标？
6. 压力的成因是什么？在压力下人们会做什么？
7. 管理者和同事怎样帮助员工消除压力？

CHAPTER 14   THE BASICS OF STARTING A BUSINESS

14.1   PLANNING

Planning is appropriate for any organization that wants to approach the future with a plan of action. The future comes whether you are prepared for it or not. Business planning helps you anticipate the future and make well-informed decisions because you have thought about the alternatives you will be facing.

There are five functions of business management: Plan, Organize, Staff, Direct, and Control. Planning is the first of the five and establishes the basis needed to do the other functions successfully. Organizing, staffing, and directing are necessary functions if you are going to incorporate your business or have employees. The control function is the actual operation of your business once the other planning phases have been completed.

Can't I hire someone to do this for me?

No! This is your business we are talking about. If planning the business is to be useful, it must reflect your ideas and efforts - not those of an outsider. If you feel more comfortable obtaining outside assistance, use that help to review what you have done and make suggestions. But you must make the initial attempt at developing your plan. The first step in the planning process is to develop the goals you have for your business.

Goals are targets for your business. They can cover a short or long time period. Each goal must be stated in a quantitative manner that allows you to track progress toward the goal. In other words, every goal must be measurable.

Each goal should be identified with a function of the business and assigned to an individual. Some goals may be applicable to the entire company, but some functions should be related to meeting the goal. It is important that all goals are compatible with each other.

When setting goals, answer the following questions: What? Why? How? When? Who? and Where? Goals can be set for any aspect of your business, but targets are commonly set for the following: *Sales Volume, Profit, Customer Satisfaction, Owner Compensation, Number of Employees, Owner Time Commitment, and Assets.*

It is a good idea to have from five to seven goals. Fewer than that will not be challenging and it is difficult to focus on more than that.

14.2   MARKET RESEARCH

Market research is a systematic, objective collection and analysis of data about your target market, competition, and/or environment with the goal being increased understanding. Through the <u>market research process,</u> you can take *data*–a variety of related or non-related facts–and create useful *information* to guide your business decisions. Market research is not an activity conducted only once; it is an ongoing study.

Benefits of Market Research

Information gained through marketing research isn't just "nice to know". It's solid information that can guide your most important strategic business decisions. Market research is effective when the findings or conclusions you reach have a value that exceeds the cost of the research itself.

For example, if you spend $500 on market research activities that yields information leading to a revenue increase of $5,000, the research was well worth it! Suppose you spend $500 on a customer survey that uncovers an unmet customer need. You'll have the opportunity to offer a new product or service (or alter your existing product or service) to meet the need and gain new revenues.

（1）*Market research guides your communication with current and potential customers.*

Once you have good research, you should be able to formulate more effective and targeted marketing campaigns that speak directly to the people you're trying to reach in a way that interests them. For example, some retail stores ask customers for their zip codes at the point of purchase. This information, which pinpoints where their customers live, will help the store's managers plan suitable direct mail campaigns.

（2）*Market research helps you identify opportunities in the marketplace.*

For example, if you are planning to open a retail outlet in a particular geographic location and have discovered that no such retail outlet currently exists, you have identified an opportunity. The opportunity for success increases if the location is in a highly populated area with residents who match your target market characteristics. The same might be true of a service you plan to offer in a specific geographic area or even globally, via the Internet.

（3）*Market research minimizes the risk of doing business.*

Instead of identifying opportunities, the results of some market research may indicate that you should not pursue a planned course of action. For example, marketing information may indicate that a marketplace is saturated with the type of service you plan to offer. This may cause you to alter your product offering or choose another location.

（4）*Market research uncovers and identifies potential problems.*

Suppose your new retail outlet is thriving at its location on the main road through town. Through research you learn that in two years, the city is planning a by-pass, or alternate route, to ease traffic congestion through town. You've identified a potential problem!

（5）*Market research creates benchmarks and helps you track your progress.*

It's important to know, for later comparisons, the position of your business at particular moments in time. Ongoing market research allows you to make comparisons against your benchmark measurements as well as chart your progress between research intervals (such as successive annual surveys).

（6）*Market research helps you evaluate your success.*

Information gathered through market research helps you to determine if you're reaching your goals. In the above example, if your product's target market is women between the ages of 35 and 50, then you're making progress toward your goal. (If not, this information can indicate a needed change in marketing strategy.)

What Market Research Can Tell You

- *Market segmentation studies* provide information about the characteristics shared by your customers. This data provides answers to questions such as: Who are my customers? What is the size of their population? What percentage is female? What are their ages, races, income and education levels? What are their occupations, skills, interests and hobbies? How many children do they have? Do they have pets? Where do they live and work?

- *Purchasing power and buying habits* information uncovers the financial strength and economic attributes shared by your target market. Some questions to be answered include: What is the average dollar amount spent on purchases or products or services similar to mine? What are the financing needs of my target market? What is their current usage of my services? When do they purchase? Where do they shop? Why do they decide to buy? How often do they buy? How much do they buy at a time?

- *Psychological aspects of the market* is information regarding the perceived opinions and values held and shared by consumers in your market. Questions to be answered:

What is the reaction of the market to my programs or services? How does the market compare my company to other businesses? What qualities and characteristics do my customers deem important? Who makes the decisions to buy in the family or company? What are the deciding factors in making a purchase? Do they only want the best for their family? Are they looking for convenience and time-saving devices?

- *Marketplace competition* is information about the other companies within your area of business. Research answers these questions: Who are my primary competitors in the market? How do they compete with me? In what ways do they not compete with me? What are their strengths and weaknesses? Are there profitable opportunities based upon their weaknesses? What is their market niche? What makes my business unique from the others?

- *Environmental factors* information uncovers economical and political circumstances that can influence your productivity and operations. Questions to be answered include: What are the current and future population trends? What are the current and future socio-economic trends? What effects do economic and political policies have on the target market or my industry? What are the growth expectations for my market? What outside factors influence the industry's performance? What are the trends for this market and for the economy? Is the industry growing or declining?

14.3   SELECTING A NAME FOR YOUR BUSINESS

The name you choose for your business now will continue to influence the initial impression customers have of you in the future. The name of your business will determine how easily your customers can find your business and information about you in phone books and other directories. It will also provide a snapshot of your business which your customers will use to develop their very first impression of you.

To do research on the business names of your competitors so as to determine which names catch your attention and which ones are easy to neglect. When you come up with a list of name options, bounce them off of people who know you as well as people who don't.

When selecting a business name, you should think about the following issues:

1. Make the name easy to understand, spell, pronounce, remember, and find in the telephone directory listing.

2. Project your business image in the name. Include words such as service, speed, quality, skill, low cost, experience, effectiveness, etc., in the name depending on what you emphasize in your business. The type of product or service you provide, such as cleaning, catering, or consulting, should also be included in the name to help the customer remember who you are.

3. Remember that periods, spaces, and first words such as "an" or "the" will change alphabetical listing of your business in directories. Acronyms or abbreviations can confuse the customer looking for your name in a listing.

4. Terms such as "corporation" or "incorporation" should not be used unless your business is incorporated.

5. Do not select a name similar or identical to that of another business. It will confuse the customer and anger the other business.

When you have an idea for your business name, you will need to make sure no other business is using it. You may even want to make a list of several possibilities in case one is taken. Although it may be a coincidence that you use the same name as another business, one of you will have to go through the expense of changing your name. If the other business registered it, you will have to bear that burden even if you have been using it longer. Save yourself the trouble and do your homework in the beginning.

14.4 CHOOSING A LOCATION FOR YOUR BUSINESS

When its time to select the location for your new business, or you're ready to expand or move into a new location, be sure and consider the following questions.

When selecting the general area:
- Is the site located near potential customers?
- Where is the competition?
- How long have the competitors been in this area, and how strong are they?
- Are there potential employees nearby?
- Is the area convenient for you?
- Is the location convenient and accessible to traffic? Near public transportation? Accessible by pedestrians?
- What are the occupancy rates in the area?
- What is the business climate in the area?

- Is the area growing or declining?
- What are market rents for the type of space desired?
- What services does the town or city provide?
- Are there zoning regulations or signage restrictions that will affect your business?
- How safe is the area?
- Are there adequate support services nearby, such as suppliers, printers, distribution centers, etc.?
- Are there conveniences for you and your staff, such as restaurants, cleaners, shops, etc.?

Once you've narrowed down the area, evaluate the location:
- Is there adequate parking for employees, customers, delivery vehicles?
- Will you have to pay extra for parking?
- Is the rent affordable?
- Is there room for expansion?
- Can you get insurance at a reasonable cost at this location?
- Are there any building or health codes that would affect your business?
- Are there adequate storage facilities on site?
- Will you be able to have good visibility and signage?
- Will people be able to find you?
- Does the building or location have the amenities that you need?
- Have you considered your finish out requirements?
- Does the location have adequate wiring, including for voice and data communications?

14.5   BUSINESS PLAN BASICS

A *business plan* is a blueprint of your company, presented in standard business format that is logical and well documented. A good business plan is also:
- *A strategic vision of your company*
- *Your most important communication tool*
- *A document to obtain working capital and/or investments*
- *A tool for planning, measuring and improving performance*
- *A basis for sound decision-making*
- *A way to motivate employees*

Why is a Business Plan important?

The success of your business depends largely upon the decisions you make. A business plan allocates resources and measures the results of your actions, helping you set realistic goals and make decisions.

You may have asked yourself, why should I spend my time and energy drawing up a business plan? Remember, first and foremost that lack of planning leaves you poorly equipped to anticipate future decisions and actions you must make or take to run your business successfully.

On the other hand, a sound plan can act as:

- *A reality check.*

The process of putting a business plan together, including the thought you put in before you begin to write it, forces you to take an objective, critical, unemotional look at your business project in its entirety.

- *A performance tool.*

Your written business plan is an operating tool which, when properly used, will help you manage your business and work effectively towards its Success. Your business plan will allow you to set realistic goals and objectives for your company's performance, and, if maintained, will also provide a basis for evaluating and controlling the company's performance in the future.

- *A message sender.*

The completed business plan communicates your company's ideas and message to employees, outside directors, lenders, and potential investors outside your company. A business plan helps you do that in an organized, credible manner. Also, the process of planning helps you determine if your vision is realistic, and tells you what you need to do in order to achieve it.

- *A motivation tool.*

The development of your business plan is one of the best ways for you to communicate how well you understand your business and describe your vision of your business. Without proper planning, it becomes impossible for you to get all of your employees reading off the same page of the book and generating energy through high levels of team work. It is impossible to motivate people when they do not know where they are going or what they are trying to achieve.

- *A management development tool.*

Putting together your business plan will help you develop as a manager because it can give you practice in thinking and figuring out problems about competitive conditions, promotional opportunities, and situations that are or may be beneficial or harmful to your business.

- *A road map.*

Your business plan, once it is completed, will give you and your employees' goals and direction: a roadmap to follow in guiding your business through good and bad times.

The three important things a Business Plan must provide are the following:

- *Evidence of focus.* What one thing (or several things) do you do exceptionally well?

- *Understanding of who your target customers are.* Define or list your target customers.

- *An appreciation of investor or lender needs.* What are some of the needs of the lender? Of an investor?

14.6   PREPARING A BUSINESS PLAN

Whether you are writing your business plan for the first time or rewriting it for the twentieth, there are certain steps you can follow in order to make the process easier.

- **Step 1—Identify your objectives.**

The first step in preparing your business plan is to determine who your audience is going to be and what they want to know about your company. Then, you must determine what you want your audience to know. What are the areas you want to emphasize? What are the ones you want to downplay or eliminate? Once you have resolved any conflicts between these two viewpoints, you are ready to move to Step 2.

- **Step 2—Outline your business plan.**

Now that you have identified your objectives, you can begin preparing an outline of your business plan based on these special requirements. An outline can be as general or as specific as you would like. However, the more specific it is, the easier the writing process will be.

- **Step 3—Review your outline.**

The next step is to review your outline. Based on your readers and your objectives, identify the areas that should be presented in detail or summary form in your business plan. Remember that your business plan should maintain a fairly high-level focus. Any detail information can be included in the appendix section of your business plan or on a request basis.

- **Step 4—Write your plan.**

Depending on the age of your business and your experience writing business plans, the order in which you develop the specific elements of your business plan will vary.

- ***Gather information.***

Most people will begin by gathering historical financial information and market research information first. You will use this information to make many of the basic assumptions and strategies that you will include in your plan.

- ***Prepare drafts.***

The next step in writing your business plan is to prepare initial drafts of your prospective financial statements. Your financial statements will help you determine which strategies are "doable" from a financial perspective before you spend time and energy writing detailed descriptions of each area.

- ***Write summary.***

The last step in writing your business plan is to prepare an Executive Summary. Even though this document comes at the beginning of your business plan, it is written last because it includes a summarization of all of the other sections.

- **Step 5—Have your plan reviewed.**

Since it is often difficult to be critical of your own creation, you will want to have someone who is familiar with the planning process and business management review your business plan for completeness, logic, effectiveness as a communication tool, and presentation. Then, make any necessary revisions based on the person's comments.

Remember that it is important to update your business plan on a regular basis or it will become useless.

14.7   ELEMENTS OF A GOOD BUSINESS PLAN

Comprehensive, in-depth research is the key to developing an effective business plan. Without adequate research, your plan will come across as vague or shallow and anyone reviewing your plan will wonder if you really know what you are talking about.

As any good salesperson knows, you have to know everything you can about your product in order to persuade someone to buy it. In this case, YOU are the salesperson and your product is your business. Your customers are potential investors and employees. Since you want your customers to believe in you, you must be able to convince them that you know what you are talking about when it comes to your business.

To become an expert (or to fine-tune your knowledge if you already believe you are one), you must be willing to roll up your sleeves and begin digging through information. Since not all information that you gather will be relevant to the development of your business plan, it will help you to know what you are looking for before you get started.

In order to help you with this process, an outline has been developed of the essential elements a good business plan will include along with the questions you need to ask yourself as you gather your research data.

Every successful business plan should include something about each of the following areas since these are what make up the essential elements of a good business plan:

- Executive Summary
- Market Analysis
- Company Description
- Organization and Management
- Marketing and Sales Strategies
- Service or Product Line
- Funding Request
- Financials
- Appendix

Part 1: The Executive Summary

The Executive Summary is the most important section of your business plan. It provides a concise overview of the entire plan along with a history of your company. This section tells your reader where your company is and where you want to take it. It's the first thing your readers see.

Therefore, it is the thing that will either grab their interest and make them want to keep reading . . . or make them want to put it down and forget about it. More than anything else, this section is important because it tells the reader "why" you think your business idea will be Successful.

Part 2: Market Analysis

The Market Analysis section should illustrate your knowledge about the particular industry your business is in. It should also present general highlights and conclusions of any marketing research data you have collected. However, the specific details of your marketing research studies should be moved to the appendix section of your business plan. This section should include: an industry description and outlook; target market information; market test results; lead times; and an evaluation of your competition.

Part 3: Company Description

Without going into detail, this section should include a high level look at how all of the different elements of your business fit together. The Company Description section should include information about the nature of your business as well as list the primary factors that you believe will make your business a success.

When defining the nature of your business (or "why" you're in business), be sure to list the marketplace needs that you are trying to satisfy and include the ways in which you plan to satisfy these needs using your products or services. Finally, list the specific individuals and/or organizations that you have identified as having these needs.

Part 4: Organization & Management

This section should include: your company's organizational structure; details about the ownership of your company; profiles of your management team; and the qualifications of your board of directors.

Who does what in your business? What is their background and why are you bringing them into the business as board members or employees? What are they responsible for? These may seem like unnecessary questions to answer in a one or two person organization, but the people reading your business plan want to know who's in charge. So tell them. Give a detailed description of each division or department and its function.

Part 5: Marketing and Sales Strategies

Marketing is the process of creating customers … and customers are the lifeblood of your business. In this section, the first thing you want to do is define your marketing strategy. There is no single "right" way to approach a marketing strategy. Your marketing strategy should be part of an ongoing self-evaluation process, and unique to your company.

Once you have defined your marketing strategy, you can then define your sales strategy. How do you plan to actually sell your product? Your overall sales strategy should include a sales force strategy and your sales activities.

Part 6: Service or Product Line

What are you selling? In this section, you describe your service or product emphasizing the benefits to potential and current customers. Focus on the areas where you have a distinct advantage. Identify the problem in your target market for which your service or product provides a solution.

Give the reader hard evidence that people are, or will be, willing to pay for your solution versus others. List your company's services and products and attach any marketing/promotional materials. Provide details regarding suppliers, availability of products/services, and service or product costs. Also, include information addressing new services or products which will soon be added to the company's line.

Part 7: Funding Request

In this section, you will request the amount of funding you will need to start or expand your business. If necessary, you can include different funding scenarios such as a best and worst case scenario. But remember that, later, in the financial section, you must be able to back up these requests and scenarios with corresponding financial statements.

You will want to include the following in this section: your current funding requirement; your future funding requirements over the next five years; how you will use the funds you receive; and any long-range financial strategies that you are planning that would have any type of impact on your funding request.

Part 8: The Appendix

The appendix section should be provided to readers on an as-needed basis. In other words, it should not be included with the main body of your business plan. Your business plan is your communication tool. As such, it will be seen by a lot of people.

Some of the information in the business section you will not want everyone to see. However, specific individuals (such as creditors) may want access to this information in order to make lending decisions. Therefore, it is important to have the appendix within easy reach.

The appendix would include credit history, resumes of key managers, product pictures, letters of reference, details of market studies, licenses, permits, or patents, legal documents, building permits, contracts, list of business consultants, including attorney and accountant.

Questions:

Question 1

Define Planning.

Question 2

Explain each of the functions of business management:
- Plan
- Organize
- Staff
- Direct
- Control

Question 3

Define the following:

- Goals
- Market Research

Question 4
List down the benefits of market research?

Question 5
What are the things market research can tell?

Question 6
Enumerate the factors to consider when selecting a business name.

Question 7
Enumerate the factors to consider when choosing a location for a business.

Question 8
What is a Business Plan?

Question 9
Why is a Business Plan important?

Question 10
What are the three important things a Business Plan must provide?

Question 11
Enumerate the steps to be followed in preparing a Business Plan.

Question 12
Explain the essential elements of a good business plan.

- Executive Summary
- Market Analysis
- Company Description
- Organization and Management
- Marketing and Sales Strategies

- Service or Product Line
- Funding Request
- Financials
- Appendix

第14章 创办企业

14.1 计　划

14.1.1 对"计划"的理解

"计"是在特定时期段内，为完成特定目标体系而对展开的经营活动所处综合环境、企业内外影响因素以及企业自身发展历史性对比等项因素的归纳总结和科学分析。"划"是依据"归纳总结和科学分析"所得出的结论，制定相应的措施、办法以及执行原则和标准。"计划"是在科学预测的基础上为实现组织目标对未来一定时期内的工作做出安排的活动，它包括对组织所拥有的和可能拥有的人力、物力、财力所进行的设计和谋划，找到一条合适的实现组织目标的途径。它是经营管理者在特定时间段内为实现特定目标体系，而展开的经营活动所做出的统筹性策划安排。

切实可行的计划应当满足以下几个方面的基本要求：第一，应当具有明确的目标；第二，计划工作必须先于其他各项管理活动而展开；第三，计划必须是准备付诸实施的、切实可行的方案，不允许任何为了计划而计划的活动；第四，计划必须有益于在总体上提高管理的效益，虽然制订计划所造成的消耗也属于组织活动的成本，但这种消耗必须获得高额的回报。计划应当具有以下特征：首先，计划应具有明确性；其次，计划必须具有全面性；再次，计划必须具有协调性；第四，计划必须具有弹性；最后，计划必须具有功利性。

14.1.2 计划的种类

计划的种类很多，从不同的角度也可以对计划做出不同的分类，比如，可以按计划的期限进行分类，也可以按计划的职能进行分类，还可以按制订计划的组织在管理系统中所处的层级位置和按计划的形式进行分类。按照计划的不同的表现形式，可以将计划分为宗旨、目标、战略、政策、规则、程序、规划和预算等类型。计划的形式是多种多样的，但作为计划，有一个共同的特征：那就是一种关于未来的蓝图和一定行动的建议、说明和框架，因而计划是导向目标的积极方案。总之，计划的作用和原则是一致的，但计划的形式可以是丰富多彩的，只要科学地、灵活地运用各种计划形式，就会使计划的职能得到更好地发挥。

14.1.3　计划的制订

计划是计划工作的结果，计划工作则是制订计划的过程。由于计划工作在现代管理中非常重要，因而，现代管理中一些较大的系统通常都设有专门履行计划职能的部门。计划工作基本上都需要遵循这样几个步骤：

(1) 估量机会；

(2) 确定目标；

(3) 确定前提条件；

(4) 拟订可供选择的方案；

(5) 评价各种备选方案；

(6) 选择方案；

(7) 拟订派生计划；

(8) 编制预算。

14.1.4　办新企业前要计划深思的问题

投资人考察创业企业时，最想知道的是"创业逻辑"。所谓逻辑就是你怎样思考问题，以下几方面内容可供创业者参考。

1. 为自己建立一个好的企业构思

首先，要知道一个好的企业构思是创业成功的起点。企业经营类型可根据经营特点分为四大类：贸易类；服务类；制造装配类；农、林、牧、渔类，有兼营时以主营为主。其次，企业成功的要素是构思重点。不同的企业类型有不同的特征，要做好生意必须考虑各自的成功要素。参见表 14-1 所示：

表 14-1

从生产的专长出发		从顾客的需求出发
我会做某种服装，而且我可以买一架缝纫机，所以我要办一家服装加工企业。	→ ←	人们需要某种价位和质量的服装，我有技术也有设备，因此我可以开个服装加工企业来满足他们的需求。
我知道怎么做蛋糕，也有烤制设备，因此我可以考虑开一家面包房。	→ ←	很多家庭需要生日蛋糕，我会做这种蛋糕，因此我要开一家生日蛋糕店来满足他们的需求。

2. 构思评价

有了企业构思，它是否可靠，是否经得起推敲，还需要评价。SWOT（优势、劣势、机遇和挑战）分析法是很好的办法，大体上能判断出你的企业构思是否使你的企业具有竞争力和赢利能力。经过 SWOT 分析，你的企业构思能否去实施，存在可能的三种取舍：（1）你的构思经得起推敲，可以做全面的可行性研究，准备以此为项目进行创业。（2）修改构思，使之完善。（3）放弃这项构思，另起炉灶。

3. 寻找创业模式，确立创业目标

创办一个公司，创业者首先要有一个构想和一定的理想，然后再从构想开始，考虑怎么样组成一个团队，怎样把这个公司发展成为一个完整的公司，怎样预见公司的发展前景，确定公司的发展方向。赢利是重要的目标，但并不是唯一的目标，因为创业本身应该有理念，理念会带动很多新的产品创意和实践冲动。

经营计划应该包括两种层次的目标，第一是企业家长期利益（意愿、目标）。这包括企业远景与经营模式说明。这需要将好的构想妥善包装。创业者应当为企业描绘一个清楚的远景，让投资人能有所期待；第二是运作目标——销售额、利润、市场占有率、获利率。这两种目标虽然并非对立，但却有所不同，知道自己所要追求的是什么，非常重要。

4. 企业定位问题

投资人总是首先试图从创业企业的商业计划书中获得创业者对于企业的定位，进一步说就是创业者得有与众不同的定位。这需要将自己作为创业者来评价。首先，要了解什么是企业及企业的循环过程。什么是企业？企业是从事商品和劳务的生产经营、独立核算的合法的经济组织。企业一般通过经营活动获取利润。企业的循环过程如下图 14-1 所示：

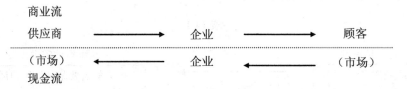

图 14-1　企业循环过程图

5. 风险

办企业可能成功也可能失败。在创立公司的时候，你不应该一直想着什么时候能收到成果。今天还没有赚钱，明天会不会赚钱？面对非常艰苦的工作，你会感到不愉快。第一次创业，创业者赚钱的期望会比较高，第二次创业就不会这样了。但每一次创业都需要用热情去支撑。创业者不可以为自己预备"救生艇"。

6. 最想要解决什么问题

要解决问题而不是制造问题。因为投资人对创业的领域可能会很生疏，投资人可能会认为不需要太大的成本就能达到同样的效果。创业者要清楚界定预备解决什么样的问题，而不要过度设计。

7. 顾客在哪里，竞争者在哪里

创业者应当为投资人解释，企业如何以好的产品和服务开发顾客，要让顾客体验到价格以外不可替代的价值。新经济时代，竞争者无所不在。告诉投资人竞争者在哪里，即让投资人知道他投资的潜在风险是什么，同时，要说明创业企业的核心竞争力是什么。

14.1.5　生产计划

为了支持或带动有效的营运，需要何种设备？设备和设施的要求又是什么？原料、劳工、物料和外购零件的来源？在公司中由谁监视这些来源？进货检查、质量控制、包装、运输和维护，要如何管理？有关生产之各种进度，应该如何？

针对以上各项，则应该有怎样的预算——也就是各种费用支出的时间与幅度？当营业额较预期增长的速度快时，应该如何？当较慢时，又要如何？

一般来说，年轻企业越精简越好。积压在设施、存货，以及其他固定成本上的钱，会使管理人员在调整计划上，以及在适应变动上大受局限。而在这同时，使得顾客感到满意则最为重要。全世界最佳的行销方案也会变得一文不值，如果它创造的需求因为质量、成本，或交货问题而使顾客不满意的话。能精明地分配有限的资源，才能显示出管理人员的创业能力。

14.1.6　行销计划

首先要有产品与服务基本介绍。这要求创业者既能说明创意，又能保护自己的知识产权。创业者并不需要将创业计划中的核心技术问题全面透露，让投资者感到有新意、有市场即可。其次需要考虑以下问题：要运用何种推销与广告方法？将采用何种方式——奖金制度、包装革新，来促使所选择的配销管道产生更大效能？要强调产品或服务当中的何种特征和效益？它们如何可以对抗竞争产品？授权之核准应如何管理？由谁参与定价之决定？定价决策之基础——成本、加值、对顾客之价值？要设置哪几种的产品或服务部门，以及哪一种的估测计划？为求促使营运继续得到增长，需要进行何种水平的研究发展活动？预计会遭遇竞争者何种的反应？又要如何适应？关于行销的各种活动，谁要负责何种工作，又应何时完成？

针对以上各项，应该有何种预算——也就是各种费用支出的时间与幅度？当营业额的增长速度较预计快时，应该如何？当较慢时，又要如何？在对市场所做的预测中，永远会有猜测成分。管理阶层的经验越广泛，就越不会发生出乎意料的事。在钢铁业具有广泛经验的人，到乳品业应征工作时，就不能算是具有适当经验的人。

14.1.7 组织和人事计划

事是人创出来的，而且只有适当的人才能创出正确的事。企业家应甄选适当的人才，将之安置于适当的职位上，并视之为一种持续性过程；理论上说，这一过程应该在经营计划撰写之前，或撰写时开始的，以便能把执行这份计划管理团队考虑在内。在一个企业中，至少有四个阶层的活跃成员：董事会或顾问、一般管理人员、职能性专家，以及主要干部。

董事常是任意选定的，而不是根据组织的需要选定的，这种看法是错的。够资格的、有兴趣的、有见识的董事，能够对一个公司的经济生存能力发挥指导作用。将董事会适当运用，可以将其变为顾问小组，而非只是基于法律需要的附属单位。因此最高阶层的主管应该给公司提供广阔的视野。

优秀的管理是大多数增长性公司得以成功的主要因素。"管理"在这里的定义是：通过别人而达到成效。在任何企业中，几乎所有杰出的管理团队都会有一个，或者一个以上的教练。这些教练要对成效负责，但是必须通过部属或同事去追求成效。在小规模公司中，大部分的主要干部一方面要扮演管理人员（教练）的角色，一方面也要扮演实际工作者的角色。在这种情况中，两种角色之间很容易模糊不清。

在模糊不清的情况下，管理工作常常会因为日常工作的压力而甩在一边。组织则能把管理人员置于其位，给他激励，并且允许他在追求目标的过程中，把部分时间花在规划和对别人的督导上。

14.1.8 现金流动与财务预算计划

一个新企业在它的产品或服务受到市场广泛承认和肯定，而能孳生利润之前，要完全依赖初期的资金。需要初期资金的时间和额度，主要按经营计划中的生产、行销、组织和技术来决定。

新企业家对于必须在新公司中"放弃"多少股份，要远比新公司需要多少资金才能成功启动，更为挂虑。这是一种倒退式想法。事情合理的顺序应该是：首先建立一种基本观念，也就是："我宁愿要大饼中的一小块，而不是一大块。"其次，认为你并不是在"放弃"什么，而是在"推销"公司中的某一部分。最后如果有需要，就要招徕购买人（投资人），并且借着谈判而以最好的价格售出。

公司部分股权的出售价格，要取决于：

公司的经营需要多少钱；

投资报酬率的大小；

管理团队的背景；

经营计划的良窳；

个别成员之间的合作精神；

要做购买决定时的世界情势。

在完成股权转移的正式交易之前，顾虑必须放弃某些股份，完全是不切实际的。详细的现金流动预算表，是决定新企业资金需求的基本工具。

14.2 市 场 调 查

14.2.1 市场调查定义

市场调查就是指运用科学的方法，有目的地、有系统地搜集、记录、整理有关市场营销信息和资料，分析市场情况，了解市场的现状及其发展趋势，为市场预测和营销决策提供客观的、正确的资料。

14.2.2 市场调查的内容

市场调查的内容很多，有市场环境调查，包括政策环境、经济环境、社会文化环境的调查；有市场基本状况的调查，主要包括市场规范，总体需求量，市场的动向，同行业的市场分布占有率等；有销售可能性调查，包括现有和潜在用户的人数及需求量，市场需求变化趋势，本企业竞争对手的产品在市场上的占有率，扩大销售的可能性和具体途径等；还可对消费者及消费需求、企业产品、产品价格、影响销售的社会和自然因素、销售渠道等开展调查。

14.2.3 市场调查方法

1. 观察法

分为直接观察和实际痕迹测量两种方法。所谓直接观察法，指调查者在调查现场有目的，有计划，有系统地对调查对象的行为、言辞、表情进行观察记录，以取得第一手资料，它最大的特点是在自然条件下进行，所得材料真实生动，但也会因为所观察的对象的特殊性而使观察结果流于片面；实际痕迹测量是通过某一事件留下的实际痕迹来观察调查，一般用于对用户的流量，广告的效果等的调查。例如，企业在几种报纸、杂志上做广告时，在广告下面附有一张表格或条子，请读者阅后剪下，分别寄回企业有关部门，企业从回收的表格中可以了解哪种报纸杂志上刊登广告最为有效，为今后选择广告媒介和测定广告效果提出可靠资料。

2. 询问法

询问法是将所要调查的事项以当面、书面或电话的方式，向被调查者提出询问，以获得所需要的资料，它是市场调查中最常见的一种方法，可分为面谈调查，电话调查，邮寄调查，询问表调查等四种，它们有各自的优缺点，面谈调查能直接听取对方意见，富有灵活性，但成本较高，结果容易受调查人员技术水平的影响；邮寄调查速度快，成本底，但回收率低；电话调查速度快，成本最低，但只限于在有电话的用户中调查，整体性不高；询问表可以弥补以上缺点，由调查人员当面交给被调查人员问卷，说明方法，由之自行填写，再由调查人员定期收回。

3. 实验法

它通常用来调查某种因素对市场销售量的影响，这种方法是在一定条件下进行小规模实验，然后对实际结果做出分析，研究是否值得推广。它的应用范围很广，凡是某一商品在改变品种、品质、包装、设计、价格、广告、陈列方法等因素时都可以应用这种方法，调查用户的反应。

14.2.4 市场调查的基本过程

市场调查是企业制订营销计划的基础。企业开展市场调查可以采用两种方式，一是委托专业市场调查公司来做，二是企业自己来做，企业可以设立市场研究部门，负责此项工作。市场调研工作的基本过程包括：明确调查目标、设计调查方案、制订调查工作计划、组织实地调查、调查资料的整理和分析、撰写调查报告。

1. 明确调查目标

进行市场调查。首先要明确市场调查的目标，按照企业的不同需要，市场调查的目标有所不同，企业实施经营战略时，必须调查宏观市场环境的发展变化趋势，尤其要调查所处行业未来的发展状况；企业制定市场营销策略时，要调查市场需求状况、市场竞争状况、消费者购买行为和营销要素情况；当企业在经营中遇到了问题，这时应针对存在的问题和产生的原因进行市场调查。

2. 设计调查方案

一个完善的市场调查方案一般包括以下几方面内容：

（1）调查目的要求

根据市场调查目标，在调查方案中列出本次市场调查的具体目的要求。例如：本次市场调查的目的是了解某产品的消费者购买行为和消费偏好情况等。

（2）调查对象

市场调查的对象一般为消费者、零售商、批发商，零售商和批发商为经销调查产品的商家，消费者一般为使用该产品的消费群体。在以消费者为调查对象时，要注意到有时某一产品的购买者和使用者不一致，如对婴儿食品的调查，其调查对象应为孩子的母亲。此外还应注意一些产品的消费对象主要针对某一特定消费群体或侧重于某一消费群体，这时调查对象应注意选择产品的主要消费群体，如对于化妆品，调查对象主要选择女性；对于酒类产品，其调查对象主要为男性。

（3）调查内容

调查内容是收集资料的依据，是为实现调查目标服务的，可根据市场调查的目的确定具体的调查内容。如调查消费者行为时，可按消费者购买、使用、使用后评价三个方面列出调查的具体内容项目。调查内容的确定要全面、具体，条理清晰、简练，避免面面俱到，内容过多，过于繁琐，避免把与调查无关的内容列入其中。

（4）调查表

调查表是市场调查的基本工具，调查表的设计质量直接影响到市场调查的质量。设计调查表要注意以下几点：

① 调查表的设计要与调查主题密切相关，重点突出，避免可有可无的问题；

② 调查表中的问题要容易让被调查者接受，避免出现被调查者不愿回答、或令被调查者难堪的问题；

③ 调查表中的问题次序要条理清楚，顺理成章，符合逻辑顺序，一般可遵循容易回答的问题放在前面，较难回答的问题放在中间，敏感性问题放在最后，封闭式问题在前，开放式问题在后；

④ 调查表的内容要简明、尽量使用简单、直接、无偏见的词汇，保证被调查者能在较短的时间内完成调查表。

（5）调查地区范围

调查地区范围应与企业产品销售范围相一致，当在某一城市做市场调查时，调查范围应为整个城市；但由于调查样本数量有限，调查范围不可能遍及城市的每一个地方，一般可根据城市的人口分布情况，主要考虑人口特征中收入、文化程度等因素，在城市中划定若干个小范围调查区域，划分原则是使各区域内的综合情况与城市的总体情况分布一致，将总样本按比例分配到各个区域，在各个区域内实施访问调查。这样可相对缩小调查范围，减少实地访问工作量，提高调查工作效率，减少费用。

（6）样本的抽取

调查样本要在调查对象中抽取，由于调查对象分布范围较广，应制订一个抽样方案，以保证抽取的样本能反映总体情况。样本的抽取数量可根据市场调查的准确程度的要求确定，市场调查结果准确度要求愈高，抽取样本数量应愈多，调查费用也愈高，一般可根据市场调查结果的用途情况确定适宜的样本数量。实际市场调查中，在一个中等以上规模城市进行市场调查的样本数量，按调查项目的要求不同，可选择 200～1000 个样本，样本的抽取可采用统计学中的抽样方法。具体抽样时，要注意对抽取样本的人口特征因素的控制，以保证抽取样本的人口特征分布与调查对象总体的人口特征分布相一致。

（7）资料的收集和整理方法

市场调查中，常用的资料收集方法有调查法、观察法和实验法，一般来说，前一种方法适宜于描述性研究，后两种方法适宜于探测性研究。企业做市场调查时，采用调查法较为普遍，调查法又可分为面谈法、电话调查法、邮寄法、留置法等。这几种调查方法各有其优缺点，适用于不同的调查场合，企业可根据实际调研项目的要求来选择。资料的整理方法一般可采用统计学中的方法，利用 Excel 工作表格，可以很方便地对调查表进行统计处理，获得大量的统计数据。

14.2.5　市场调查的关键步骤

1.　了解要涉足的市场

了解将要涉足的市场是你取得未来成功的前提，测定你的产品和服务是否有市场是制订经营计划之关键，一旦决定所要经营的产品或从事的服务项目，你必须首先分析市场现状并对未来发展趋势做出预测，这是一个涉及走访竞争对手、原料供应厂商和未来客户的全过程。然而，在开始调研市场之前，你应该站在客观的立场简要且仔细地审查一下你的产品和服务项目，并向自己提出下列问题：

（1）这种产品或服务项目是否具有持久的未来市场；

（2）有多少企业提供同样的服务项目和产品；

（3）是否能为自己的产品和服务开辟新的需求；

（4）你能否在价格、质量和交货期等方面进行有效的竞争；

（5）你能否在产品和服务的现价、竞争价和定价上确保利润；

（6）一旦对这些初步问题的回答感到满意，你便可以开始进行市场调研。

2.　市场调研

市场调研极为有益且极为重要，你收集到的信息是你增加获利的潜力。有了足够的信息，表明：

（1）对你的市场可以采取各种可供选择的销售方法；

（2）为设计出盈利的各种假设提供更为准确的根据；

（3）对组织营销活动有帮助；

（4）帮助制定关键性的短期和中期目标；

（5）有助于确定你市场的利润界限。

3. 市场数据

在了解市场方面，不仅要求了解你的产品，还要求了解顾客的社会经济特点。这方面的信息如同一幅地图，使你知道该沿着什么道路前进，前方有什么东西在等着你。以下几处可以找到更多的市场信息：

（1）图书馆有关行业团体的统计资料和期刊的目录；

（2）国家和各地区的计划机构公布的产业政策以及本行业未来发展趋势的研究报告；

（3）银行的投资趋向、房地产经纪人和保险公司；

（4）竞争对手；

（5）有关你市场所在地客户的调查报告。

当你获得并分析这些信息之后，它将成为你经营活动的业务计划。调研数据之所以重要，就在于它是支持你的业务规划的基本依据。

4. 调查资料的整理和分析

实地调查结束后，即进入调查资料的整理和分析阶段，收集好已填写的调查表后，由调查人员对调查表进行逐份检查，剔除不合格的调查表，然后将合格调查表统一编号，以便于调查数据的统计。调查数据的统计可利用 Excel 电子表格软件完成；将调查数据输入计算机后，经 Excel 软件运行后，即可获得已列成表格的大量的统计数据，利用上述统计结果，就可以按照调查目的的要求，针对调查内容进行全面的分析工作。

5. 撰写调查报告

撰写调查报告是市场调查的最后一项工作内容，市场调查工作的成果将体现在最后的调查报告中，调查报告将提交企业决策者，作为企业制定市场营销策略的依据。市场调查报告要按规范的格式撰写，一个完整的市场调查报告格式由题目、目录、概要、正文、结论和建议、附件等组成。

14.3　选　名　称

14.3.1　什么是企业（公司）名称

企业名称即公司的名字、字号，是企业区别于其他企业或其他社会组织，被社会识别的标志。[①]

在诸多要素中，企业名称是首先要重视的。好的名称是企业外观形象的重要组成因素，

[①] 吴健安等. 市场营销学[M]. 北京：高等教育出版社，2000 年，第 36 页。

是企业文化浓缩的符号。人们对一个企业的记忆和印象也直接来自名称，有了好名称，才能建立起江山永固的企业。如果企业名称不适于信息传递，将会直接影响到企业的商业活动。从学科角度讲，这种品牌名称是与市场营销学、广告学、管理学、心理学、语言学、社会学等多种现代学科广泛联系在一起的，所以，在企业名称选择设计时，要仔细斟酌并耐心加以推敲。

14.3.2 企业名称的基本要求

（1）企业名称应由以下部分组成：字号（商号）、所属行业（或者经营特点）、组织形式。企业名称前应冠以所在地行政名称，在冠用的行政区划内有专用权，同行业企业的名称不得混同。

（2）企业只准使用一个名称，企业名称由登记主管机关核定，未经核准登记的名称不准使用。企业公章、银行账户所使用的名称应与核准登记的名称相符。

14.3.3 企业起名的禁忌

（1）企业不得使用下列名称：对国家社会或者公共利益有损害的名称；外国国家（地区）名称；国际组织名称；以外国文字或汉语拼音字母组成的名称；以数字组成的名称。

（2）在一般情况下，企业不得冠以党政机关、军队和社会团体的名称，不得使用其他法人已经注册的著名的商标名称。

（3）外商投资企业名称可不冠以行政区划名称，在全国范围内，同行业企业的名称不得混同。外商投资企业可有与中文名称相一致的外文名称。

（4）事业单位法人、科技性社会团体法人，根据国家有关规定实行企业化经营或从事经营活动的，可按原有名称进行登记。其设立具备法人条件的企业，应单独起名称；设立不具备法人条件的企业，可冠以主办单位的名称。

（5）私营企业使用投资人姓名作字号的，应提交投资人签字的同意书。外资企业如使用外国公民姓名作字号，需报国家工商行政管理局核定。其他企业不得使用公民姓名作字号。

（6）企业名称中标明的行业或经营特点，应当具体反映企业生产、经营、服务的范围、方式或特点，不得单独使用"发展"、"开发"等字词；使用"实业"字词的，应有所属三个以上的生产、科技型企业。企业名称中标明的组织形式，应当符合国家法律、法规的规定。组织形式不得联用或混用。

（7）外资企业名称可根据国际惯例，其行政区划名称可在字号与组织形式中间使用。

（8）具备法人条件的企业，如需在其名称中的组织形式前使用"总"字，必须下设三个以上与该企业名称中组织形式相同的直属分支机构。如称"总公司"，必须有三个以上称"公司"或"分公司"的分支机构。

（9）企业名称中有下列情况的，可以不视为使用数字：

① 地名中含有数字的，如"四川"等。

② 固定词语中含有数字的，如"四通"等。

③ 使用序数词的，如"第一"等。

（10）外商投资企业名称中不得使外国国家（地区）名称（含习惯性称谓）与中国（含习惯性称谓"中"或"华"）联名。如"中日友好饭店"。

（11）外商投资企业、有对外业务的企业，具备企业法人条件，经登记主管机关核准，可以使用外文名称。外文名称应与中文名称相一致。其字号可以音译，也可以意译。外文名称的组成次序可根据外文书写习惯，外文名称可以有缩写，但须在企业章程中载明。

（12）企业名称可以有简称，并应在其章程中载明。商业、公共饮食、服务行业的企业名称牌匾简化时，应保留其字号。

（13）企业名称在本行政区划范围内，可随企业或企业的一部分转让给另一企业。转让方和受让方应按有关规定申请办理登记或备案手续。使用"中国"、"中华"，冠以"国际"、"全国"、"国家"，或者不是冠以企业所在地行政区划名称的企业，不得随企业一部分转让。外商投资企业名称、企业集团名称以及第七项和第八项所列企业名称不得转让。中外合资经营企业、中外合作经营企业在合营期满后，经登记主管机关核准，合营中方可以使用该合营企业的字号。

14.3.4　企业名称选择设计原则和应注意的问题

一般来说，好的名字应简洁明了，好认好读好记，便于传播，且联想性好，并有时代感，还要注意个性化。也就是说，好的品牌名称应该是科学性、艺术性与实践性的统一。在此，将企业名称设计的原则作简单介绍。

1. 企业理念，传达企业精神。

企业理念，是企业形象的精髓和核心，它将指导企业在生产和经营过程中，形成哲理性的根本指导思想和基本观念。

企业精神，则是企业形象的重要组成部分，是企业核心价值观的体现，是企业每个员工共同的信念、信仰和群体意识，是企业形成凝聚力的强大动力，是充分发挥每个员工的积极性、合作性、创造性的强大精神武器。

在设计企业名称时，要为以后的企业理念、精神的提炼和确立打下坚实的基础。使企业名称在今后的传播中，能起到加强和宣传企业理念、企业精神的作用，真正让企业名称体现出"名副其实，名正言顺"的效果。[①]

---

① 海君.名正言顺——企业名称的设计原则[J].管理与财富，2004（11）。

2. 读音响亮，给人以好形象

发音响亮、朗朗上口的名字，比那些难发音或音韵不好的名字容易传诵。企业拥有一个响亮的名称，是让消费者"久闻大名"的前提条件。如音响中的"名流"健伍（KENWOOD），原名特丽欧（TRIO），发音节奏感不强，最后一个音"O"念起来没有气势，后改名为KENWOO，KEN 与 CAN 谐音，有力度和个性，而 WOOD 又有短促音与和谐感，整个名称节奏感强，颇受专家好评和消费者喜爱。

（1）声母，每个字的声母要有所差异，切忌都用同一声母。给人以拗口难读，从表面影响企业形象。如"歌高阁"，声母都是"G"，"老狼来"声母都是"L"。读音不雅。如将此其改成"歌顿阁"、"野山狼"就比较有个性化，且读音好听。

（2）韵母，在企业名称、文字商标中，韵母的配合也应加以区别。如"兰蔓"，韵母都是"an"，读起来不顺口。"绕口令"就是根据这一特征进行编排的。

（3）音调，就是读音的平仄。一二声为平，三四声为仄。也就是说，企业名称的文字读音也要声调变化，给人以抑扬顿挫之感。

3. 谐音

巧妙地利用联想的心理现象，使企业名称能给人以好的、吉利的、优美的、高雅的等多方面的提示和联想，能较好地反映出企业的品味，在市场竞争中给消费者好的印象。"娃哈哈"这个名称，使人自然地联想起天真活泼的孩子，反映出企业的本质和促进少年儿童身心健康的企业宗旨；"卓夫"，含义是"卓越的大丈夫"，演绎出一种高雅、领先、超群的风格，有气魄和感染力；中国传统名牌"稳得福"，中文意思吉利喜气，英文单词 Wonderful有"精彩、奇妙、了不起"的含义。在给企业取名称字号及文字商标时，要从谐音方面多加考虑，这种谐音起码要两个以上的方面，即本地方言谐音及普通话的谐音。例如：韩渊与喊冤，王名与亡命等此类谐音均谓凶，前进与钱进，芜达与福达等均谓吉。谐音如能合理地利用好，则也能起到树立良好企业形象的作用。

4. 个性化

企业的个性化主要从企业形象中体现出来。在企业名称设计时，应根据企业的发展规模、发展目标等综合考虑，不随大流，不模仿别人，充分体现出企业的个性化特征。

给人以耳目一新、可亲可敬的感觉。不得与其他企业名称相同，也要尽量避免相似。另外，随着现代信息技术的运用，上网销售成为一些企业重要的营销渠道，因此对于目前还暂时没有考虑网络销售的企业，最好也先以企业名称在因特网上注册自己的域名，否则若被他人抢先使用后，不但影响本企业将来可能的商机，或许要付出不小的资金才能买回这本属于自身的权利。美国麦当劳公司曾被抢注域名，后来被迫以 800 万美元的代价买回；我国著名企业被海外抢注的国际商业域名就多达上万个。

5. 行业特征

在设计企业名称时，要充分从行业特征出发，从其企业名称中，一看便知是什么行业、企业是做什么的，企业的经营特色是什么，经营范围是什么，并使消费者产生购买或消费的欲望。例如："同仁堂"，是家喻户晓的老字号中药店，"堂"作为在人们心目中习惯的识别标志，一看就知道是卖中药的。

6. 民族特征

我们中华民族有着悠久的历史和灿烂的文化，有我们自己的价值观、审美观和道德标准，我们的文字有形有音有义，当几个单字联成词汇后，有独到的含意和深刻的寓意，体现我们传统文化集体潜意识的延续力。我们在为企业设计名称时，除了某种特殊的偏好之外，设计企业名称应充分体现民族特点。如"清华同方"作为清华大学创办的高科技股份制企业，其名称"同方"来源于《诗经》，意为"有志者同方"，具有深邃的民族历史文化内涵。"北大方正"，其品牌设计也是别具匠心的。"方正"整体品牌由中文、英文和图形三部分组成。"方正"二字蕴含丰富："方正"即一方之正、一方之中、一方之主，方方正正、规规矩矩，体现了北大方正集团公司依法经营、诚实经商的经营之道，也反应了公司员工严谨，求实的科学精神；同时"方正"即八方之正，有吸纳各方优势之意，体现了公司博采众长、广招天下一流人才的博大胸怀，另外还有暗含基础雄厚、功底扎实、稳步发展之意。

外国企业在进入中国市场、确定中文译名的时候，一般要考虑中华民族的民族特点。采用一些有积极含义的词语为外资、合资企业命名，其效果往往要远胜过音译，如通用、奔驰、宝洁、宝马。同样道理，当我国企业进军海外市场时，企业名称译为外文时，也必须充分考虑所在国的民族性，尊重该民族的文化传统和风俗习惯。同样，当一家企业在参与国际竞争的时候，也需要考虑名称的国际性，因此一般要确定一个英文的名字，如日本的索尼，松下电器，中国的海尔等。

7. 追求简洁明快

越单纯、明快的名称，越易于和消费者进行信息交流，易于刺激消费者的遐想。在为企业起名时，要简洁明快，言简意赅，切忌拖泥带水，表达不清，所指不明，给人不知所以然的感觉。

8. 新颖别致，不落俗套

无论是在视觉上还是在听觉上，均要新颖别致，不落俗套，使消费者感到可信可近，能提高和激发消费者认名的兴趣，从而建立企业良好的形象。唯有富含新鲜感、有创意的名称，才有可能是独特的。以未出现过的词语作为新公司的名称时，往往引人注意，但也要冒能否被大众接受的风险，有必要反复宣传。"柯达"一词在英文中根本不存在，本身也无任何意义，但响亮新奇，厂商通过设计和宣传建立起独特的概念。

9. 充分体现艺术性

取名应给人以高雅简洁、寓意深刻、积极进取、健康吉祥的感觉，将实用性与艺术性融为一体，富有强烈的时代气息和艺术魅力。

10. 词意吉祥健康利于记忆传播

（1）寓意美好。如中国长虹股份公司，长虹有雨过天晴、瑰丽壮观之意，此为后来广告语打下基础，"太阳最红，长虹最新"。再如"康佳"公司，有康乐人生，佳品纷呈之意。

（2）表达准确，亲和力强

如广州的"立白"集团其产品为洗涤用品，"立白"有立即洁白的意思，寓意其产品质量优良上乘。"飘柔"洗发水，有使用后头发飘逸柔美柔和的寓意，比喻产品质量好。

（3）以地名作企业名

如：长江集团、黄河企业、泰山公司、嘉陵摩托、珠江实业、峨眉矿泉等。

（4）以吉祥物起名

如：熊猫电子、猴王涂料、春兰空调、红梅照相机、金鹿集团、双鹿冰箱。

（5）以富贵气派类的字起名

如：金利来、富绅、皇家花园、新时代大厦。

（6）以传统观念起名

如：汇丰银行、源丰企业。

（7）以现代味起名

如：赛格商厦、百盛集团、美加净化妆品等。

14.4　选　位　置

企业的成败兴衰一般决定于三方面的原因，一是天时，一是地利，一是人和。天时就是政治环境、经济环境，也就是我们平时所说的投资环境，大环境；人和就是战略规划、经营管理以及企业文化等等因素；那么地利是什么呢？不同的企业可以有不同的解释，但都离不开企业的地理位置这一影响因素。在新企业选址的过程中，必须对所选定的潜在地址的相关因素进行详细的分析：

（1）公司办公地址选在哪个方向，也就是设在哪个城市最好？

（2）如果确定了城市，那应该设在城市里的哪个方位，哪个区域？

（3）如果在确定的区域里楼群特别多，选择哪座楼才最合适？

（4）确定了办公楼的选择，具体哪层才是符合自己需要的？

选择最佳位置时，既要进行定性分析，又要进行定量测算，是一件复杂而又耗费精力的事情，要做好选址工作需要制定多种有效策略。

14.4.1　地理位置细分策略

地理位置细分的策略是指对气候、地势、用地形式及道路关联程度等地理条件进行细微分析后，对新企业位置做出选择的策略。主要可从以下几方面进行细分：

1.　选址与路面、地势的关系

一般情况下，选址都要考虑所选位置的道路及路面地势情况，因为这直接影响着企业的建筑结构和客流量。通常，地面应与道路处在一个水平面上，这样有利于出入，是比较理想的选择。但在实际选址过程中，路面地势较好的地段地价都是很高，商家在选择位置时竞争也很激烈，所以在有些情况下，商家不得不将商场位置选择在坡路上或路面与商店地面的高度相差很多的地段上。

2.　商场选址与地形的关系

地形、地貌对商店位置的选择的主要影响表现在：①方位情况。方位是指公司坐落的方向位置，以正门的朝向为标志。方位的选择与商场所处地区气候条件直接相关，如：风向、日照均对店面的朝向有很大影响。以我国北方城市为例，通常以北为上，所以一般商业建筑物坐北朝南是最理想的地理方位。②走向情况。走向是指在商场所选位置顾客流动的方向。比如我国的交通管理制度规定人流、车流均靠右行驶，所以人们普遍养成右行习惯，商场在选择地理位置进口时应以右为上。如商场所在地的道路如果是东西走向的街道，而客流又主要从东边来时，则以东北路口为最佳方位；如果道路是南北走向，客流主要是从南向北流动时，则以东南路口为最佳位置。

3.　交叉路口情况

交叉路口一般是指十字路口和三岔路口。一般来说在这种交接地，商场建筑的能见度大，但在选择十字路口的哪一侧时，则要认真考察道路两侧，通常要对每侧的交通流向及流量进行较准确的调查，应选择流量最大的街面作为商场的最佳位置和店面的朝向。如果是三岔路口，最好将商场设在三岔路口的正面，这样店面最显眼；但如果是丁字路口，则将商场设在路口的"转角"处，效果更佳。

14.4.2　潜在商业价值评估策略

潜在商业价值评估是指对拟选开业的商场位置的未来商业发展潜力的分析与评价。评价商场位置的优劣时，既要分析现时的情况，又要对未来的商业价值进行评估，这是因为一些现时看好的商场位置，随着城市建设的发展可能会由热变冷，而一些以往不引人注目的地段，也可能在不久的将来会变成繁华闹市。因此，新企业在选址时，应更重视潜在商业价值的评估。主要应从以下几方面评价：

（1）拟选的新企业地址在城区规划中的位置及其商业价值；

（2）是否靠近大型机关、单位、厂矿企业；

（3）未来人口增加的速度、规模及其购买力提高度；

（4）是否有"集约效应"，即商场建设如果选在商业中心区，虽然使企业面对多个竞争对手，但因众多商家云集在一条街上，可以满足消费者多方面的需求，因而能够吸引更多的顾客前来购物，从而产生商业集约效应。所以"成行成市"的商业街，也是企业选择位置需重点考虑的目标。

14.4.3　出奇制胜策略

商场选址时既需要科学考察分析，同时又应该将它看成一种艺术。经营者有敏锐的洞察力，善于捕捉市场缝隙，用出奇制胜的策略，与众不同的眼光来选择商场位置，常常会得到别人意想不到的收获。如全美洲最大的零售企业"沃尔玛"联合商场的总经理萨姆·沃尔就是采用"人弃我取"的反向操作策略，把大型折价商场迁到不被一般商家重视的乡村和小城镇去。因为那里的市场尚未被开发，有很大潜力，同时又可回避城区商业日益激烈的竞争；再比如新加坡著名华商董俊竞创建"诗家董"百货集团，在商场选址问题上，力排众议，选择一块人们普遍认为风水不好又面对坟场的乌节路地段作店址。后来这块地方很快成为商家云集之地和世界上租金最昂贵的地段之一，"诗家董"的生意也越做越红火。董俊竞之所以不迷信风水选这块地作店址，主要是注意到每天都有不少外国人通过乌节路到城里去，乌节路有可能发展为交通要道。

14.4.4　专家咨询策略

对于较大型商业的投资来说商场位置的选择是重要战略决策。为避免重大损失，经营者应聘请有关专家进行咨询，对所选择的商场位置进行调查研究和系统分析，如对交通流量、人口与消费状况、竞争对手等情况逐一摸底分析，综合评价优劣，再做出选择，使商场地址的选择具有科学性。

因此，在创业前，做一个较为完善的计划是有非常有意义的，第一，在制作创业计划时，会比较客观地帮助创业者分析创业的主要影响因素，能够使创业者保持清醒的头脑；

第二，一项比较完善的创业计划，可以成为创业者的创业指南或行动大纲；除此之外，当然，也可以作为用于向风险投资家游说以取得创业投资（商业的可行性报告及其他渠道融资的报告性文件），从这个意义上讲，一篇优秀的创业计划也会成为创业者吸引资金的"敲门砖"和"通行证"。

14.5　商业计划概述

　　商业计划，其英文名称为：Business Plan，是包括企业筹资、融资、企业战略规划与执行等一切经营活动的蓝图与指南，也是企业的行动纲领和执行方案，其目的在于为投资者提供一份创业的项目介绍，向他们展现创业的潜力和价值，并说服他们对项目进行投资。

　　商业计划是公司、企业或项目单位为了达到招商融资和其他发展目标为目的，在经过前期对项目科学地调研、分析、搜集与整理有关资料的基础上，根据一定的格式和内容的具体要求而编辑整理的一个向读者全面展示公司和项目目前状况、未来发展潜力的书面材料。它有别于传统的《项目建议书》和《项目可行性研究报告》，商业计划需要考虑问题更全面，更注重操作性、更强调经济效益，也有不同的格式和内容的具体要求；另外所针对的对象也有所不同，《项目建议书》和《项目可行性研究报告》是针对我国各级政府和其他有关部门的要求而整理的书面材料，而商业计划是针对各类潜在的投资者而一开始就需要准备的一项最重要的书面材料。并且，如果国际融资是融资计划的一个范畴，那么一定要准备一份英文版的商业计划。

14.5.1　为什么需要商业计划？

　　建立一个新公司，或者对公司进行业务重组，最重要的是有一个客观、完整的商业计划书。商业计划书必须要解决以下几个关键问题，特别是在目前 IT 业不太景气的时候，关键性的问题不解决好，就势必影响到全体员工的士气，进而影响公司的发展。

　　1. 商业计划是创业者筹措资金必备的文件

　　工商界人士大都很忙，有潜力的投资者更忙，要向投资者解释投资构想，在较短的时间内仅能做的就是通过摘要报告，引起他的注意，让他了解交给何单位，何人办理而已。因此必须准备好详细的商业计划书交给投资者，让他带回去给幕僚评估，有了正面的评估意见后，能做出投资决策。目前中国内地地区私人或各类企业想要向外界筹募资金，有 90%以上的企业缺乏商业计划书，这些没有商业计划书的投资案，筹募到资金的概率很低很低。

2. 商业计划是节省时间的利器

创业投资构想通常相当复杂，要以口头解释让投资者完全清楚，可能要好几天，很少投资者有这耐性，但不完全清楚整个投资构想，投资者又不敢投资。因此交给投资者已写妥之书面"商业计划书"，一段时间后，再问有什么不清楚的地方，再征询投资的意愿，省时又省力。

3. 商业计划是沟通协调的利器

商业计划如需要较多的资金，势必接触可能投资者的数目会超过 20 个，因而并非百发百中，而要将众多投资者召集在一起，不但时间不容易找，且与会人数众多，会前未有共识，会中讨论容易失控，无法达成决议。对众多投资者于短时间内达成共识的方法，便是准备一份清楚易懂的"商业计划书"，同时发给众多的投资者，再个别稍加解释。让有共识的人聚集在一起开会，才能很快达成决议。创业筹划者应了解商业计划书是沟通协调的利器，如不用此工具面对众多的投资者，可能无法负荷，深感疲累，这也是让许多创业计划踏不出第一步的原因。

14.6 准备一个商业计划

第一阶段：细化商业计划构想
第二阶段：客户、竞争者调查

1. 客户调查

与至少 3 个与本产品/服务的潜在客户建立联系。其中至少有一个是你将选作自己销售渠道的客户。准备一份一到两页的客户调查纲要。提供一份使用过的调查和调查方法的描述。保证获取了足够大量的信息：包括潜在客户的数量、他们愿意付的价钱、产品或者服务对于客户的经济价值。还应当收集定性的信息：如购买周期、对于购买决策者来说可能导致他们拒绝本产品或者服务的可能障碍、你的产品为什么能够在你的目标用户和客户的应用环境之中起作用。

2. 竞争者调查

确定你的潜在竞争对手并分析本行业的竞争。分销（dimensions）是否有问题，形成战略伙伴的可能性？谁是你的潜在盟友？准备一份 1～2 页的竞争者调查小结。

第三阶段：文档制作——市场、目标和战略

这是商业计划的一个主要部分。它应当建立在你所进行的客户调查和竞争者调查的基础之上。在考虑市场和战略方面的细节问题时，准备一份 3～5 页的文档，量化市场机会、你如何把握这个机会、细化争取目标收入的战略。附上一些市场预测、客户证明、调查数据、从各种出版物上剪下来的材料、产品描述或者市场营销材料。

1. 具体运作

针对新公司的运作，准备一份 3～5 页文档具体描述哪些是你想要达到目标最关键的成功因素？你如何在你的商业计划中反映出这些优势，并且在所有建立这家公司的重要方面体现这些优势？

例如，你如何寻求雇员，你需要什么样的人？你如何开发你的产品，建立一支销售队伍，建立分销伙伴关系，选择合适的地址，创造正面的舆论，保护知识产权以及生产产品？在这个过程中关键的风险是什么？这家新公司如何在长时间里大量生产？简而言之，详细描述这家公司从今天到两年后、五年后以及将来的运作方式。仔细进行财务估算，以透彻把握这家公司如何从收入、销售量、客户以及其他推动因素上取得长足发展。在这个过程中，你将全面把握公司的经济状况。

2. 团队

交上 2 到 5 页的小结，说明公司成员具备在创造这家公司中所需的能力，并说明公司发展过程中所需的主要人员的分工情况。人们常说风险投资家们其实并不是在向"想法"投资，而是向"人"进行投资。用单独的一页纸说明公司中每个成员在公司中所拥有的资产。如果你需要外来资金，用一段话说明你们将出让多少所有权以换取资金。

3. 财务

交上一份对公司的完整财务分析，包括对公司的价值评估。必须保证所有的可能性都考虑到了。财务分析量化本公司的收入目标和公司战略。要求你详细而精确地考虑实现公司所需的资金。

4. 完整的商业计划

交上完整的商业计划时，需要有封面和一份最终的执行总结（Executive Summary）。一份下一步的操作方案和一份简短的对关键风险的估计。完整的商业计划包括上述主要部分：市场和战略、操作、团队以及财务分析，还应包括其他对本计划面向的对象有用的信息和展示：创业者、潜在的投资人、顾问、潜在的客户和伙伴、雇员甚至配偶和家庭成员。

第四部阶段：准备商业计划的答辩

准备 15 分钟的答辩以推销你的商业机会。这是为了提供第一次（也许是最后一次）机会来向一群投资家推销你的公司。陈词应当强调你的公司的关键因素，但这并不是把你的商业计划执行总结用口头方式表达出来。用看得见的一些东西来让你的听众眼花缭乱。用简洁的市场分析和可靠的数据来给投资家留下深刻的印象。准备应付听众对计划的显著特性的提问。

14.7　商业计划的构成

14.7.1　构成

不同产业的商业计划的形式有所不同。但是，从总的结构方面，所有的商业计划都应该包括摘要、主题、附录三个部分。摘要是对整个商业计划的高度概括。摘要部分的作用是以最精炼的语言、最有吸引力和冲击力的方式突出重点，一下子抓住投资者的心。摘要部分是引路人，把投资者引入文章的主题。主体部分是整个商业计划的核心。在主体部分，作者向投资者一一展示他们所要知道的所有内容。主体的功能是最终说服投资者，使他们充分相信你的项目是一个值得投资的好项目，以及你和你的领导班子有能力让他们的投资产生最佳的投资回报。附录部分是对主体的补充。它的功能是提供更多、更详细的补充信息，完成主体部分中言有未尽的内容。

1. 摘要

摘要是整个商业计划的"凤头"，是对整个计划书的高度概括。从某种程度上说，投资者是否中意你的项目，主要取决于摘要部分。可以说没有好的摘要，就没有投资。

2. 主体

主体是整个商业计划的"中间"。主体部分要内容翔实，在有限的篇幅之内充分展示你要说的全部内容，让投资者知道他想知道的全部东西。主体部分按照顺序一般包括以下几个方面：

（1）公司介绍。主要介绍企业的一些基本情况。

（2）发展策略、财务情况、产品或服务的基本情况等。

（3）产业分析。主要介绍你的企业所归属的产业领域的基本情况，以及你的企业在整个产业或行业中的地位。

（4）市场分析。主要介绍你的产品或服务的市场情况。包括你的目标市场、你在市场竞争中的位置、你的竞争对手的情况、未来市场的发展趋势。

（5）营销。主要介绍你的市场营销策略、企业的销售队伍的基本情况、销售结构等内容。

（6）企业的经营。主要介绍经营场所的基本情况、企业主要的设施和设备、生产工艺基本情况、生产力和生产率的基本情况，以及质量控制、库存管理、售后服务、研究和发展等内容。

（7）企业的管理。主要介绍管理理念、管理结构、管理方式、主要管理人员的基本情况、顾问队伍等基本情况。

（8）财务管理。主要介绍企业财务管理的基本情况。对现在正在运行的企业需要过去三年的财务报表、现金流量表、损益平衡表等。还要介绍申请资金的用途。

（9）企业的发展计划。主要介绍企业的发展目标、发展策略、发展计划、实施步骤，以及风险因素的分析等。

（10）撤出计划。主要告诉投资者如何收回投资，什么时间收回投资，大约有多少回报率等情况。

3. 附录

附录是对主体部分的补充。由于篇幅的限制，有些内容不宜在主体部分过多描述。把那些言犹未尽的内容，或需要提供参考资料的内容，放在附录部分，供投资者阅读时参考。

14.7.2　商业计划最好由有经验的财务顾问或投资专家撰写

常看到许多创业的商业计划，简直不知从何看起，顶多只能了解产品或技术是什么，即使有简单的财务预算，数字大部分来自直觉，没有根据，不足相信，表达的名词不符合财务会计术语，易生混淆，这样的商业计划书不会引起投资者兴趣，筹募不到资金是不足为奇的。

最好的解决之道便是委拖有经验的财务顾问或投资专家撰写。将拟好之"现金流量表及附表"提出来当做参考资料交给财务顾问或投资专家操刀。有经验的财务顾问或投资专家不只被动代拟，更能积极为创业商业计划定位，拟出投资者可接受投资条件，并可进一步代为寻找投资者。

私人创业者应不吝惜给财务顾问或投资专家适当的报酬。所谓"天下没有白吃的午餐"，私人创业者由于仍然穷或不富有，处处都要省钱，但这笔钱是必须且值得付的。行行有专业，创业往往是人生的重大抉择，不宜用这种事自行摸索，而应该把决策失误减少到最低。

【复习思考题】

1. 什么是计划，一个切实可行的计划具有哪些特征？
2. 制订计划的基本步骤有哪些？
3. 开办一个新企业需要制订什么样的计划？
4. 什么是市场调查？开办一个新企业之前需要做哪些市场调查？
5. 市场调查的方法有哪些？怎样撰写市场调查报告？
6. 新企业选名称需要注意哪些问题？
7. 开办一个新企业时企业选址要考虑哪些因素？怎么选择最佳位置？

参 考 文 献

[1] 王德清主编. 企业管理学[M]. 重庆：重庆大学出版社，2004.

[2] 徐盛华. 陈子慧编著. 现代企业管理学[M]. 北京：清华大学出版社，2004.

[3] 徐茂魁著. 现代公司制度概论[M]. 北京：中国人民大学出版社，2006.

[4] 宋琦. 法人社会主义：具有中国特色的公用股份企业制度[M]. 北京：中共中央党校出版社，2006.

[5] 罗燕. 张咏莲主编. 经济学教程[M]. 广州：华南理工大学出版社，2007.

[6] 李冬琴. 论商业企业的创新特征[J]. 广东商学院学报，2001（4）.

[7] 蔡文浩. 论商业制度创新的目标体系[J]. 兰州商学院学报，2001（4）.

[8] 陈云卿. 商业组织的建立和活动[J]. 商业经济与管理，1998（4）.

[9] [德]马克斯·韦伯. 经济与社会[M]. 北京：商务印书馆，1997.

[10] [美]C·I·巴纳德著. 经理人员的职能[M]. 北京：中国社会科学出版社，1997.

[11] 胡君辰. 杨永康编著，组织行为学[M]. 上海：复旦大学出版社，2002.

[12] 周三多. 陈传明. 鲁明泓编著. 管理学——原理与方法（第三版）[M]. 上海：复旦大学出版社，2003 年.

[13] 斯蒂芬·P·罗宾斯著. 管理学（第四版）[M]. 北京：中国人民大学出版社，1997.

[14] 哈罗德. 孔茨. 海因茨·韦里克著. 管理学[M]. 北京：经济科学出版社，1993.

[15] [美]丹尼尔·朗著. 权力论[M]. 北京：中国社会科学出版社，2001.

[16] 吴波. 浅谈我国企业社会责任与和谐社会的关系[J]. 四川理工学院学报（社会科学版），2008（2）.

[17] 黄姣. 论企业的社会责任[J]. 商业文化. 2007（9）.

[18] 周三多主编. 管理学[M]. 北京：高等教育出版社，2005（第二版）.

[19] 王荣奎. 成功企业组织管理制度范本[M]. 北京：中国经济出版社，2001.

[20] 谭春华. 新经济条件下企业的组织结构创新研究[J]. 价值工程，2006（7）.

[21] 吴敬链. 网络经济对中国具有战略意义[J]. 互联网周刊，2001（2）.

[22] 赵大强. 吴泗宗. 水平组织：以顾客为导向的组织结构[J]. 上海管理科学，2003（01）.

[23] 聂清凯. 夏健明. 网络经济时代企业组织架构重建研究[J]. 外国经济与管理，2004（11）.

[24] 肖鸣政. 人力资源开发与管理——在公共组织中的应用[M]. 北京：北京大学出版社，2005.

[25] 雷蒙德·A. 诺伊. 雇员培训与开发[M]. 北京：中国人民大学出版社，2001.

[26] 爱尔文·戈尔兹坦. 组织中的培训[M]. 北京：清华大学出版社，2002.

[27] 彭剑峰. 人力资源管理概论[M]. 上海：复旦大学出版社，2005.

[28] 肖胜萍. 企业员工再培训手册[M]. 北京：中国纺织出版社，2003.

[29] 王君南. 陈微波. 劳动关系与社会保障[M]. 济南：山东人民出版社，2004.

[30] 张德. 人力资源开发与管理[M]. 北京：清华大学出版社，2004.

[31] 黄枚立. 花明. 战略人力资源管理与组织绩效问题探析[J]. 中国人力资源开发，2004（3）.

[32] 黄崇利. 田志锋. 彭正龙. 浅析人力资源管理部门自身绩效考评[J]. 琼州大学，2006（1）.

[33] 陈雁枫. 培训效果评估及其在企业中的运用[J]. 上海交通大学学报，2007（1）.

[34] 龚国华. 龚益鸣主编. 生产与运营管理——制造业和服务业[M]. 上海：复旦大学出版社，1998.

[35] 伍爱编著. 质量管理与控制 [M]. 广州：暨南大学出版社，2006 年.

[36] 刘丽文著. 生产与运营管理[M]. 北京：清华大学出版社，2006 年.

[37] 李亦文. 产品开发设计[M]. 江苏：江苏美术出版社，2008 年.

[38] 林晓颖. 单目标选址问题的研究[J]. 哈尔滨工业大学学报，2005（4）.

[39] 芮廷先. 工厂选址决策支持系统[J]. 计算机系统应用，1995（2）.

[40] 薛巍. 王萍. 现代生产管理模式的变革趋势[J]. 企业改革与管理，2007（5）.

[41] 谢武. 对新产品开发的最优价值分析[J]. 预测，2003（4）.

[42] 吕涛. 王震声. 企业产品创新研究的新热点 [J]. 外国经济与管理，2000（3）.

[43] （加）米歇尔·R·利恩德斯.（美）哈罗德·E·费伦. 采购与供应链管理[M]. 赵树峰译. 北京：机械工业出版社，2003.

[44] 赵林度. 供应链与物流管理——理论与实务[M]. 北京：机械工业出版社，2003.

[45] 谢勤龙. 王成. 崔伟. 企业采购业务运作精要——基于 ERP，SCM 与电子商务[M]. 北京：机械工业出版社，2003.

[46] WEELE ARJAN J. 采购与供应链管理——分析、规划及其实践[M]. 梅绍祖. 阮笑雷. 巢来春译. 北京：清华大学出版社，2002.

[47] 刘志学. 现代物流手册[M]. 北京：中国物资出版社，2001.

[48] 曹征. 贾惠敏. 陈爱祖. 大型企业采购组织研究[J]. 河北工业科技，2005（7）.

[49] 项明. 严广乐. 基于 VMI 的库存控制策略模型的研究[J]. 现代管理科学，2003（3）.

[50] 菲利普·科特勒（美）. 营销管理（第十版）[M]. 上海：人民出版社，2005.

[51] 方美琪. 网络营销[M]. 北京：清华大学出版社，2003.

[52] 理查德·J·赛米尼克（美）. 促销与整合营销传播[M]. 北京：清华大学出版社，2005.

[53] 杨伦超. 促销策划与管理[M]. 北京：华夏出版社，2005.

[54] 王广宇. 客户关系管理方法论[M]. 北京：清华大学出版社，2004.

[55] 李志宏. 客户关系管理[M]. 华南：理工大学出版社，2004.

[56] 田同生. 客户关系管理的中国之路[M]. 北京：机械工业出版社，2001.

[57] 巫宁. 客户关系管理理论与实务[M]. 北京：电子工业出版社，2004.

[58] 葛家澍. 余绪缨. 会计学[M]. 北京：高等教育出版社，2002.

[59] 林钧跃. 企业赊销与信用管理[M]. 北京：中国经济出版社，1999.

[60] 刘宏程.《赊销与风险控制》[M]. 北京：中国社会科学出版社，2003.

[61] 罗锐韧. 曾繁正.《财务管理》[M]. 北京：红旗出版社，1997.

[62] 王化成．《企业财务学》[M]．北京：中国人民大学出版社，1999．

[63] 谢获宝．李淑萍．《财务会计学》[M]．武汉：大学出版社，1998．

[64] 钱健．研究与开发费用会计处理的探讨[J]．上海会计，2001（12）．

[65] 张云鹏．知识经济下的人力资源会计[J]．企业研究，2003（12）．

[66] 姜行远．作业成本法的应用前景[J]．经济论坛，2003（22）．

[67] 董四代等．文化观念创新和管理革命[M]．天津：社会科学院出版社，1997．

[68] 单宝著．中国管理思想史[M]．上海：立信会计出版社，1996．

[69] 韩岫岚主编．MBA 管理学——方法与艺术[M]．北京：中共中央党校出版社，1999．

[70] 陈友冰．中国古代管理概论[M]．合肥：安徽人民出版社，1999．

[71] 张国庆．《行政管理学概论》[M]．北京：北京大学出版社，2000．

[72] 哈罗德．孔茨．海因茨．韦里克．管理学（第十版）[M]．张晓君．陶新权，马继华等编译，北京：经济科学出版社，1998 年．

[73] 赵景华．现代管理学[M]．山东：人民出版社，1999 年．

[74] 曹树金，罗春荣．信息组织的分类法与主题法[M]．北京：北京图书馆出版社，2000．

[75] 孙建军．文献情报计量理论和方法[M]．南京：南京大学出版社，1994．

[76] 胡华．现代信息管理[M]．浙江：浙江大学出版社，2007．

[77] 李景峰．信息与传播[M]．北京：科学出版社，2004．

[78] 尼葛洛庞蒂．数字化生存[M]．海口：海南出版社，1997．

[79] 陶振民、夏扬．企业管理 现代化与信息系统建设的关系协调[J]，科技管理研究，2005（4）．

[80] 李秀华．企业风险管理研究[M]．黑龙江：哈尔滨建筑大学出版社，1999 年．

[81] 李凤鸣．内部控制与风险防范[M]．北京：经济科学出版社，1998 年．

[82] 白恩远等编著．安全人机工程学[M]．北京：兵器工业出版社，1996 年．

[83] 陆庆武主编．机械安全技术[M]．北京：中国劳动出版社，1993 年．

[84] 陆愈实主编．设备的安全管理实务[M]．北京：人民日报出版社，2001 年．

[85] 黄鹏丽．国有企业风险防范研究[D]．东北财经大学硕士论文，2004 年．

[86] 冉斌．激励[M]．广东：广东经济出版社，2005．

[87] 彦博．激励员工的艺术[M]．北京：中国商业出版社，2006．

[88] 周三多．管理学[M]．北京：高等教育出版社，2000．

[89] 张德．组织行为学[M]．北京：高等教育出版社，1999．

[90] 熊川武．管理心理学[M]．广东：广东高等教育出版社，2003．

[91] 芮明杰．管理学[M]．北京：高等教育出版社，2004．

[92] 袁丁．从马斯洛理论探讨企业员工多层次激励问题[J]．经济师，2006（9）．

[93] [美]达夫特．李维安译．组织理论与设计精要[M]．北京：机械工业出版社，2002．

[94] [美]大卫·弗思．傅佳．王磊．黄莺译．摧毁陈旧的变革模式——寻找一个顺应当今时代的变革模式[M]．上海：上海远东出版社，2002．

[95] [美]琳达·K. 莱克. 组织变革中的管理[M]. 北京：电子工业出版社，2000.

[96] [美]威廉·乔伊斯. 组织变革[M]. 北京：人民邮电出版社，2003.

[97] 徐世勇. 压力管理——种人力资源管理的视角[J]. 甘肃社会科学，2007（3）.

[98] 张军果. 杨维霞. 企业变革的阻力及对策分析[J]. 商业研究，2006（9）.

[99] 张礼国. 市场调查与预测[M]. 北京：中国科学技术出版社，2007.

[100] 柯惠新. 市场调查与分析[M]. 北京：中国统计出版社，2001.

[101] 吴健安等. 市场营销学[M]. 北京：高等教育出版社，2006.

[102] 程文义. 就业与创业[M]. 北京：中国电力出版社，2008.

[103] 郑健壮. 创业学与商业计划[M]. 北京：科学出版社，2006.

[104] 海君. 名正言顺——企业名称的设计原则[J]. 管理与财富，2004（11）.